写真で読む三くだり半

高木 侃

日本経済評論社

目次

凡例　viii

三くだり半とは……………………1
離縁状の書式　2

I　嫁入りの三くだり半……………………5
日本一美しい三くだり半　6　「幸兵衛 - りん」離縁状　8　夫の手になる悪筆の離別状　10　「房太郎 - さだ」離別状　12　「幾太郎 - ゆき」離縁状　14　「百合之助 - よし」去状　16　「酒造蔵 - しん」離縁状　18　「喜三次 - なか」離縁状　20　羽前国本間弥藤次暇状　22　「清重郎 - 妾とよ」手間状　24　表題のない三くだり半　26
「吉太郎 - りか」離縁状　28　服部勇助離別状　30

II　婿の三くだり半……31

婿養子妻の請求をうけて三くだり半　32　婿養子の三くだり半――満徳寺模倣離縁状　34
婿養子路用金受理の三くだり半　36　婿養子気が合わず三くだり半　38　婿養子「半六」
の三くだり半　40　婿養子の三くだり半――つぎは嫁入りか　42　婿家出の三くだり半　44
最長一六行半の婿離縁状――親分代理　46　**離婚請求者支払義務の原則**　49

III　地域で異なった三くだり半……51

去状――全国的・一般的事書　52　西国の隙状――広領域の地域性①　54　婚約解消暇状
――広領域の地域性②　56　備中国の暇状――広領域の地域性③　58　中部山岳地帯の手間
状――最古の三くだり半　60　手間状の関連文書①　62　手間状の関連文書②　64　満
徳寺模倣離縁状――中領域の地域性①　68　切られた三くだり半――中領域の地域性②　72
「鴛鴦」など下野国の離縁状の特異性――狭領域の地域性①　74　「会者常離」などの三く
だり半――狭領域の地域性②　76　**離縁状の要否と事書（表題）分布**　66

IV　関連文書のある三くだり半……77

「伊兵衛－しゅん」離縁状　78
伊兵衛詫び証文　80
「松屋藤十郎－あい」離縁状　82
松屋藤十郎手切金受領書兼離縁状返り一札　84
「磯吉－やす」離縁状　86
磯吉・趣意金受領書兼離縁状返り一札　88
大正一四年の林重介・内縁解消離縁状　90
林重介「遺言取消証書」公正証書正本　92
上包の裏面に書かれた離婚の経緯――門助一件①　94
結婚の人別送り――門助一件②　96
風聞の男と再婚禁止の約定――門助一件③　98
離縁状下書き――門助一件④　100

V

多様な三くだり半……101

庶民も用いた花押型――地域性としての手間状　102
唯一朱肉を用いた暇状　104
代筆になる三くだり半　106
妾の三くだり半①――関連文書あり　108
妾の三くだり半②――夫婦間に斬の文字　110
舅去りの三くだり半――代理人の手になる　112
新発見の休状――なぜ三行半になったのか　114
中国の休書（離縁状）――休書模倣説　118
三くだり半は三行半――四行目の書き方　120
妻方（妻父）の差し出した三くだり半　124
再婚禁止・制限条項つきの三くだり半　126
親戚との再婚禁止　128
三くだり半にみる「内縁」の多義性　130
武士の離縁状――服部貫一郎一件①　132
武士の離縁状返り一札――服部貫一郎一件②　134
「我等勝手ニ付」の解釈――夫専権離婚説批判と熟談離婚説　122
武士の離婚手続きと義絶・和順、それに末期離縁　136

Ⅵ　先渡し離縁状と返り一札……137

帰縁に際して先渡し離縁状　138　兄代理帰縁証文兼先渡し離縁状　142　夫の禁酒誓約
一札兼先渡し離縁状　144　「婿文五郎‐うた」離縁状　146　婿方離縁状返り一札　148
妻母から婿方への離別状――金治一件①　150　婿兄の離縁状返り一札――金治一件②　152
妻方より世話人あて離縁状返り一札　154

Ⅶ　明治の三くだり半……157

住所に大区・小区を記した離縁状　158　界紙を用いた離縁状――契約証書としての意識①　160
証券界紙を用いた離縁状――契約証書としての意識②　162　収入印紙貼付の離別証――明治
民法施行後　164　明治三八年大晦日の協議離婚の離婚状　166　明治三九年の全文ひらが
なの暇状　168　再婚後は自由――難読の明治文書　170　大正一四年の離縁状　172　昭
和一五年の離縁状　174

Ⅷ　縁切寺の三くだり半……175

東慶寺の内済離縁状　176　満徳寺の内済離縁状――身勝手な駆け込み：きく一件①　180

掛合差紙預り請書――きく一件②　182　内済離縁引取証文――きく一件③　184　満徳寺酷似離縁状①　186　満徳寺酷似離縁状②　188　満徳寺酷似離縁状③――婿差し出し　190　満徳寺模倣離縁状①　192　満徳寺模倣離縁状②　194　満徳寺模倣離縁状③　196　満徳寺模倣離縁状④　198

IX　執心切れ一札……………………………………………………………199

執心切れ一札――未婚男女関係解消　200　「為吉‐すま」執心切れ一札　202　「政八‐きく」執心切れ一札　204　女方差し出し執心切れ一札　206　女性本人からの執心切れ一札　208　明治二年の執心切れ一札　210　取り交わした執心切れ①　212　取り交わした執心切れ②　214　執心切れ一札――おまき一件①　216　難渋懸ケ間敷詫一札――おまき一件②　218

主な参考文献　221
あとがき　223
離縁状索引　234

凡例

一、掲載した離縁状等の文書はすべて著者の所蔵文書である。写真の下、釈文（解読文）の左に、寸法をタテ×ヨコ（単位センチメートル）で示した。古文書では、現在の用紙のようにきちんとした方形になっていないので、若干の誤差はある。さらに、釈文の左に現代表記による読み下し文を付した（ただし、余白によっては略した）。

一、文字はできるだけ原文にしたがったが、漢字表記に関しては常用漢字を用いた（固有名詞など一部旧漢字）。漢字のルビのほか、著者が加えた注はすべて（　）をもって示し、適宜読点や並列点（中黒点）を付した。また「助詞」などに慣用的に使われる漢字「者」「与」「而」「茂」「江」は、そのまま残し、少し小さく表記した。年号の干支も小字にした。また「ゟ」もそのまま残し、判読不能の文字は□とした。

一、本文中、当時の国郡の下に（　）に入れて現在の行政区所在地を示した。ただし、明治元（一八六八）年、陸奥国は磐城・岩代・陸前・陸中・陸奥に、出羽国は羽前・羽後に分割されたが、現在の県域とほぼ一致する分割後の国名を便宜的に使用した。

一、脚注欄には本文にかかわる文献を簡略に掲げた。主な参考文献としての拙著『増補　三くだり半』『泣いて笑って三くだり半』『三くだり半と縁切寺』はそれぞれ『増補』『泣いて』『縁切寺』と略した。詳しくは参考文献欄にゆだねた。

三くだり半とは

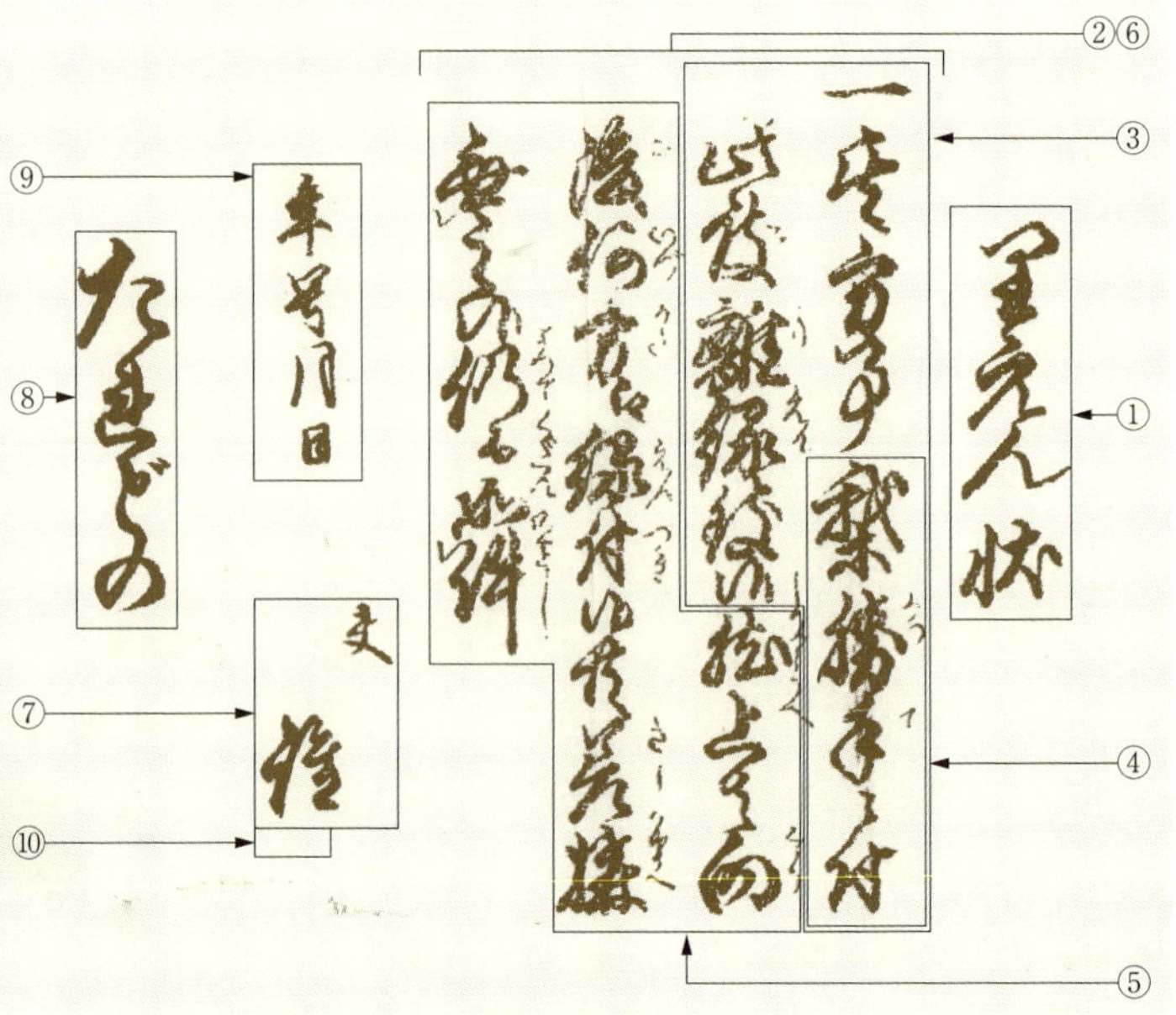

（①〜⑩は左の小見出しの番号に対応）

離縁状の書式

りえん状
一其方事、我等勝手ニ付、
此度離縁致候、然上者向
後何方江縁付候共、差構
無之候、仍而如件

夫
年号月日　誰
たれどの

そのほうこと、われら勝手につき、このたび離縁いたし候、しかるうえはこうごいずかたへ縁づき候とも、さし構えこれなく候、よってくだんのごとし

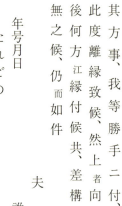

離縁状はどのような内容からなっているのか。『改正　数量字盡重宝記』（安政刊、千金堂板）に合綴された『所用弁明　手形要文集』に載せられた書式をかりて説明しよう。離縁状は右に付した番号、すなわち、一〇の要素からなっている。

①表題（事書）

ここでは離縁状となっているが、ほかに離別状、去状《さりじょう》、暇状《いとまじょう》、隙状《ひまじょう》、手間状、縁切状とも呼ばれ、実際にも表題に用いられている。しかし、そのまま離縁状などと用いることは少なく、一般的な日常の証文類の表題「〇〇之事」・「〇〇一札之事」と用いられることが多い。最近、休状《きゅうじょう》という表題の離縁状を見いだした。* なお、離縁に関する語を含まない「一札之事」や「差出申一札之事」などという、一般的な表題もみられる。

②本文・⑥行数

夫が妻を離婚したという「離婚文言」と以後だれと再婚してもかまわないという「再婚許可文言」の二つを書くのが通例である。なかにはいずれか一方しか書いていないものもあるが、離縁状として有効だった。また、離縁状は三くだり半（三行半）というように行数も問題とする。

③離婚文言・④離婚理由

妻を離婚したという内容で、離縁状のはじめに書かれる。そのなかに離婚理由をしたためることが一般的であったが、具体的離婚原因を記載することは稀で、多くは抽象的な表

*本書一一四頁。

現にとどめた。しかし、離婚理由をまったく書かないものが二七パーセントで一番多い。理由がないのは、理由もなく離婚したからではなく、理由は書かない方が円満に離婚を達成することになるので書かなかったのであって、理由を書いていないからといって理由もなく一方的に夫が妻を離婚した（することができた）と考えるのは誤りである。ついで多いのが右書式の「我等勝手ニ付」である。

⑤再婚許可文言

離縁状の後半「向後何方江縁付候共、差構無之候」がそれで、今後だれと再婚してもかまわないといっている。このように後半の部分が重要とされ、離縁状を「再婚許可証」とも「再婚免状」ともいう。右のように「何方江」とあるのは嫁入り、「何方ゟ《より》」とあるのは婿入りの三くだり半である。徳川時代「むこ」は「聟」の文字を用いたが、本書では原文以外「婿」の表記で統一した。

⑦差出人・⑧名宛人

差出人・夫本人から妻本人を名宛人とすることが多い。夫と肩書があるが、これは夫が差出人であるとの意で、実例にはほとんど書かれない。

⑨作成日付・⑩印章

右書式には日付があるが、印鑑はない。しかし、一般的には日付も書かれ、印章・爪印などが押されるのが通例である。

Ⅰ　嫁入りの三くだり半

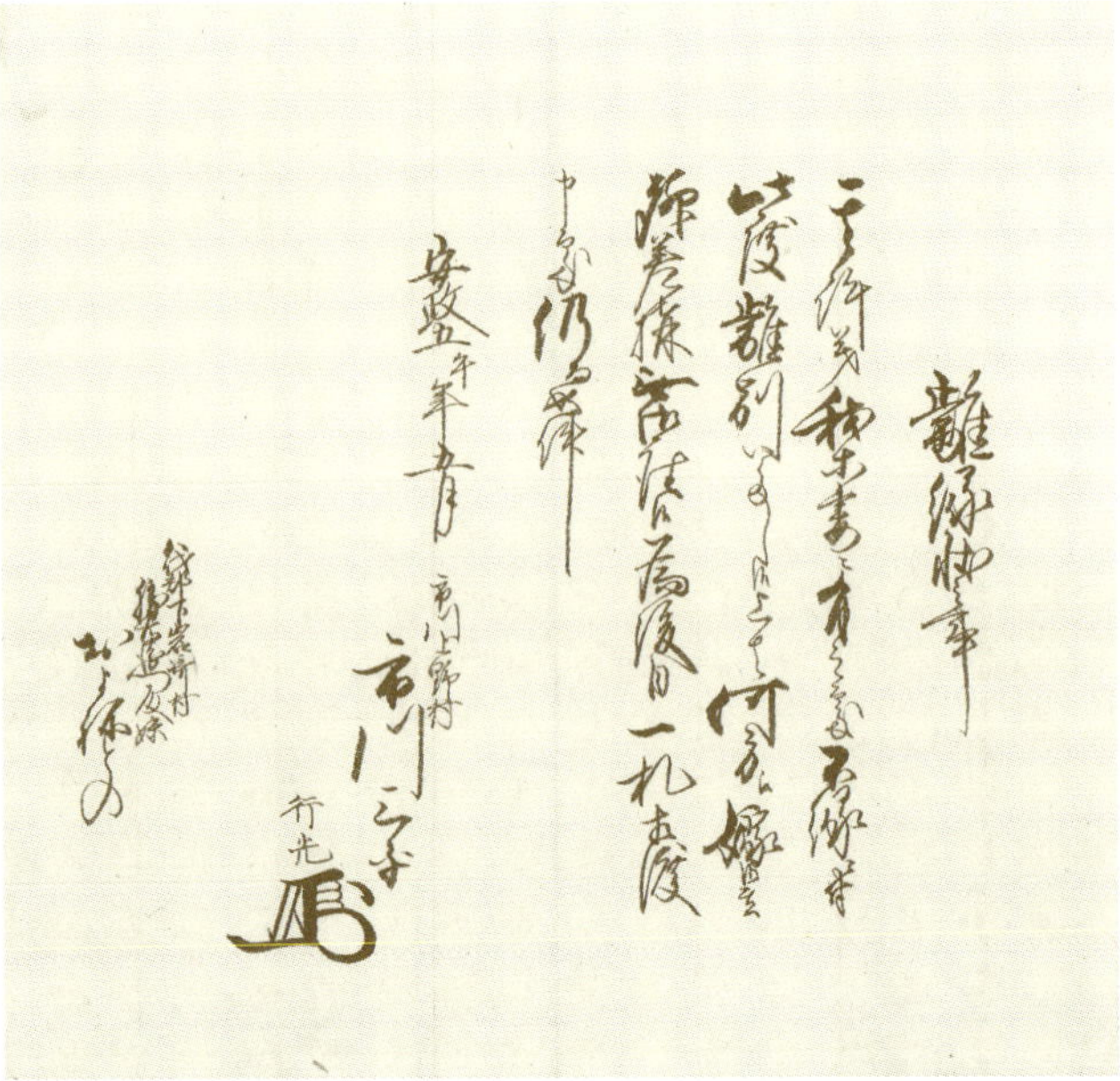

日本一美しい三くだり半

離縁状之事

其許義、我等妻ニ有之処、不縁ニ付、
此度離別いたし候上者、何方江嫁候共、
聊差構無御座候、為後日一札相渡
申処、仍而如件

安政五午年五月　　市川上野村
市　川　三　平
行光（花押）

八代郡下岩崎村
勝右衛門殿妹
お　よ　ねとの

（二五・八×二七・〇）

そこもと義、われら妻にこれあるところ、不縁につき、このたび離別いたし候うえは、いずかたへ嫁し候とも、いささかさし構えござなく候、後日のため一札あい渡し申すところ、よってくだんのごとし

三くだり半はほとんど一紙文書（一枚の紙）にしたためられている。右の表題は「離縁状之事」と離縁に関する語が含まれている。妻を離縁したという離婚文言とだれと再婚してもかまわないという再婚許可文言とからなり、三行半にしたためられた典型的な三くだり半である。離婚理由は抽象的に「不縁につき」とあるのみで、安政五（一八五八）年五月に、夫から勝右衛門妹の妻「よね」へ渡された。夫の住所は甲斐国八代郡市川上野村（山梨県西八代郡市川三郷町）、妻の住所は同国同郡下岩崎村（同県甲州市勝沼町）、地図上直線距離にして、おおよそ二〇キロメートル余の距離にあった。

これまでみた一三〇〇通の三くだり半のなかでも、もっとも美しい離縁状である。「文は人なり」という言葉があるが、別に「書は人なり」ともいわれる。文字はその人の人柄や教養を表わすことをいうが、夫は三平という通り名と行光という実名、つまり複名の持ち主で、印章にかえて花押を加えている。もっと精査する必要があるが、おそらく苗字帯刀を許された名主クラスの人物で、かつ教養人だったであろう。

三平・よね夫妻はもともと媒人（仲人）の世話で縁組したが、その夫婦仲はよかったという。「先方勝手につき」つまり夫方の都合によって（家的要因であったと思われる）離縁になるが、妻は夫の人柄にひかれ夫を慕う気持ちは変わらず、妻方ではどこへも再婚させないので、媒人にぜひ帰縁（復縁）できるよう願っている文書がある。夫も他からの縁組を承知せず、復縁し、およねの想いは叶ったという。

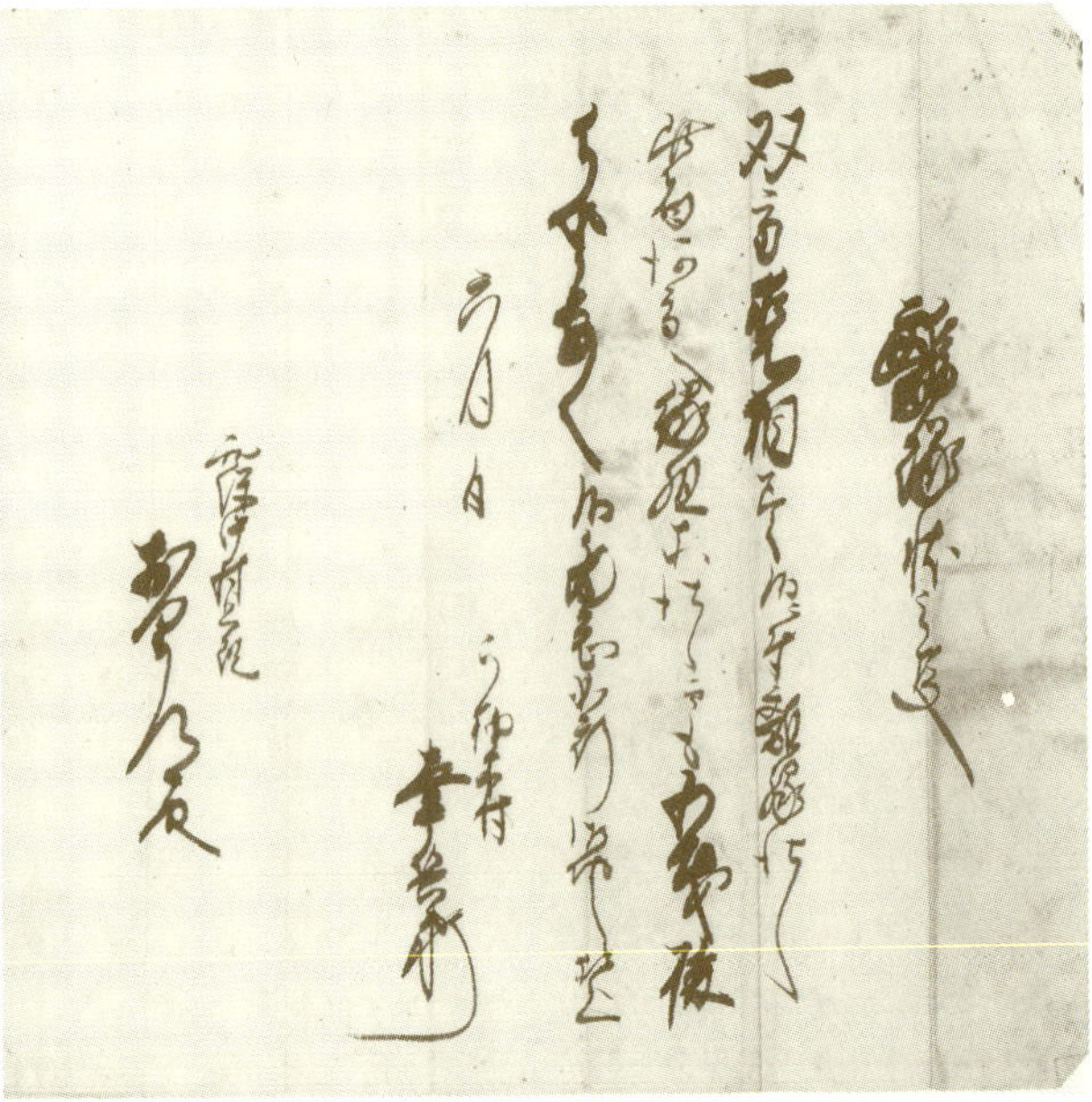

「幸兵衛―りん」離縁状

離縁状之事

一双方愛（想）相尽候ニ付、離縁仕候、此者何方へ縁組等仕候而も、少茂構御座なく候、為念如斯御座候、以上

六月日

下柚木村

幸兵衛

西保中村上組

おりん殿

（二六・五×二七・二）

双方愛想つき候につき、離縁つかまつり候、この者いずかたへ縁組などつかまつり候ても、少しも構えござなく候、ねんのためかくのごとくにござ候、以上

二〇一七年までに収集した三くだり半は一三〇〇通になった。以前に統計処理したのは二〇〇一年の拙著『泣いて笑って三くだり半』で、一〇〇〇通であった。三〇〇通収集するのに一七年の歳月を要したことになる。一年に約一八通、一通の収集に約二〇日（およそ三週間に一通）という割合である。本書での統計は一三〇〇通でのものである。

表題は離縁の語を含む「離縁状之事」で、この表題は「一札之事」についで多く、二〇二通、一五・五パーセントを占めている。本文は離婚文言と再婚許可文言とからなり、三行半にしたためられている。離婚原因は「愛想が尽き」たとあるが、この理由は他にはみられない珍しいものである。よほど女房が嫌になったものとみえる。日付は六月日とあるのみで、年号はない。当時の文書には右離縁状の通り、確定日付を入れずに「〇月日」と書いたものが散見される。離縁状は夫本人から妻本人に渡された。印鑑はない。

下柚木村・西保中村はともに甲斐国山梨郡内で、現在の山梨県甲州市（旧塩山市）と山梨市（旧牧丘町）である。両村は地図上直線距離にしておおよそ六キロメートルである。

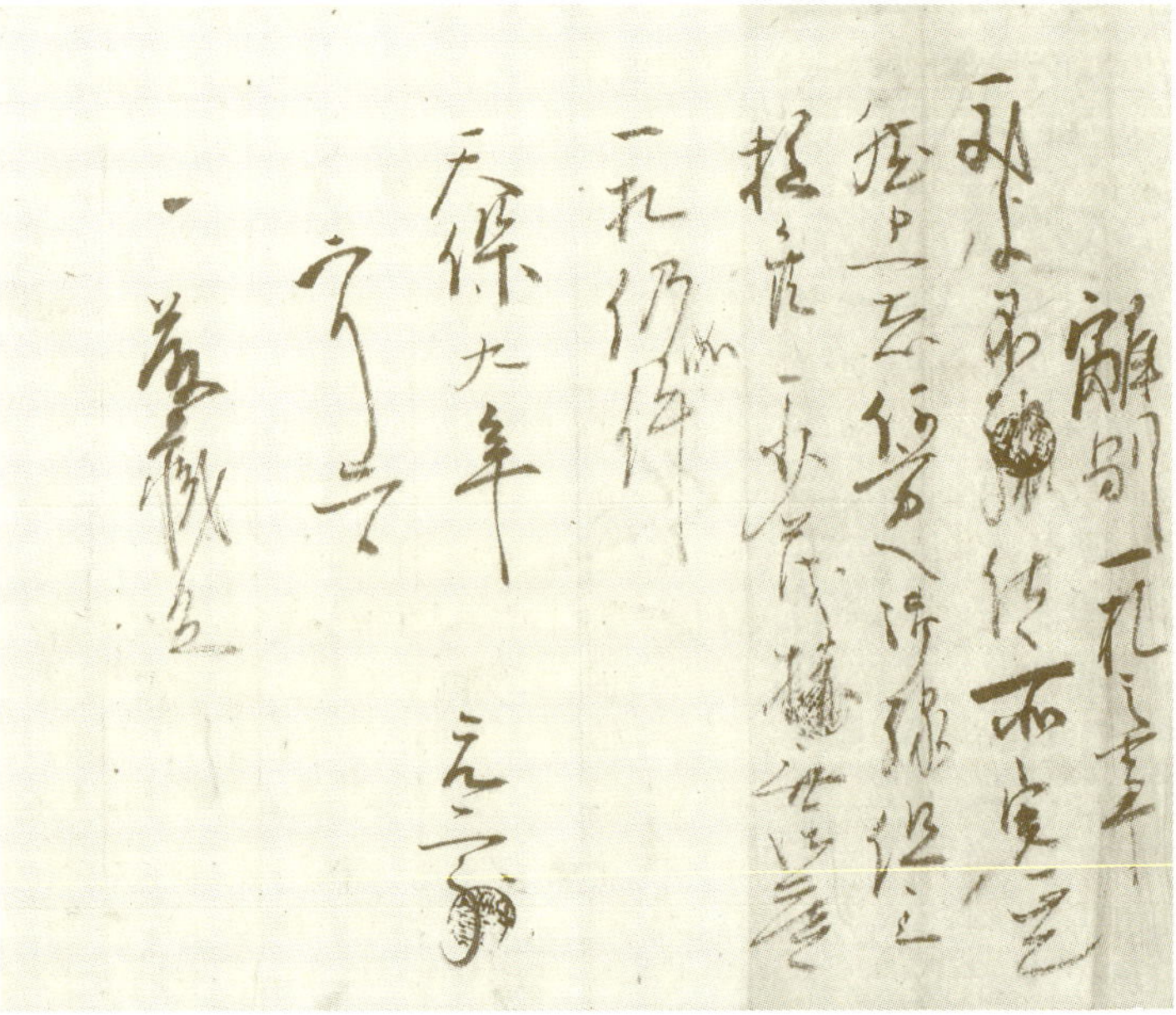

夫の手になる悪筆の離別状

離別一札之事

一みよ、不縁仕候所実正也、
然上者何方へ御縁組被
遊候共、少茂構無御座候、
一札仍如件

天保九年　　　　元二郎㊞
二月二日
藤蔵殿

〔俳山亭文庫旧蔵〕（二三・八×二八・五）

みよ、不縁つかまつり候ところ実正なり、しかるうえはいずかたへご縁組あそばされ候とも、少しも構えござなく候、一札よってくだんのごとし

表題は離縁の語を含む「離別一札之事」で、この表題は一三〇〇通のうち、三番目に多く、一二五通、八・六パーセントを占めている。本文は離婚文言と再婚許可文言とからなり、三行半にしたためられている。離婚原因は何も書かれていない。離婚原因を書いていないのは、理由もなく夫は妻を離婚しえた「無因離婚」と、従前は理解されていた。だが、離婚原因は書かない方がよかったから書かれなかったのであって、書いていないからといって理由もなく一方的に離婚したと理解するのは誤りだとするのが、私の見解である。なにより円満に離婚を達成させるためには、離婚理由をあげつらったりしない方がよいからである。

書かれた文字はかなり悪筆（下手な文字）で、いかにも夫が自分でしたためた様子がわかる。日付は天保九（一八三八）年二月二日、夫から妻「みよ」の親族（おそらく父・兄弟）にあてたものであろう。この離別状は旧蔵者の調査・収集範囲からおそらく上野国（群馬県）で用いられたものと推測される。差出人と名宛人の関係をみたとき、おおよそ六〇パーセントは夫本人が単独で、妻本人あてに渡しているが、約二〇パーセントは右の例のように、夫から妻以外の者にあてたものである。

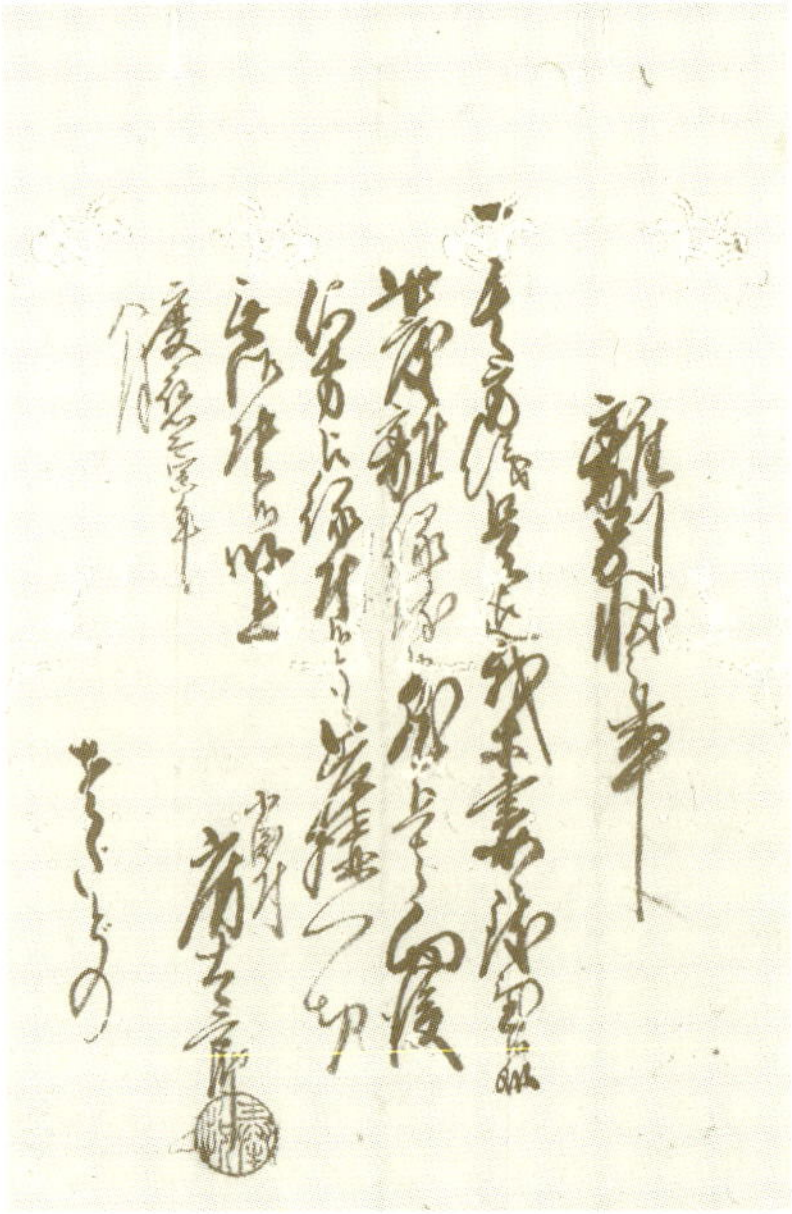

「房太郎－さだ」離別状

離別状之事

一其方儀、是迄我等妻ニ致置候処、
此度離縁致候、然上者、向後
何方江縁付候とも、差構一切
無御座候、以上

慶応二寅年
八月　　　　　　小渕村
　　　　　　　　房太郎㊞

さだどの

（二五・〇×一七・〇）

そのほう儀、これまでわれら妻にいたしおき候ところ、このたび離縁いたし候、しかるうえは、こうごいずかたへ縁づき候とも、さし構えいっさいござなく候、以上

表題は離縁の語を含む「離別状之事」で、この表題は一三〇〇通のうち、四番目に多く、一〇五通、八・一パーセントを占めている。本文は離婚文言と再婚許可文言とからなり、三行半にしたためられている。結婚していた事実を「是迄我等妻ニ致置候」と明記しているが、離婚理由は書かれていない。なぜ書かれなかったのかについてはすでに述べた。離縁状本文の末尾は「仍而如件」が多いが、右のように「以上」で終えるものもあるとはいえ、数は少ない。

嫁入りした妻が離縁されたときは、実家にもどり、その後縁あれば再縁することになるのが通例である。したがって、夫の書く離縁状にはどこの誰と再婚してもよいという意味で右のように「何方江縁付候とも、差構一切無御座候」と書いている。「何方江」は嫁入りの妻に渡す三くだり半の再婚許可文言の常套句だったのである。

日付は慶応二（一八六六）寅年八月とあり、夫から妻「さだ」に差し出されたもので、印章を捺した印鑑がみえる。印は黒印とも墨印ともいい、庶民は朱肉を用いることができなかったので、朱印はない。ただし、例外が一通みられる。*

なお、小渕村は相模国津久井郡内の村（神奈川県相模原市、旧藤野町）である。

*本書一〇四頁。

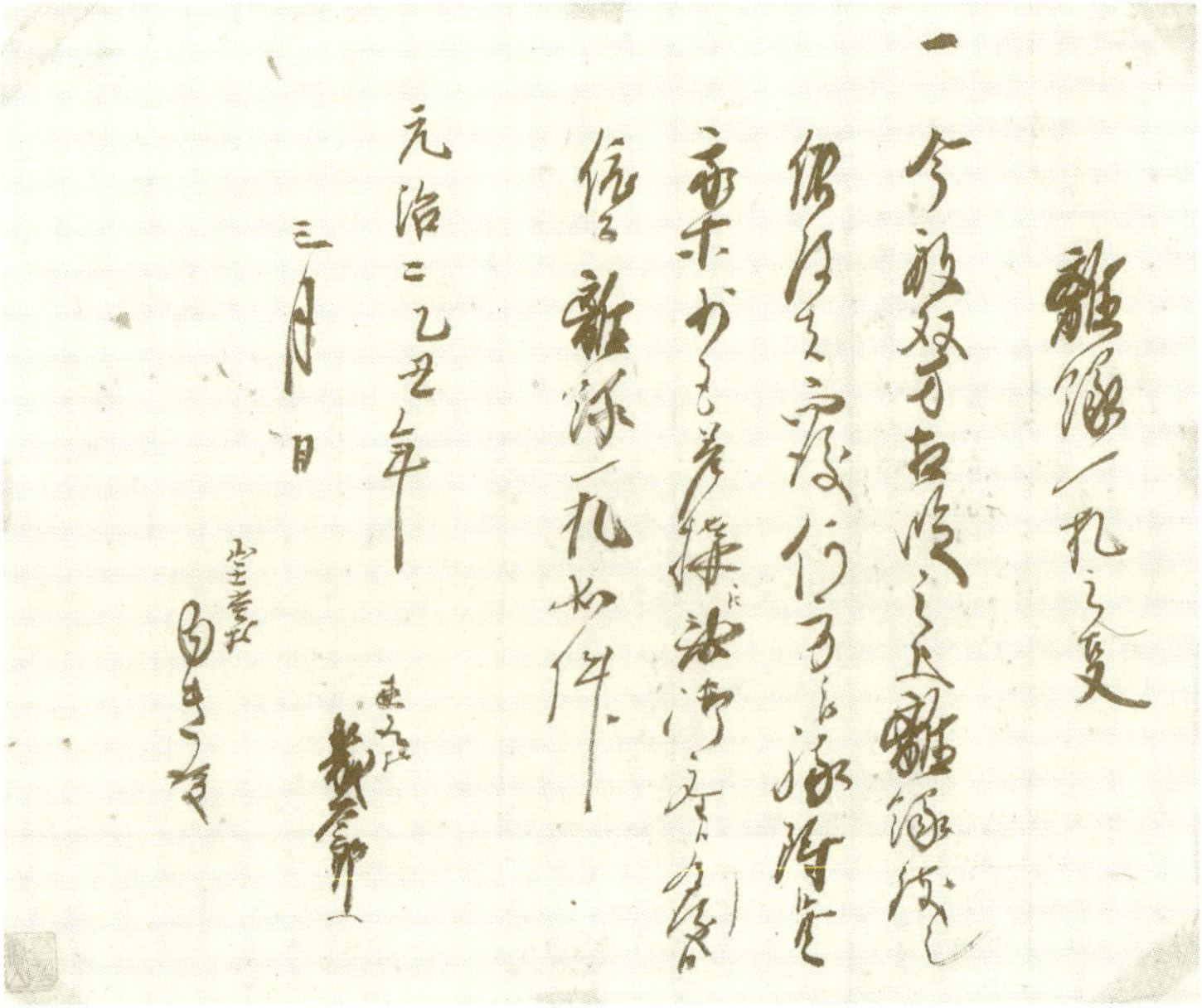

「幾太郎‐ゆき」離縁状

離縁一札之事

一今般双方相段〔談〕之上離縁致し
候得者、向後何方江縁付候共、
我等少も差構江無御座候、為後日
依而離縁一札如件

元治二乙丑年

三月　日

連取村
幾太郎（爪印）

山王堂村
ゆき殿

〔俳山亭文庫旧蔵〕（二五・五×三一・〇）

今般双方相談のうえ離縁いたし候えば、こうごいずかたへ縁づき候とも、われら少しもさし構えござなく候、後日のためよって離縁一札くだんのごとし

表題は離縁の語を含む「離縁一札之事」で、この表題は一三〇〇通のうち、五番目に多く、八四通、六・五パーセントを占めている。本文は離婚文言と再婚許可文言とからなり、三行半にしたためられている。離婚にいたる態様は「双方相談之上」とある。文字通り、夫婦双方、両当事者のほか親族等を交えた熟談・協議がなされたものであろう。私はこのような離婚が当時の常態であったと考え、「熟談離婚」説を唱えたのである。*これに対して、夫が理由もなく一方的に離婚権を行使したとするものを「夫専権離婚（追い出し離婚）」説といい、従来の多数説である。

日付は元治二（一八六五）乙丑年三月日とあり、年号・干支・月が記述されていて、きわめて丁寧な書きようである。夫から妻「ゆき」に差し出されたもので、連取村は上野国那波郡内の村（群馬県伊勢崎市）、山王堂村は武蔵国児玉郡内の村（埼玉県本庄市）で、利根川をはさんで、地図上直線にして約六キロメートルの距離にある。

これには爪印が押されている。幾太郎の爪印は拇《おや》指に本当に墨をつけて、押したものである。しかし、通例はたんに筆で（と三日月のように書いたものが多く、これを「書き爪印」という。本書では実際に爪で押したものは、「押す」の用語を用い、書き爪印は「加えた」と表記して区別した。爪印については紙幅の関係で後に詳述した。**

この文書は四隅にセロテープの跡が残っている。かつての所蔵者俳山亭主人は、離縁状など文書の多くを台紙にセロテープで貼り付けていた。その一例が右の離縁状である。

*拙著『増補』三二頁。

**本書三九・四一頁。

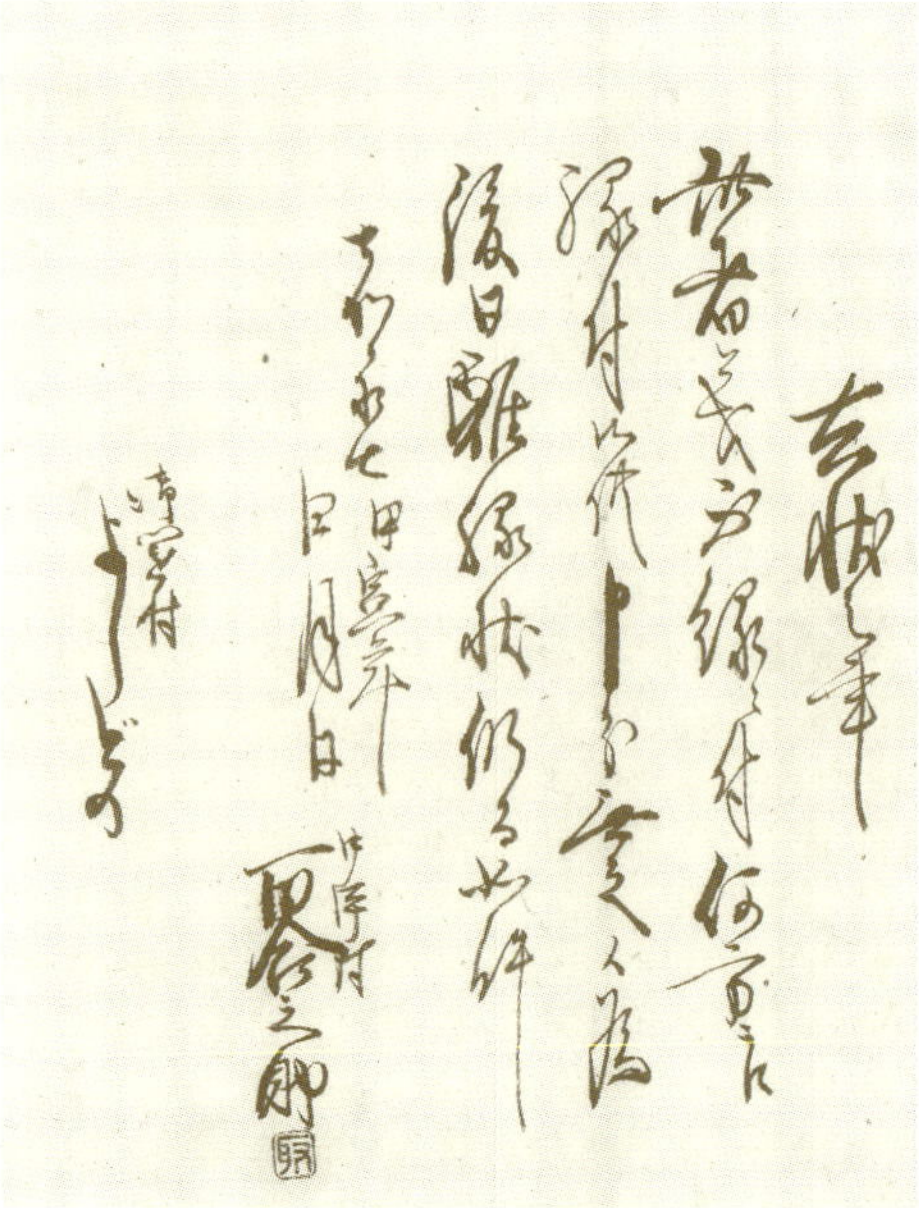

「百合之助－よし」去状

去状之事

此者義、不縁ニ付、何方江

縁付候供（共）、申分無之候、為

後日離縁状仍而如件

嘉永七甲寅年

四月日　　中坪村

百合之助㊞

御園村

よ　しどの

（二六・五×二〇・八）

このもの義、不縁につき、いずかたへ縁づき候とも、申し分これなく候、後日のため離縁状よってくだんのごとし

表題は離縁の語を含む「去状之事」で、この表題は一三〇〇通のうち、六番目に多く、七一通、五・五パーセントを占めている。本文は離婚文言と再婚許可文言とからなり、三行にしたためられている。本文が三行とやや短くなったのは、離婚文言がわずか「此者義、不縁ニ付」とのみ書かれたに過ぎないためである。「不縁ニ付」は離婚した事実と、抽象的な離婚理由の意でもある。

日付は嘉永七（一八五四）甲寅年四月とあり、年号・干支・月が記述されていて、これも日付の記述としてはきわめて丁寧な書きようである。夫から妻「よし」に差し出されたもので、印章を捺した印鑑がみえる。印は丸印ではなく角印が用いられており、勿論のこと黒（墨）印である。

なお、中坪村・御園村はともに信濃国伊那郡内の村（長野県伊那市内）で、両村は地図上直線にして約五キロメートルの距離にある。

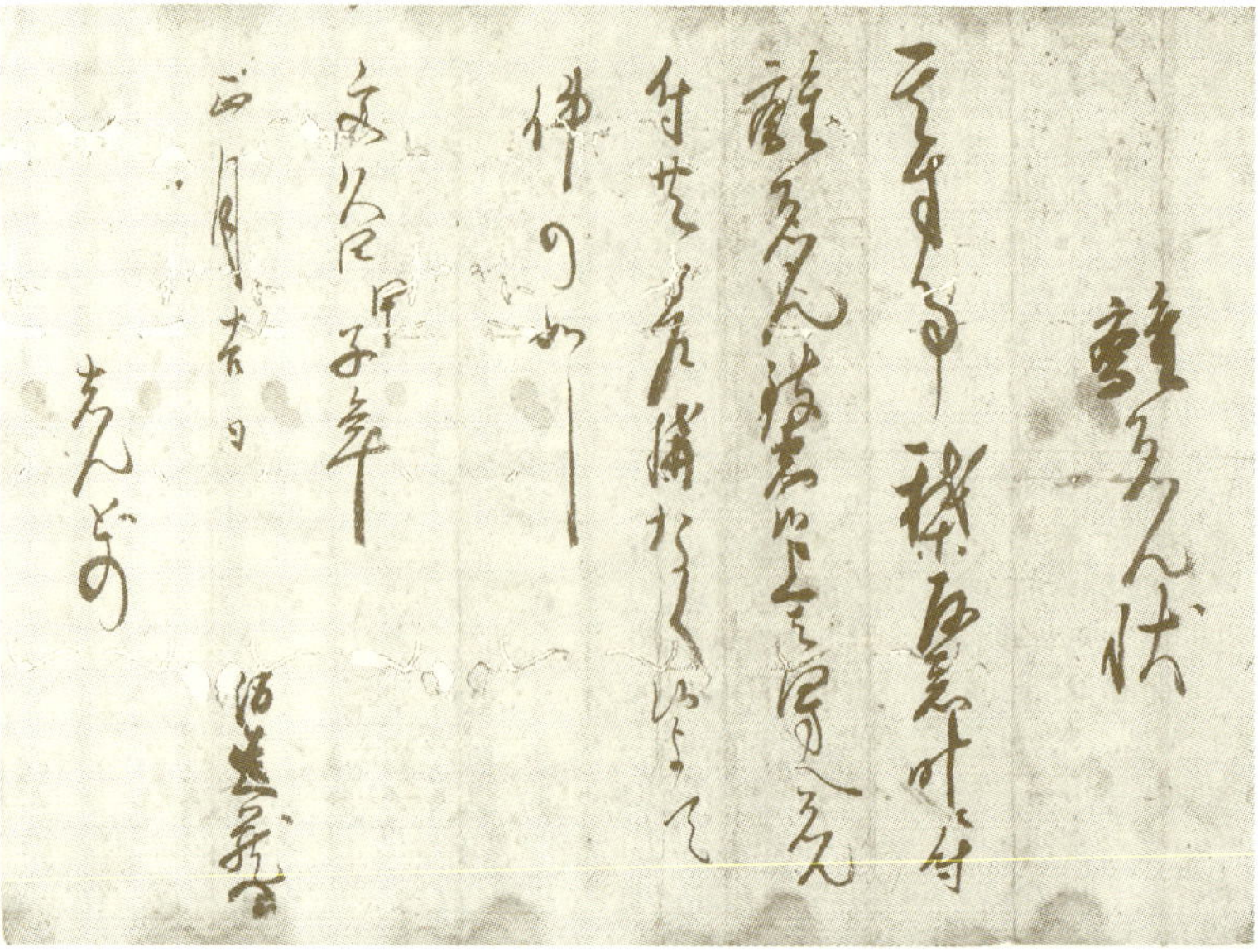

「酒造蔵－しん」離縁状

離ゑん状
一其方事、我等存意叶(不脱)ニ付、
離ゑん致し候上者、何方へゑん
付共、差構なく候、よて
件の如し
文久四甲子年
正月吉日　酒造蔵（爪印）
しんどの

（二七・五×三八・〇）

そのほう事、われら存意にかなわざるにつき、離縁いたし候うえは、いずかたへ縁づくとも、さし構えなく候、よってくだんのごとし三くだり半の呼称としては、離縁状・離別状などが一般的であるが、離縁状・離別状を表題にそのまま用いることはさほど多くない。なぜなら、徳川時代の証文類は「〇〇之事」もしくは「〇〇一札之事」と書かれた慣行にならったからである。それが明治時代になると、徳川時代と異なって、文書の表題の書き方が変化をきたす。したがって、明治時代にむしろ離縁状・離別状や離縁書・離縁（別）証という表題が前代よりも多くみられる。本書にもその例はかなりみられる。*

それでも、右の「離縁状」は一三〇〇通のうち、「暇状之事」・「差出申一札之事」についで九番目に多く、四七通、三・六パーセントを占めている。本文は離婚文言と再婚許可文言とからなり、三行半にしたためられている。離婚理由は「存意叶ニ付」とある。本来「存意不叶ニ付」と書くべきところ、「不」を落としたのである。ときにこの種の脱字もみられる。用文章（書式雛形集）のなかには「存意不叶ニ付」の離婚理由は夫の意思が出すぎて相応しくないと書いたものもある。

日付は文久四（一八六四）甲子年正月吉日とあり、年号・干支・月が記述されていて、きわめて丁寧な書きようで、「吉日」との記載がある。吉日とは離婚が達成されて夫にとっては目出度い吉日という意味であろうか。これまで四通しか見いだしていないが、本書にはもう一通掲載している。** 夫から妻「しん」に差し出されたもので、この爪印は実際に爪を押したものである。用いられた地域は特定できない。

*本書Ⅶ章。

**本書一〇六頁。

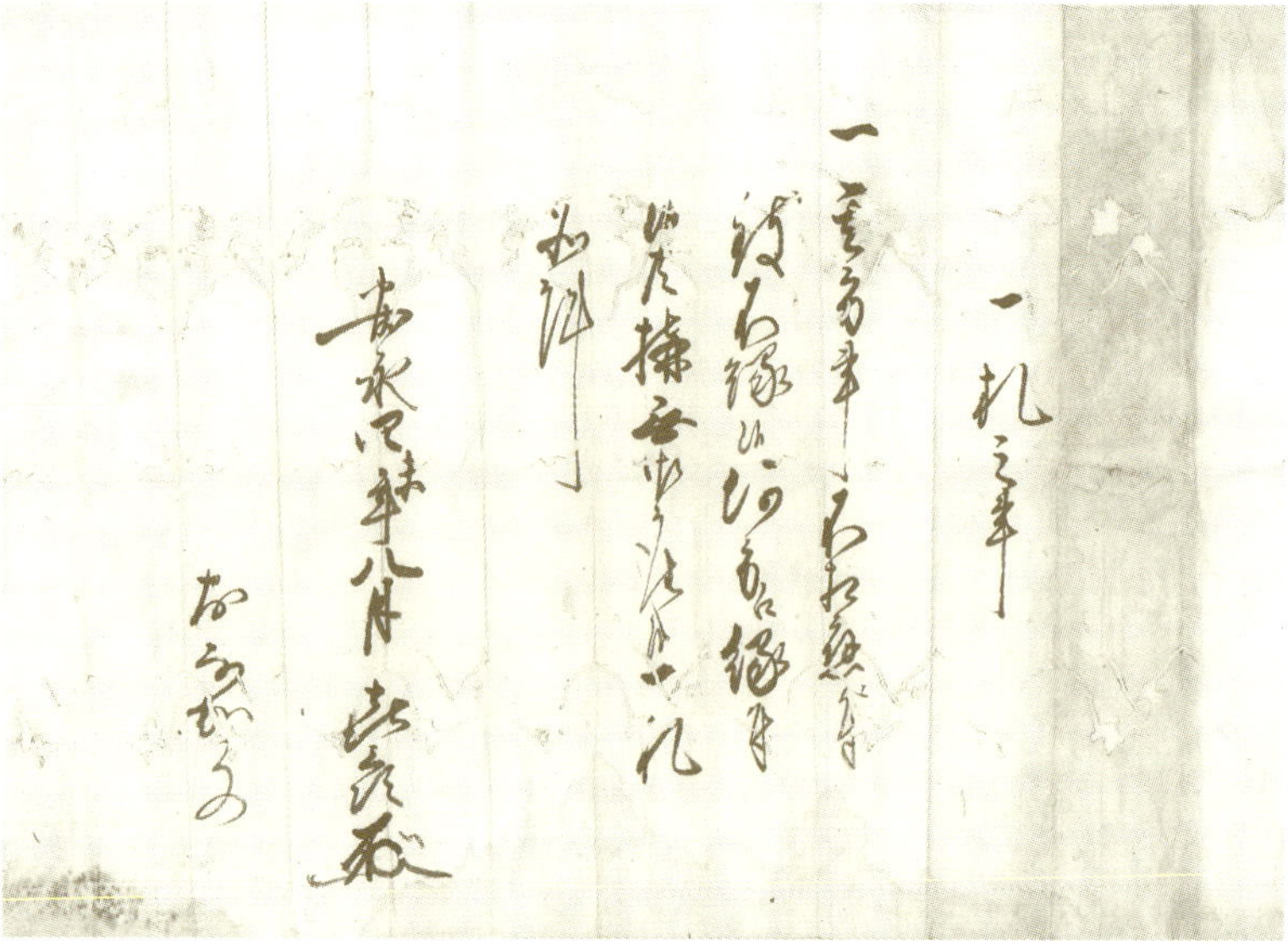

「喜三次－なか」離縁状

一札之事

一其方事、不相応ニ付、
致不縁候、何方江縁付
候共、構無御座候、一札
如件

安永四未年八月　　喜三次（花押）

おなかとの

（二八・六×三九・七）

そのほう事、不相応につき、不縁いたし候、いずかたへ縁づき候とも、構えござなく候、一札くだんのごとし

これから引用する嫁入りの三くだり半の表題は、離縁に関する用語を含まないものである。まず、表題「一札之事」は、一三〇〇通のうち、もっとも多く、一八七通、一四・四パーセントを占めている。本文は離婚文言と再婚許可文言とからなり、三行半にしたためられている。離婚理由は「不相応ニ付」という抽象的なものであるが、やや夫の一方的な気持ち、つまり夫に相応しくないことの表現となっている。

日付は安永四（一七七五）未年八月とあり、年号・月に十二支が記述されている。私所蔵のうちで六番目に古いものになる。夫喜三次から妻「なか」に差し出されたもので、花押が加えられている。村名もなく用いられた地域は特定できないが、入手経路から武蔵国（埼玉県）のものと思われる。

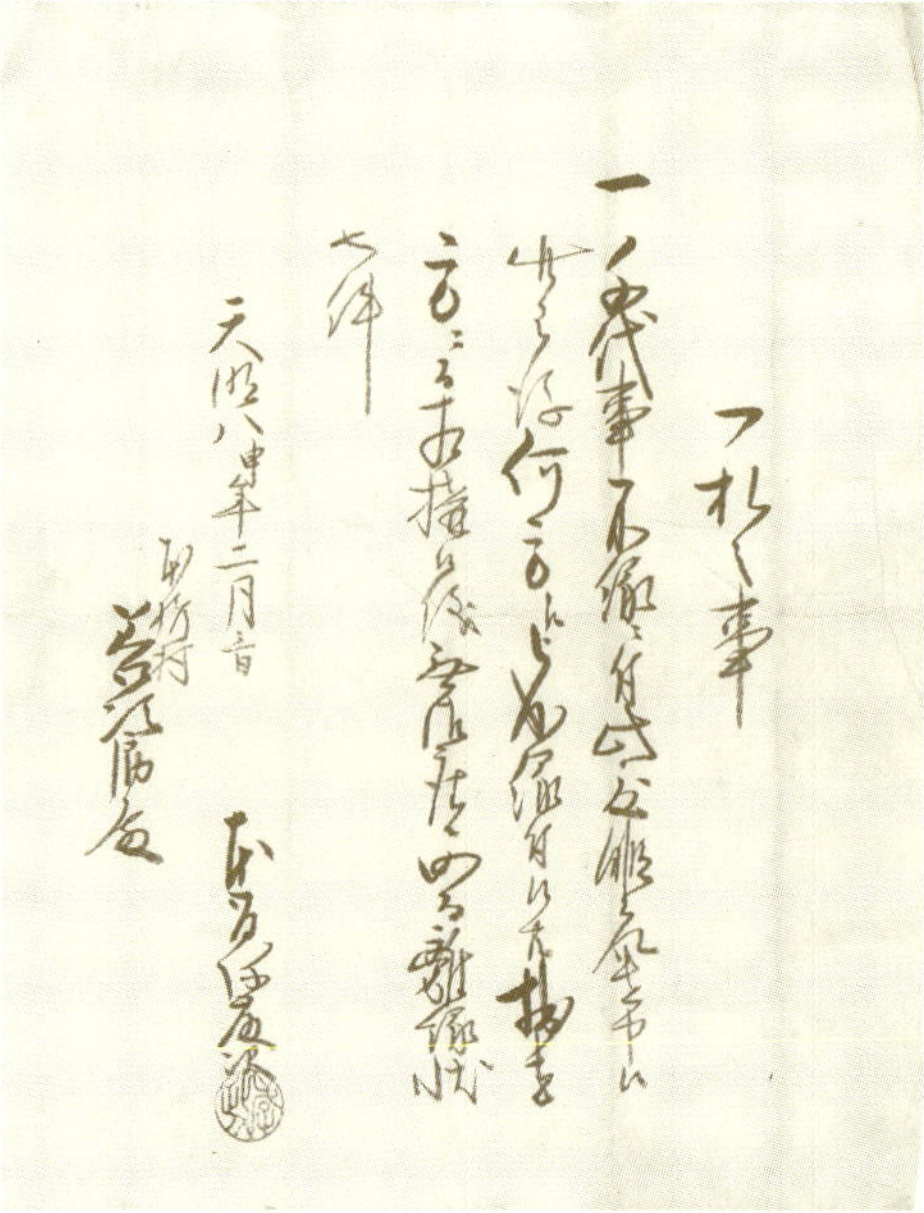

羽前国本間弥藤次暇状

一札之事
一千代事、不縁ニ付、此度暇差遣申候、
此已後何方江被成縁付候共、拙者
方ニ而相構候儀無御座候、仍而離縁状
如件

天明八申年二月三日　　本間弥藤次㊞

本楯村
善次郎殿

（三一・八×二五・四）

ちよ事、不縁につき、このたび暇さし遣わし申し候、これ以後いずかたへ縁づきなられ候とも、拙者方にてあい構え候儀ござなく候、よって離縁状くだんのごとし

これも表題「一札之事」で、離縁に関する用語を含まないものである。表題のなかで、もっとも多いものである。本文は離婚文言と再婚許可文言とからなり、先の市川三平に匹敵する達筆で、三行半にしたためられている。離婚理由は「不縁ニ付」という抽象的なもので本文中に「暇差遣申候」とあるので、これは「暇状」とも考えられる。江戸を経ない日本海経由で、東北に暇状が残存しているからである。*とすれば、これも東北の暇状の一例といえよう。

日付は天明八（一七八八）申年二月三日とあり、年号・月日に十二支が記述されている。夫本間弥藤次から妻「千代」の親族、おそらく父にあてて差し出されたもので、印章が捺されている。本楯村は羽前国村山郡内の村で、現在の山形県寒河江市内である。

*拙著『泣いて』一〇〇・一〇一頁。

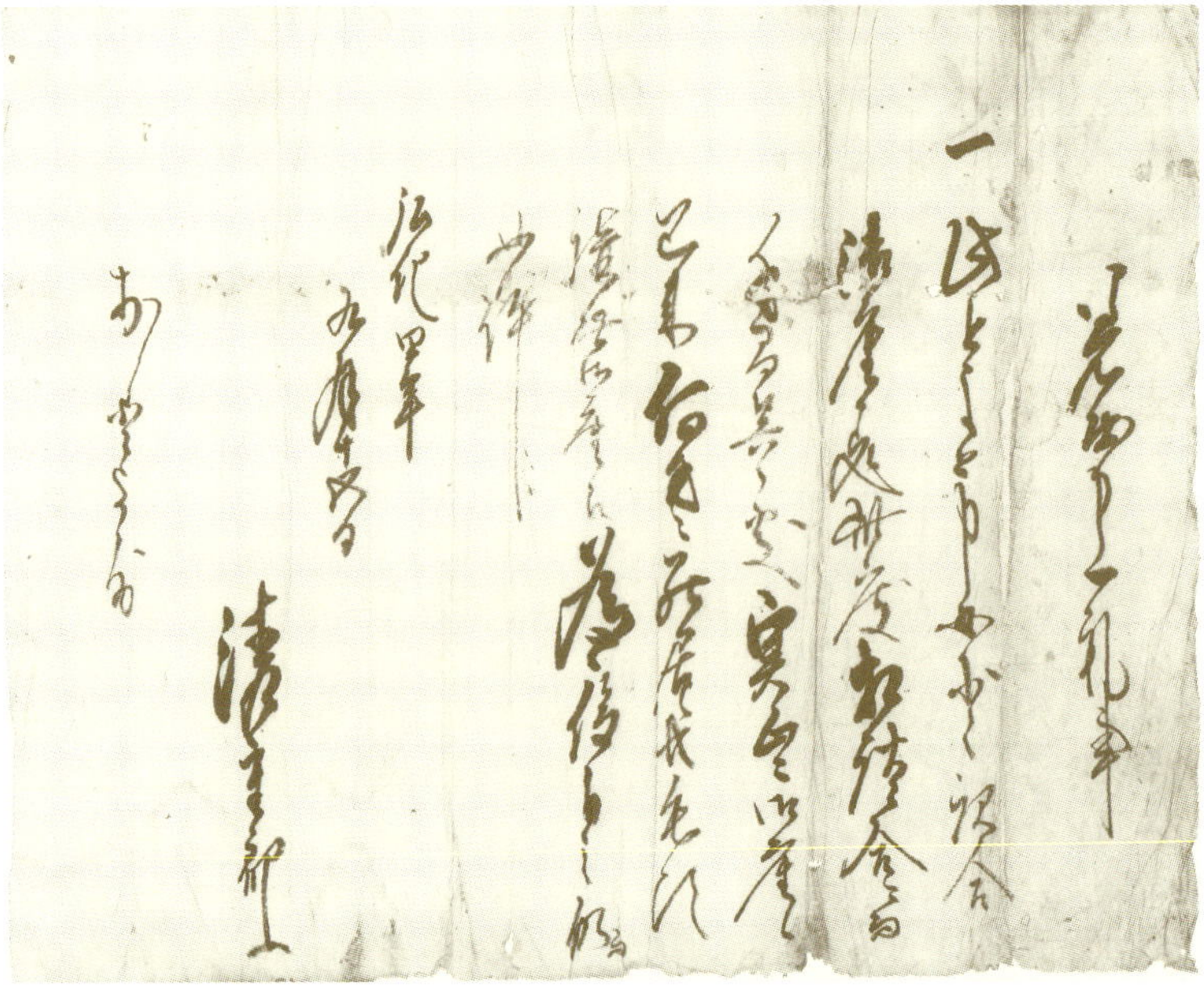

「清重郎－妾とよ」手間状

差出申一札事
一此とよと申女、少々訳合
御座候処、此度相談合ニ而、
手間呉候処実正ニ御座候、
已来何方ニ罷居候共、毛頭
構無御座候、為後日之仍而
如件
弘化四年
九月十五日　清重郎（爪印）
おとよ殿

（二三・三×二九・〇）

このとよと申す女、少々訳合いござ候ところ、このたび相談あいにて、手間くれ候ところ実正にござ候、以来いずかたへまかりおり候とも、もうとう構えござなく候、後日のためよってくだんのごとし

表題は離縁の語を含まない「差出申一札事」とある。本来「差出申一札之事」と書かれるべきところ「之」が落ちたもので、一三〇〇通のうち八番目に多く、四八通、三・七パーセントを占めている。本文のうち離婚文言は「手間呉候」とあり、これを「手間状」と称しても差し支えないと考える。

問題は離婚原因の「少々訳合」があったという表現である。これまでみた三くだり半で、この種の「子細有之」・「様子有之」*と離婚理由に記述されたものは、実はいずれも「不義・密通」をはたらいたことの抽象的表現であった。したがって、「とよ」にも「浮気（不義）」の様子がうかがえる。その結果、この別れは「相談合」と、双方相談のうえになされた。少なくとももとよは納得して、手間（暇）を出されたのである。

また再婚許可文言にあたる「已来何方ニ罷居候共」は、今後どこに住まいしてもかまわない意で、だれと再婚しても差し支えないとの趣旨からは外れる。それらを考え合わせると、とよは妾だったと思われる。

日付は弘化四（一八四七）年九月一五日とあり、年号・月日が記述されているが、干支はなく、五行半にしたためられている。清重郎から女とよに差し出されたもので、爪印が押されている。購入文書で、住所もなく用いられた地域は確定できないが、手間の用語と為後日ではなく「為後日之」の使用から、美濃国（岐阜県）辺りのものと推測される。

*拙著『増補』一一八・二五九頁。

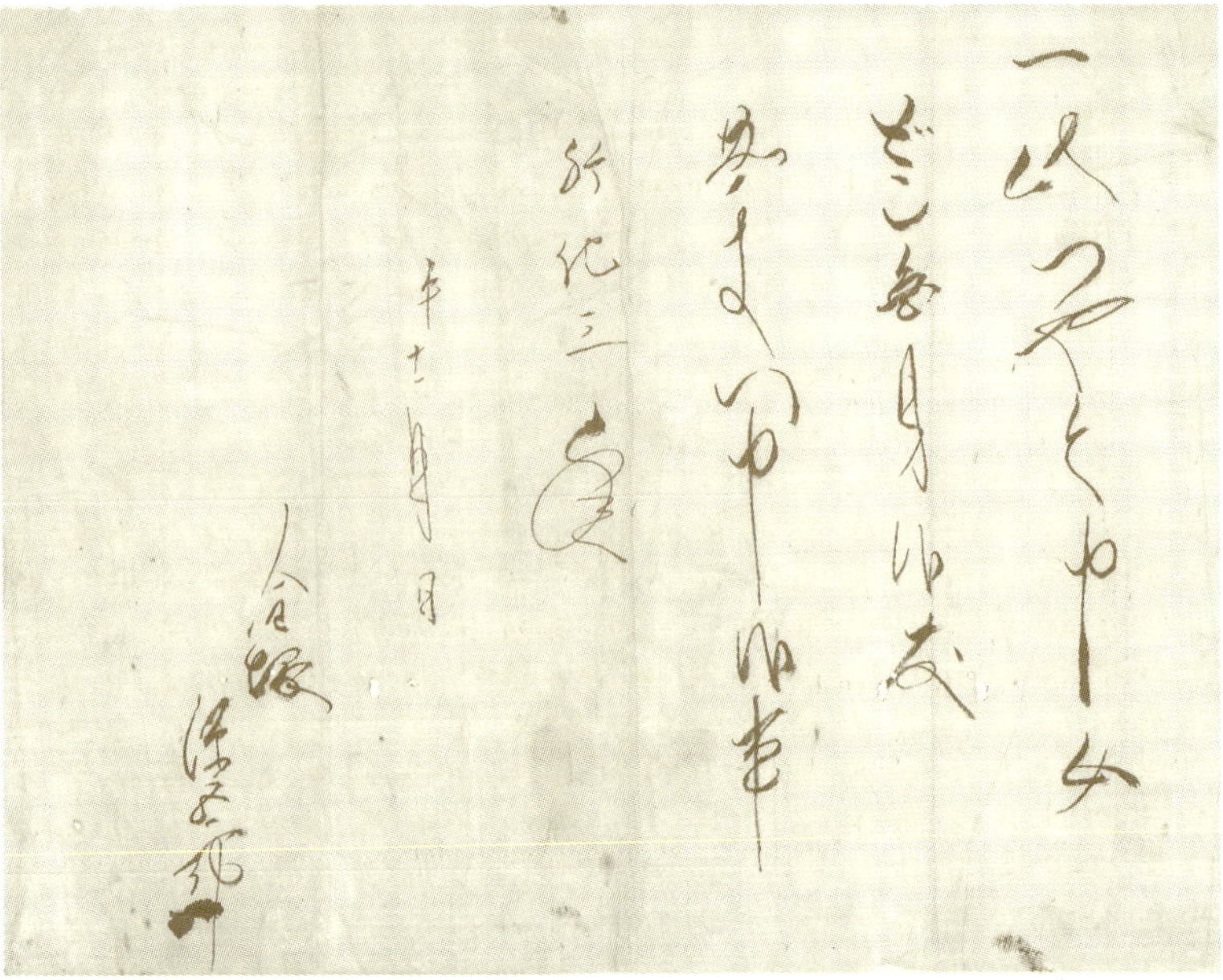

表題のない三くだり半

一此つやと申女、
どこ円（縁）月（付）候友（共）、
かまい（不脱）申候事
弘化三年
午十一月日
金塚
源五郎（爪印）
（二四・四×三一・六）

此つやと申す女、どこへ縁づき候とも、かまい申さず候こと

まず目立つのは表題がないことであり、しかも年号までほぼ同じ大きさに書いて三行半にしたものである。三行半の慣行が定着していた証左であるが、同様に表題と本文で三行半にしたためたものもある。*表題のない離縁状は一三〇〇通のうち、二二通ある。本文は離婚文言に相当する文言がなく、再婚許可文言のみからなっている。それでも離縁状としては有効だった。縁付きは「円月」、共は「友」の当て字である。また「かまい申」は「かまい不申」が正しく、「不」が落ちている。とはいえ、これらの当て字・脱字も古文書解読の苦労と愉しみである。

日付は弘化三（一八四六）年午一一月日とあり、年号・十二支・月日が記述されていて、これも日付の記述としてはきわめて丁寧な書きようである。夫から妻「つや」に差し出されたものと思われるが、名宛人の名前はなく、本文中に妻の名を記述している。爪印を押している。

なお、住所と思われる金塚は特定できず、この離縁状が用いられた地域は不明である。

*拙著『泣いて』六二頁。

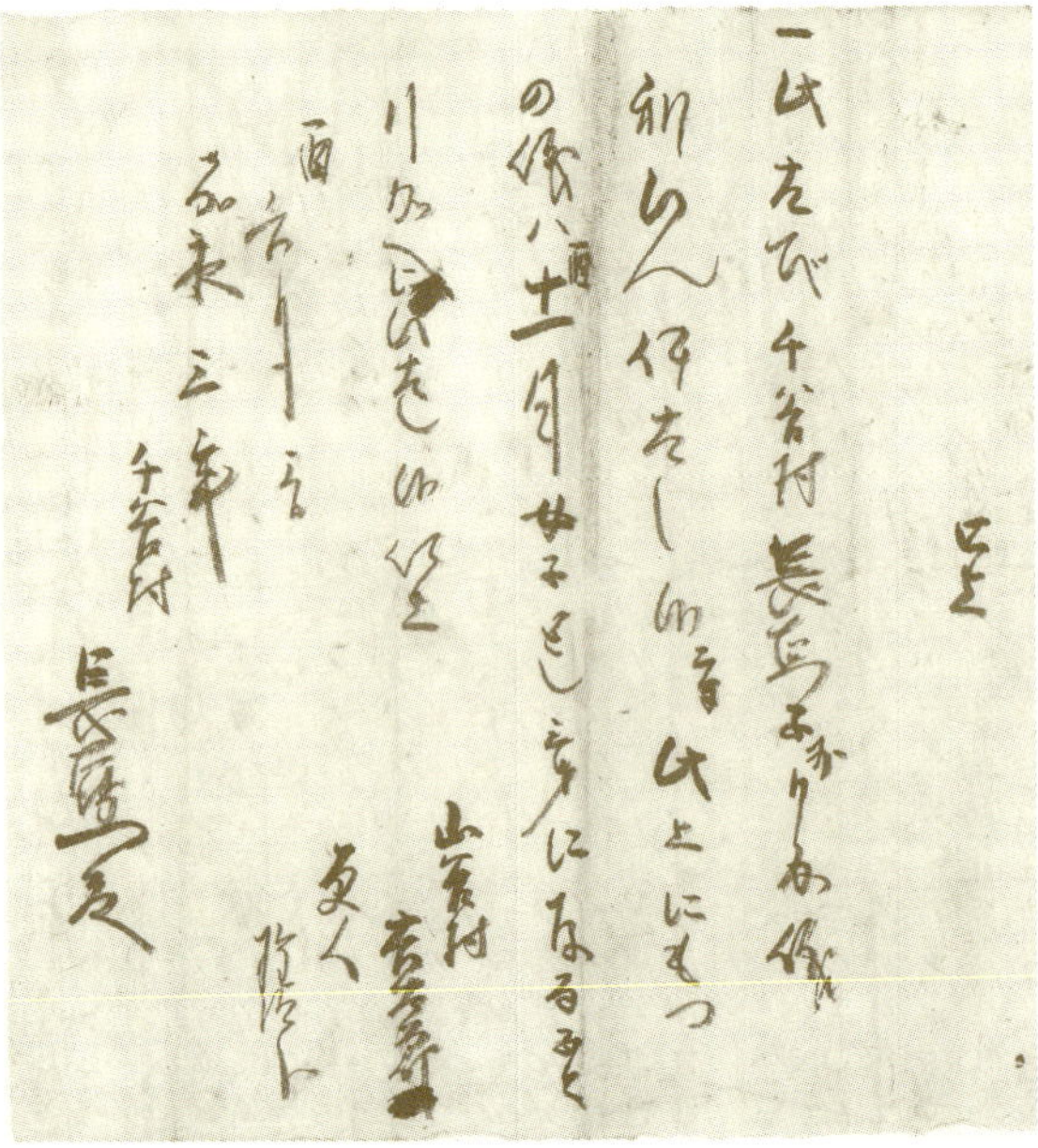

「吉太郎－りか」離縁状

口上

一此たび千谷村長右衛門子おりか儀、りいん《〔離縁〕》いたし候ニ付、此上にもつ《〔荷物〕》の儀ハ、酉十一月女子とし三才になる子と引かへにいたし候、以上

山谷村
吉太郎（爪印）
受人
権治郎

酉《（ママ）》六月三日
嘉永三年

千谷村
長右衛門殿

（二七・三×二五・二）

このたび千谷村長右衛門子おりか儀、離縁いたし候につき、このうえ荷物の儀は、酉十一月女子とし三才になる子と引かへにいたし候、以上

「口上」という表題は離縁に関する用語を含まないもので、かつ一三〇〇通のうち、四通しかない珍しいものである。本文は離婚文言と再婚許可文言の二つが書かれるべきところ、「りいんいたし候」と離婚文言しか書かれていない。両方が書かれていなくとも離縁状として有効であった。

さて、縁切寺東慶寺の内済離縁状写しに同様の「りいん状*」がある。表題は「理いん状之事」で、本文は「一我等妻きさ事、勝手ニ付、理いんいたし候上は、何方えいん付候共、かまへ無御座候、以上」と、二行半にしたためられている。これについて東慶寺前住職井上正道師は、学生時代、越後出身の友人から「いいがへ行こう」といわれ、当初理解できず、これが「映画」のことで、「え」を「い」と発音されたことを聞いた実体験から、りいん状は越後出身の夫の書いたものだと力説されたことが思い出される。

山谷村・千谷村も越後国魚沼郡内の村で、現在の新潟県十日町市と小千谷市であり、右口上は正道師の断言を立証するものといえる。本文後半には、夫方に残された妻の「去り荷物」は三才の娘「とし」と引き換えに返還されるという。娘は夫方で引き取って、監護することになったのである。日付は嘉永三（一八五〇）年六月三日とあり、夫が受人（保証人）と連名で、妻「りか」の父にあてて差し出したもので、爪印が押されている。

次頁に口上同様七通しか見いだしていない、数少ない表題「覚」の写真と釈文と読み下し文を掲げた。

＊井上禅定『東慶寺と駆込女』九二頁。

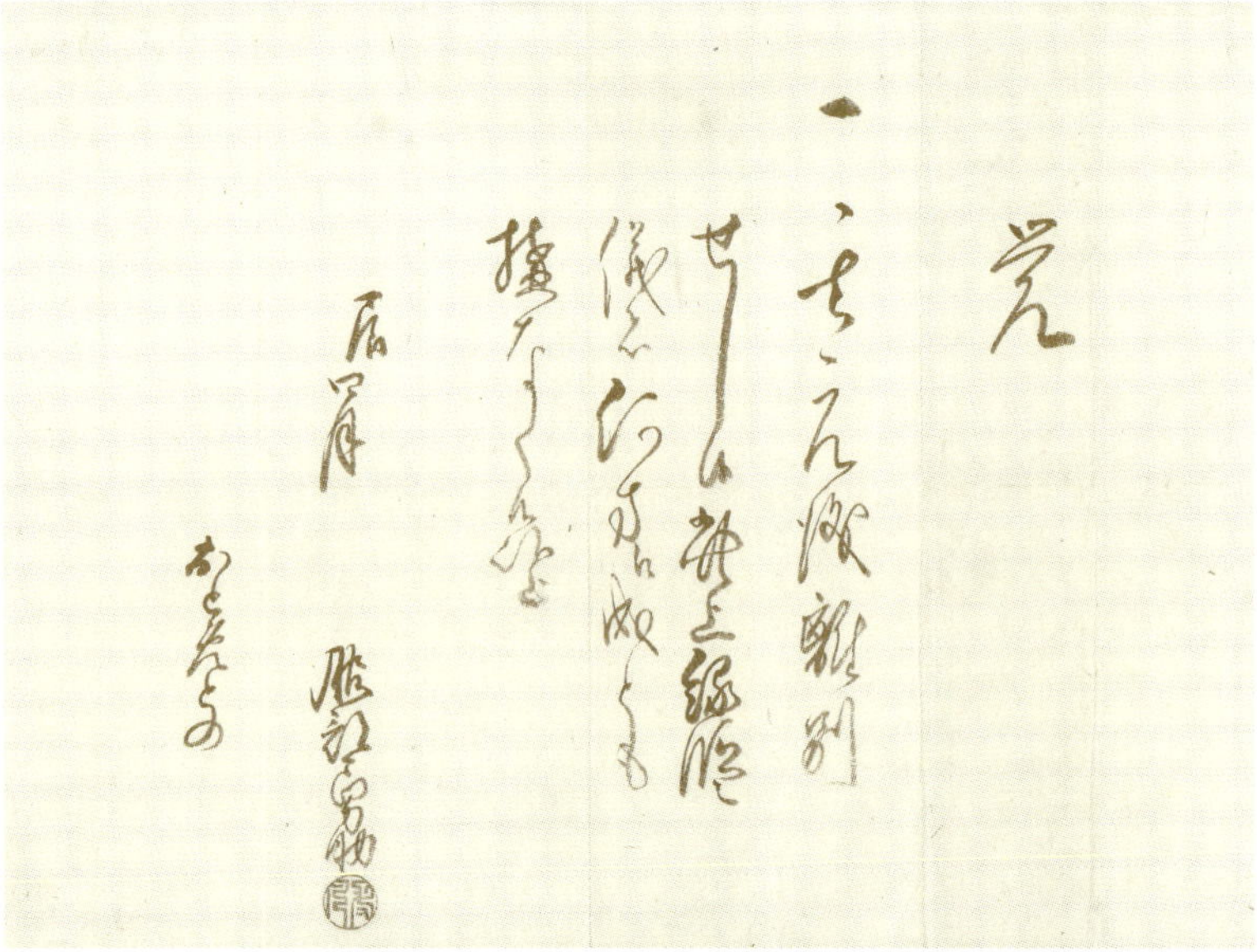

服部勇助離別状

覚

一其　元　儀、離　別
せし候、此上縁段（談）之
儀者何方江成とも
構なく候、以上
辰四月
服部勇助㊞
おとめとの

（二九・五×三七・二）

そこもと儀、離別せし候、このうえ縁談の儀はいずかたへなりとも構えなく候、以上

Ⅱ　婿の三くだり半

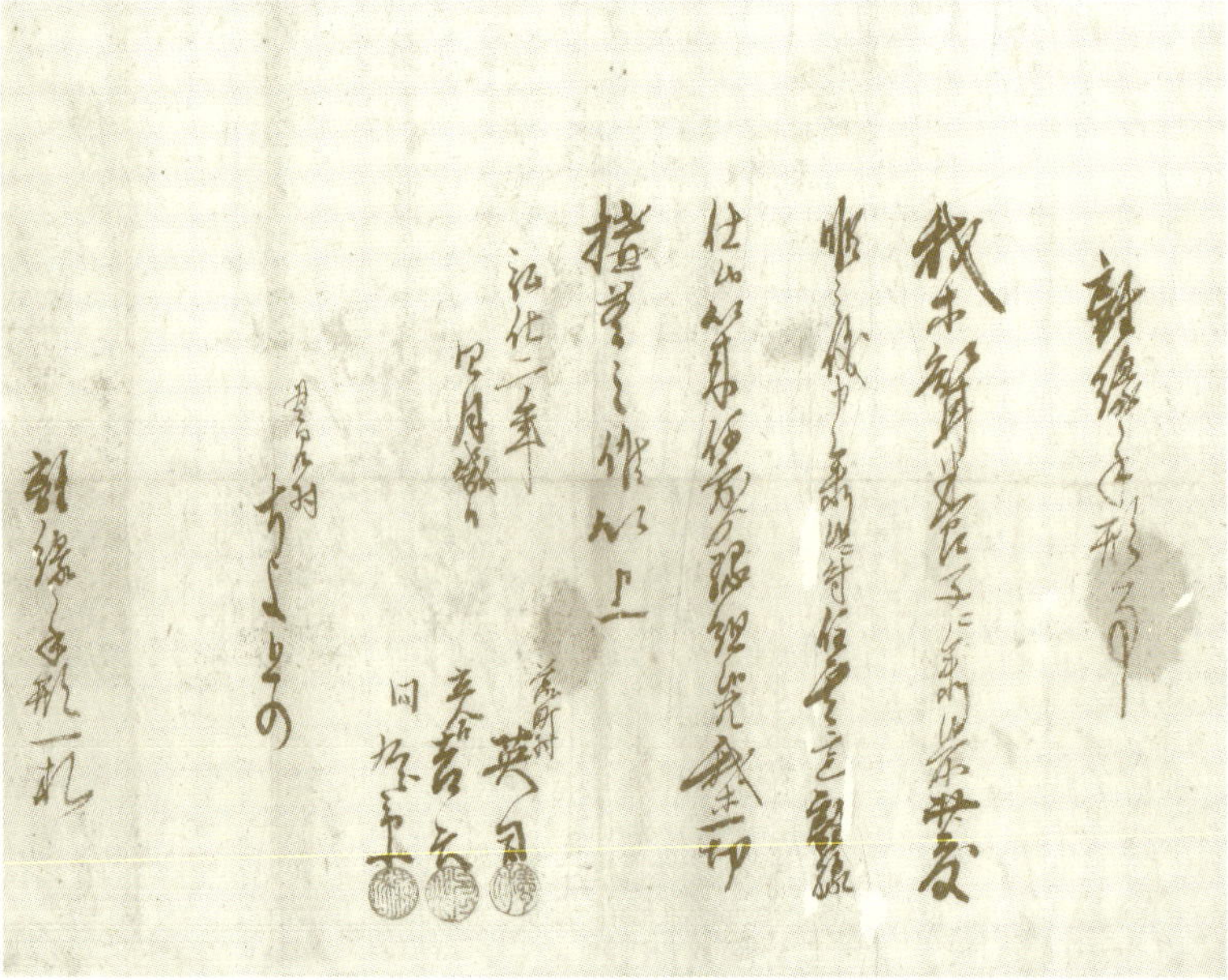

婿養子妻の請求をうけて三くだり半

離縁手形事

我等聟養子ニ参り候所、此度
暇之儀申参り候ニ付、任其意離縁
仕候、以来何方ゟ縁組候共、我等一切
構無之候、以上

弘化二年
四月幾日

荒町村
英　司㊞
立合
吉　六㊞
同
九郎兵衛㊞

貫見村
ちよとの

離縁手形一札

（二九・〇×三六・三）
（読み下し文略）

表題は「離縁手形事」、本文にはまず英司が「聟養子に参り候」とあり、英司が婿養子であったことが明記されている。本文は離婚文言と再婚許可文言とからなり三行半である。離婚文言には特徴的な文言がみられる。「暇の儀申し参り候につき、其意にまかせ離縁仕り候」、つまり、離縁は妻からの請求で、その意にしたがったものであった。このように婿は妻の家で妻の両親と同居したのであるから、おのずと妻の保護が図られ、妻の意向（離縁意思）が尊重される傾向にあった。

嫁入りでも婿入りでも、離縁状をしたためて妻に渡したのは夫（婿）であった。離縁状を渡せば、婿は結婚生活の場である妻の家を出る、実質的には追い出されるわけで、川柳の「去状を書くと入聟おん出され」（安永四年〔一七七五〕）という姿が現実のものであった。したがって、再婚許可文言には、今後はどこから縁組して婿を迎えても一切構わないと「何方ゟ」としたためた。「何方ゟ」とあれば、それは婿が書いた離縁状といえる。

年号は年月日が書かれているが、日付は「幾日」とあり、日時を特定できず、ほかではみられない表記である。差出人は婿本人のほか、「立合」として証人両名が連署捺印して、妻本人宛に差し出している。末尾の「離縁手形一札」の文字は本文と同一人がしたためたもので、右から折ってゆくと上包の表題のようにみえる。

なお、荒町村は羽前国村山郡で、現在の山形県西村山郡河北町、貫見村は同国同郡で、現在の同県同郡大江町である。両村はおおよそ二〇キロメートル余の距離にある。

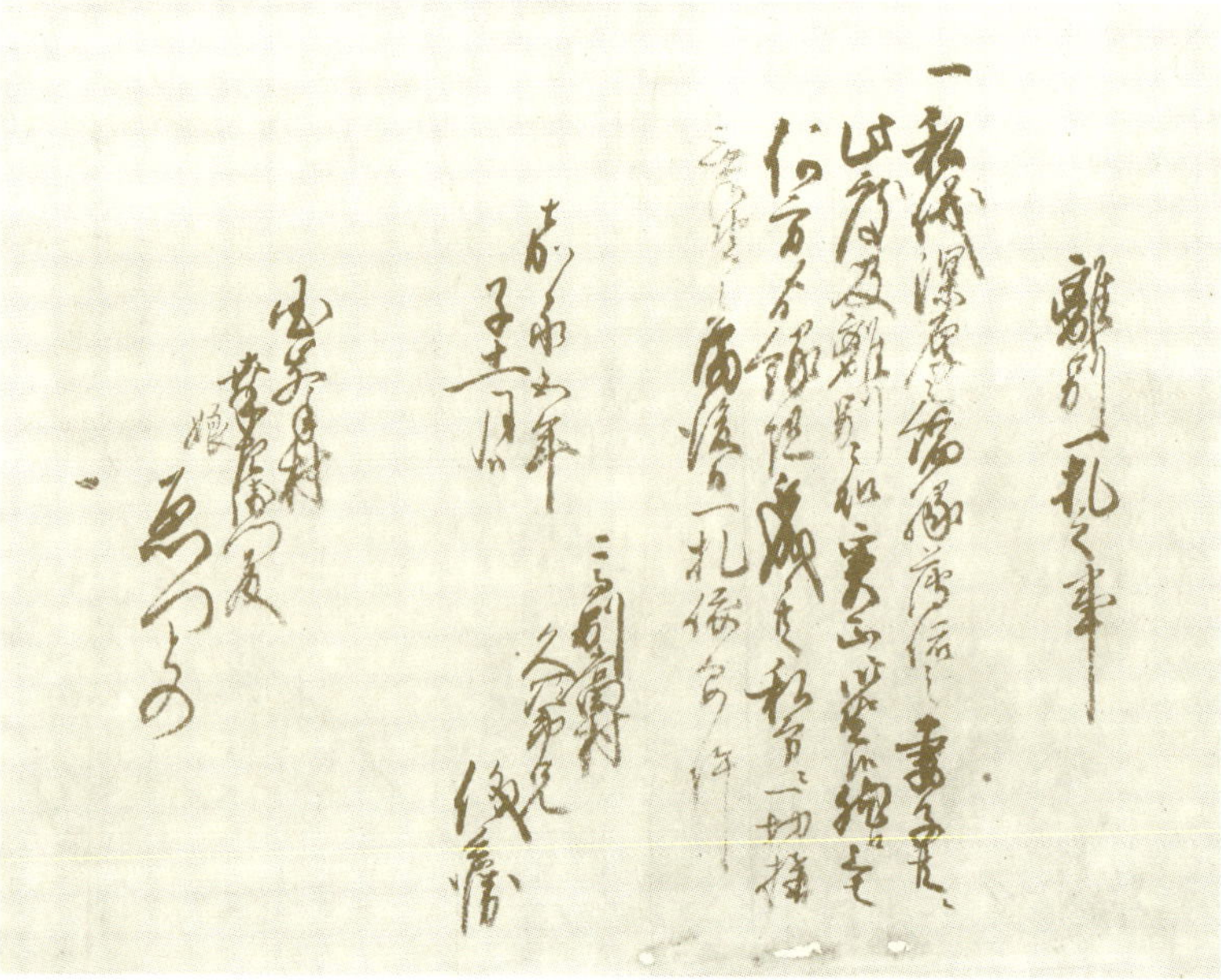

婿養子の三くだり半――満徳寺模倣離縁状

離別一札之事

一私儀、深厚之縮(宿)縁薄、依之妻子共ニ
此度及離別候処実正ニ御座候、然ル上者
何方ゟ縁組被成候共、私方ニ一切構
無御座候、為後日一札依而如件

高別当村
久次郎兄
儀兵衛

嘉永五年
子十一月日

国峰村
幸左衛門殿
娘 ゑ つとの

（二五・五×三二・〇）

私儀、深厚の宿縁薄く、これにより妻子ともに、このたび離別におよび候ところ実正にござ候、しかるうえは、いずかたより縁組なられ候とも、私方に一

切構えござなく候、後日のため一札よってくだんの
ごとし

襖の下張り文書である。表題は「離別一札之事」、本文は離婚文言と再婚許可文言の二要素からなり、ほぼ四行にしたためられている。離婚文言の「深厚之宿縁薄」は後述する*縁切寺満徳寺の離縁状前半「深厚之宿縁浅薄之事不有私」の模倣であり、満徳寺から相当離れた地域でもこれが模倣されたのである。また「妻子共」と妻に子供を添えて、ともに離別している。

*本書一八一頁。

満徳寺離縁状の模倣は、満徳寺から半径六〇キロメートルの範囲から見出される。これはまた中領域における地域性でもある。地域性についても後述する。**

**本書Ⅲ章。

再婚許可文言には、「何方ゟ」とあって、婿が差し出したものとわかる。

日付は嘉永五（一八五二）年子十一月日とあり、十二支の「子《ね》」が加えられ、差出人の婿儀兵衛本人から妻「ゑつ」本人宛に差し出しているが、妻家の父親の名を冠している。印鑑・爪印ともなく無印である。

高別当村は上野国碓氷郡内の村で、現在の群馬県安中市であり、国峰村は同国甘楽郡内の村で、現在の同県甘楽郡甘楽町である。両村は地図上直線距離で、おおよそ一二キロメートル余の距離にある。

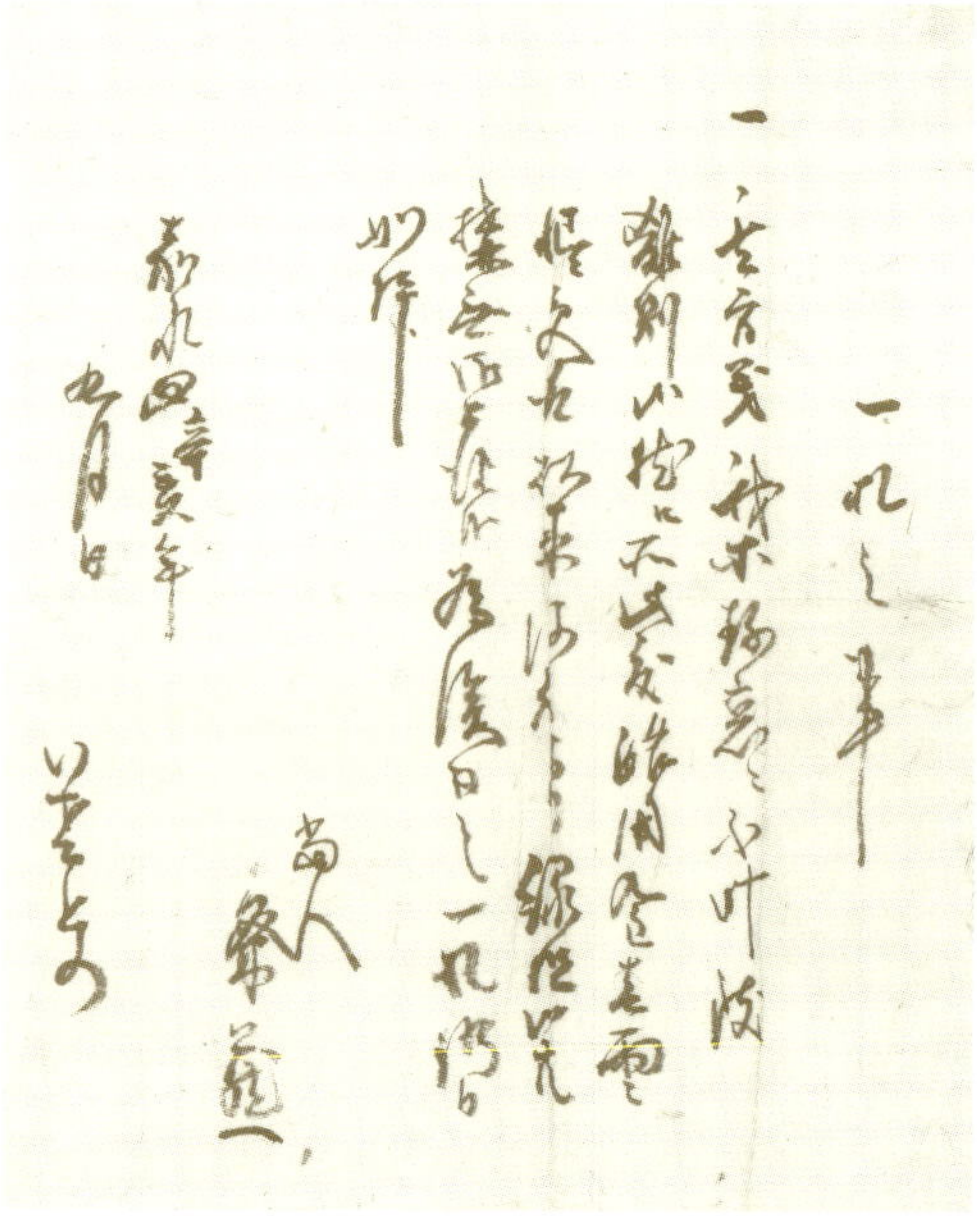

婿養子路用金受理の三くだり半

一札之事

一其方義、我等存意ニ不叶、致離別候、然ル所此度路用金壱両也慥ニ受取、以来何方より縁組候共、構無御座候、為後日之一札仍而如件

当人
粂蔵（爪印）

嘉永四辛亥年
九月日

いさとの

（二五・五×三二・〇）

そのほう義、われら存意にかなわず、離別いたし候、しかるところ、このたび路用金壱両也、たしかに受け取り、以来いずかたより縁組候とも、構えござなく候、後日のため一札よってくだんのごとし

表題は離縁の語を含まない「一札之事」、本文は離婚文言と再婚許可文言の二要素からなり、四行半にしたためられている。離婚文言のなかの離婚理由は「我等存意ニ不叶」とあり、妻が夫の意にそわなかったことを挙げているが、実態はどうであったろうか。離縁後婿が実家に帰るための路用金を一両受け取っていることと考え合わせると、「存意ニ不叶」は慣用句として用いられた感がある。

再婚許可文言の婿を意味する「何方より」の「より」はほとんどの場合「ゟ」と書くが、ひらがな二文字はむしろ例外といえるとはいえ、明らかに婿が差し出したものである。

年号は年月日に干支「辛亥」が加えられ、差出人の婿粂蔵当人から、爪印を加えた離縁状が妻「いさ」本人宛に差し出されている。用いられた地域は不明である。

なお、縁切寺満徳寺資料館所蔵の離縁状に、嘉永元（一八四八）年八月に粂蔵から「いさ」宛ての離縁状「差出一札之事」がある。これが同一夫婦の離婚事例とすれば、婿はいったん「いさ」と別れた後に、再び「いさ」に婿入りしたことになる。嘉永元年の離縁状本文は「一此度いさ事、利いん致候間、此後かまい御座無候、以上」とある。ここの再婚許可文言では、嫁入りとも婿取りとも判然としないが、かなの使い方、「御座無候」の表記、書き癖などから別の「粂蔵－いさ」と考えた方がよさそうであるが、時期も近く、同一事例を思わせる。

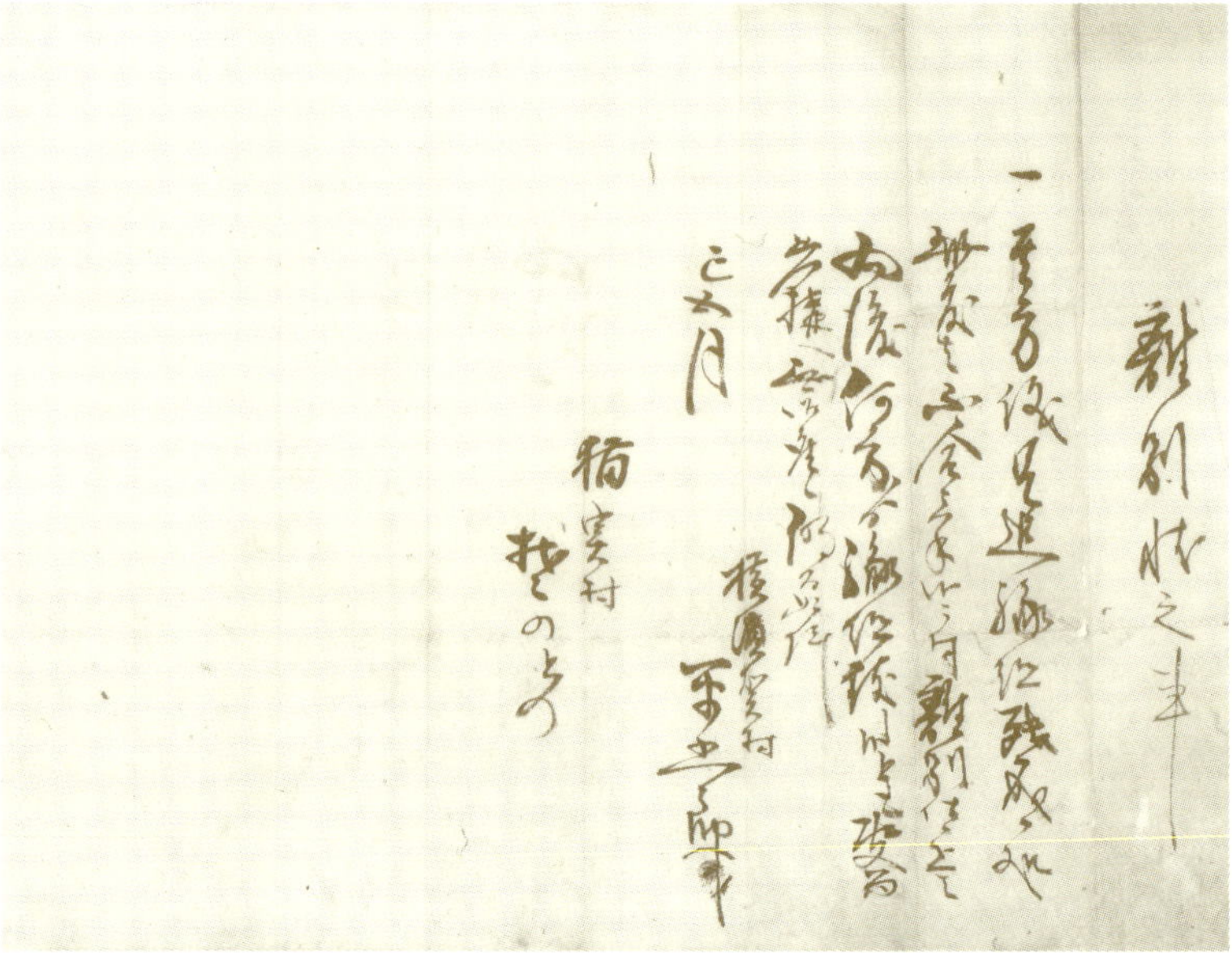

婿養子気が合わず三くだり半

離別状之事

一其方儀、是迄縁組罷成候処、
此度者不合気候ニ付、離別仕候上者、
向後何方ゟ縁組致し候とも決而
差構へ無御座候、仍而如件

横須賀村

巳五月　平五郎（爪印）

猫実村

そのとの

（二四・二×三二・四）

そのほう儀、これまで縁組まかりなり候ところ、このたびは気あわず候につき、離別つかまつり候うえは、こうごいずかたより縁組いたし候とも、決してさし構えござなく候、よってくだんのごとし

表題は「離別状之事」、本文は離婚文言と再婚許可文言の二要素からなり、三行半にしたためられている。離婚理由の「不合気候ニ付」は、気あわず候につきと読むのだろうが、今日のいわゆる「性格の不一致」のことである。私の収集離縁状のなかには、ほかに二通存在する。また夫が妻を「気に入り申さず」という理由は五通みられる。これは夫の恣意的意思のあらわれといえる。

再婚許可文言には「何方ゟ」と、婿平五郎が妻「その」にあてて差し出したものである。日付は「巳五月」とあるだけで、特定できない。また平五郎は爪印を押捺している。この爪印は拇《おや》指に墨をつけて押したものだが、拇指の爪だけでなく、指の腹についた墨もみられ、本当に墨をつけた拇指を押したものであることがわかる。ところで、爪印に用いる拇指は左右どちらの指を使ったかといえば「男は左、女は右」を用いたのである。これは東アジアに特殊な「左尊右卑」思想によったものである。夫が爪印を押して、その左脇にわざわざ「但し左り爪」と書き加えたものもある*。

横須賀村は相模国三浦郡内の村で、現在の神奈川県横須賀市であり、猫実村は下総国葛飾郡内の村で、現在の千葉県浦安市である。両村は地図上直線距離で、おおよそ五〇キロメートル余の距離にある。どちらも江戸湾沿いにある村で、往き来は舟を用いたものと思われる。

*拙著『泣いて』三七頁。

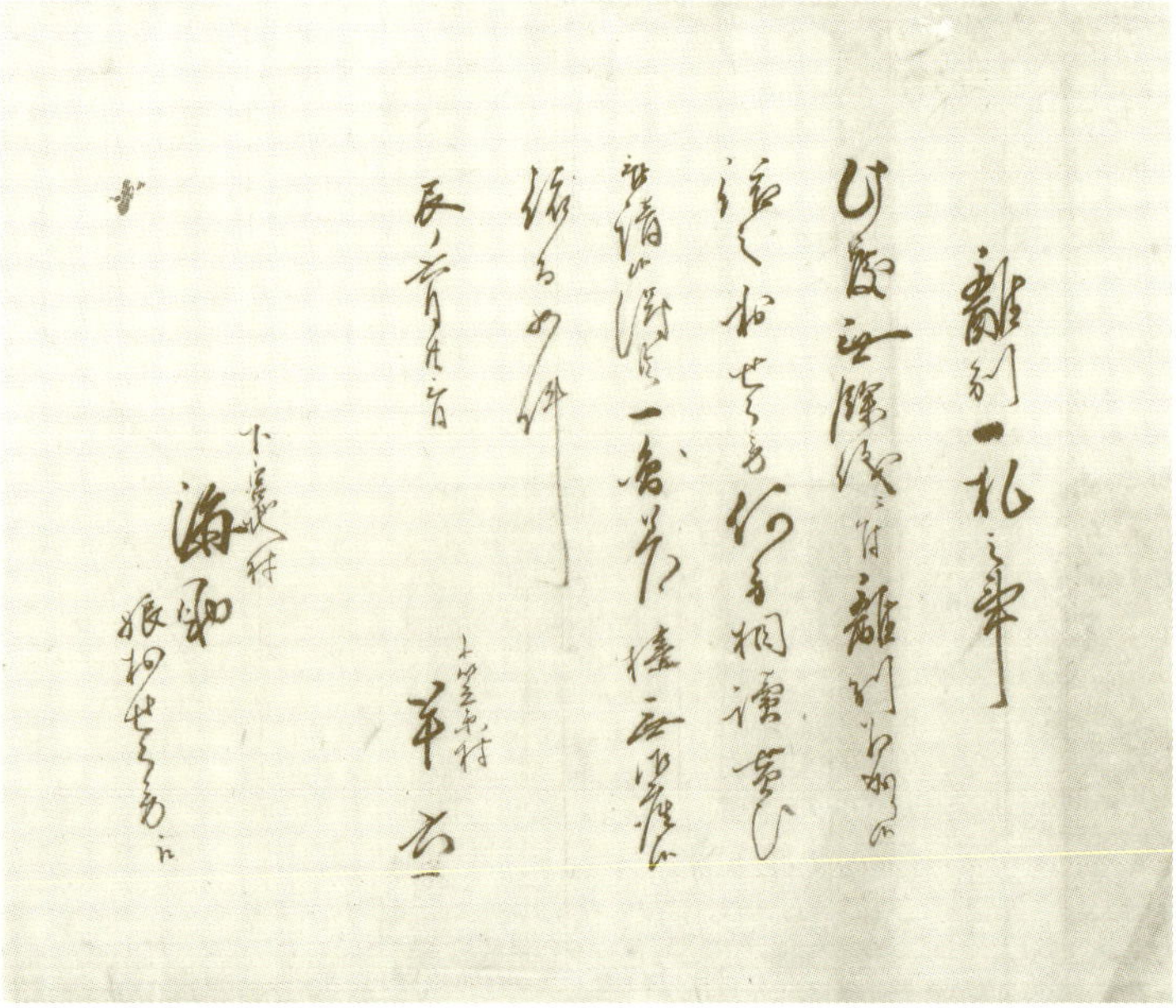

婿養子「半六」の三くだり半

離別一札之事

此度無余儀ニ付、離別相成り候、
依之おせう方何方相続貰ひ
被請候得共、一円差構無御座候、
依而如件

辰ノ六月廿三日

小笠原村
半　六（爪印）

下宮地村
海　助
娘おせう方江

（二六・八×三一・九）

このたび余儀なきにつき、離別あいなり候、これによりおせう方いずかた相続もらいうけられ候えども、一円さし構えござなく候、よってくだんのごとし

表題は「離別一札之事」、本文は離婚文言と再婚許可文言の二要素からなり、三行半である。離婚理由は抽象的に「無余儀ニ付」とあり、やむなく離別した感じがみられる。再婚許可文言には「おせう方何方相続貰ひ被請候得共」とあり、ここでの「相続」は縁組の意であり、妻「せう」は何方（から）縁組して婿を貰い請けても構わないと、婿半六から妻せうにあてて差し出したものである。

ところで、右にみたように離縁状の本文に「相続」という文言が散見される。ここではそれが縁組を意味することにだけふれておき、詳細な検討は後の課題としたい。

日付は「辰ノ……」とあるだけで、年号は特定できない。ここでも爪印が押されている。ところで、爪印には、先の平五郎の爪印のように、拇指に墨をつけて押したものと、たんに筆で三日月のように書いたものとがある。これを「書き爪印」というが、これにも筆で線を引いただけという説と、紙の上に拇指を置いてなぞったという説がある。実際に爪を押しつけたものはほとんどなく、爪印の多くは「書き爪印」である。

両村とも甲斐国巨摩郡内の村で、小笠原村は現在の山梨県北杜市、下宮地村は現在の同県南アルプス市である。両村は地図上直線距離で、おおよそ一五キロメートル余の距離にある。

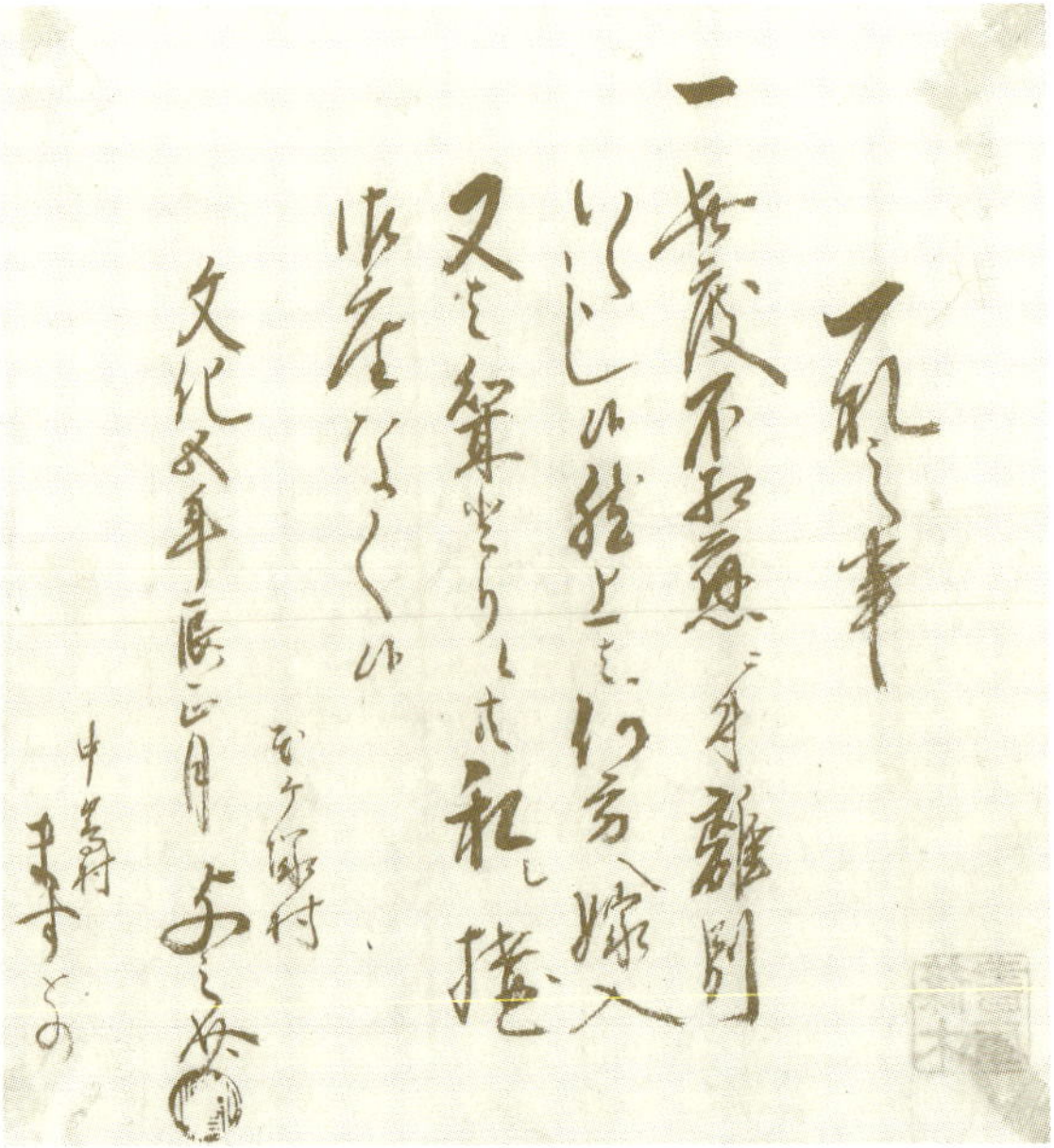

婿養子の三くだり半――つぎは嫁入りか

一札之事

一此度不相応ニ付、離別
いたし候、然上者何方へ嫁入、
又者聟とり候共、私シ構
御座なく候

花ケ塚村
与之介㊞

文化五年辰ノ正月

中島村
ま　すとの

〔俳山亭文庫旧蔵〕（二三・五×二二・〇）

このたび不相応につき、離別いたし候、しかるうえはいずかたへ嫁入り、または婿とり候とも、私構えござなく候

表題は離縁の用語を含まない「一札之事」本文は離婚文言と再婚許可文言の二つからなる。離婚文言のなかの離婚理由は「不相応ニ付」と抽象的な文句で、行数は三行半である。婿与之介本人から家付き娘「ます」本人あてになっている。婿養子と離縁した「ます」のその後の再婚は、必ずしも再び婿を迎えるとは限らず、どこかへ嫁入りするかもしれない。そこでどちらの場合でもよいようにとの夫の配慮から、「何方へ嫁入、又者聟とり」と両様にしたためたのである。通例の婿の三くだり半の「何方ゟ」に「何方へ」を加えた与之介の周到な性格がうかがえる。

日付は文化五（一八〇八）年正月とあり、十二支の辰が加えられている。与之介は印形を押捺している。

花ケ（香）塚村は上野国新田郡で、現在の群馬県太田市内、中島村は同国佐位郡で、現在の伊勢崎市（旧境町）内である。両村は地図上直線距離で、おおよそ四キロメートルの距離にある。

右文書は俳山亭文庫（主人・篠木弘明氏）旧蔵文書であることは、文書の四隅にセロテープの跡がみえ、また文書の裏に「篠木蔵書」の印が朱肉で押捺されていることでわかる。

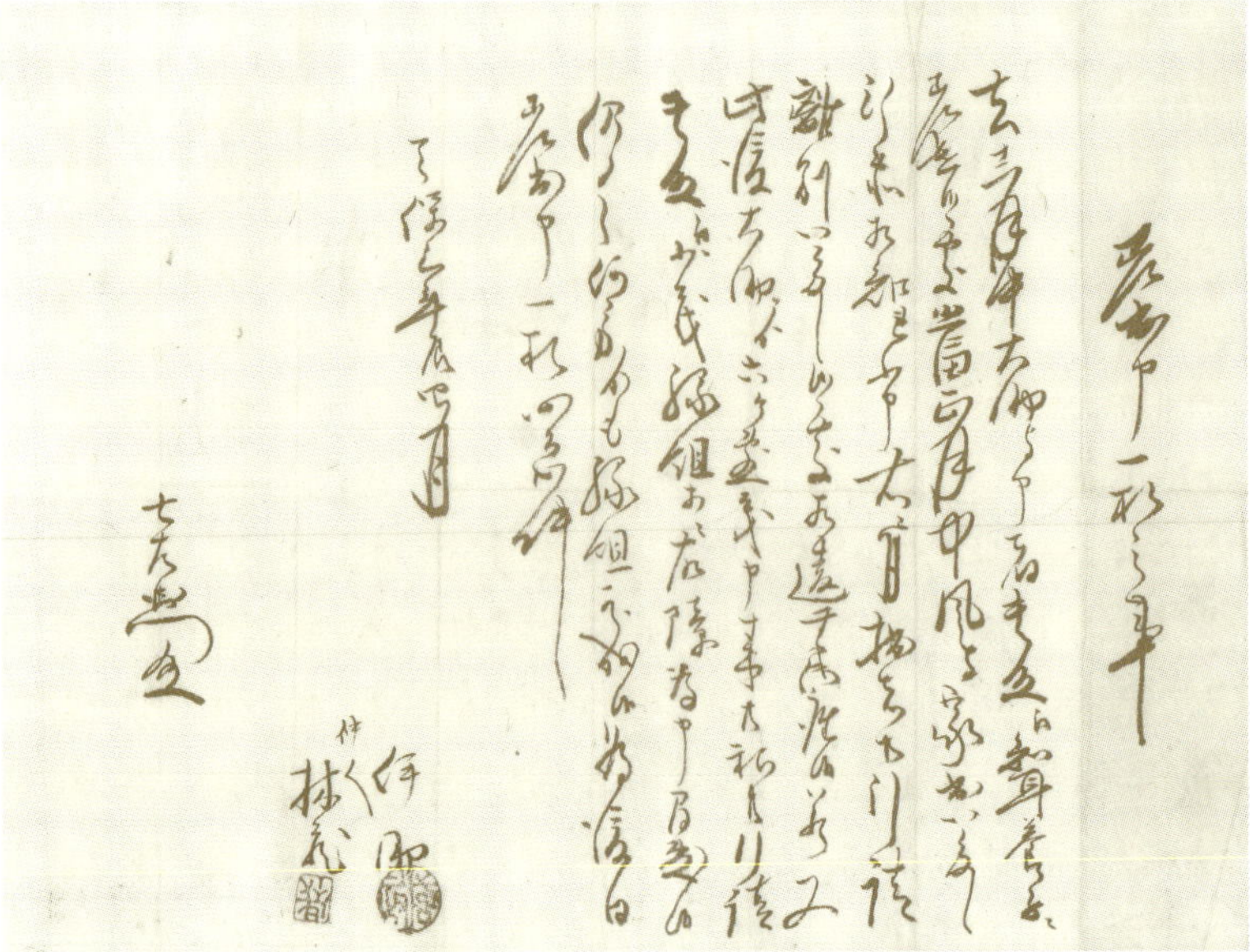

婿家出の三くだり半

差出申一札之事

去十二月中大助与申者貴殿江聟養子ニ
差遣候処、当正月中風与家出いたし、
行衛相知れ不申、右ニ付拙者共引請、
離別いたし候処相違無御座候、若又
此後大助ゟ六ケ敷義申来共、私共引請、
貴殿江少茂縁組等ニ故障為申間敷候、
仍之何方ゟも縁組可被成候、為後日
差出申一札仍而如件

天保三年辰四月

伊　助㊞

仲人　林　蔵印

七左衛門殿

（二六・五×三四・五）

（読み下し文略）

結婚には嫁入り・婿入りがあるが、配偶者が家出し、事実上の離婚状態になったときにはどうなるか。嫁を迎えた夫が家出の場合は、夫の代理人が家出を理由として離縁状を書いて渡せば済むが、婿が家出の場合は、妻方で離婚を請求しようにも離縁状発行者である婿がいないのであるから困ったことになる。もっとも夫が家出したとき、幕府法上、一二か月を過ぎれば、妻側の願い出によって再婚できた。つまり、公権力による離婚の申渡しがなされたのである。とはいえ、婿からの離縁状が離婚の確証としては最適である。そこで婿入りにあたって、あらかじめ「万一私心へ違ニて家出いたし候節ハ、離別と思召可被下候」としたためた元治二（一八六五）年上州佐位郡東小保方村（群馬県伊勢崎市）の「先渡し離縁状*」を受理した事例すらあった。当時の予防法学的一面が垣間見られる。

もっとも実際には、先渡し離縁状を受理しておくことは少なく、右のように婿の関係者が代理して、離婚に責任を負うことで解決されることが多かった。

表題には離縁に関する語はなく、婿の親族と思われる伊助と連署・加印の仲人は、婿大助が帰ってきて難題が予想されるときに責任をもつこととしたため、妻の父親にあてて差し出した「七行半」の離縁状である。用いられた地域は不明である。

婿の場合、離縁後その家に残るのは、妻（家付き娘）で、つぎにまた婿を迎えても差し支えないことを「何方ゟ」と表現したのである。

*拙著『増補』三四一頁および本書Ⅵ章。

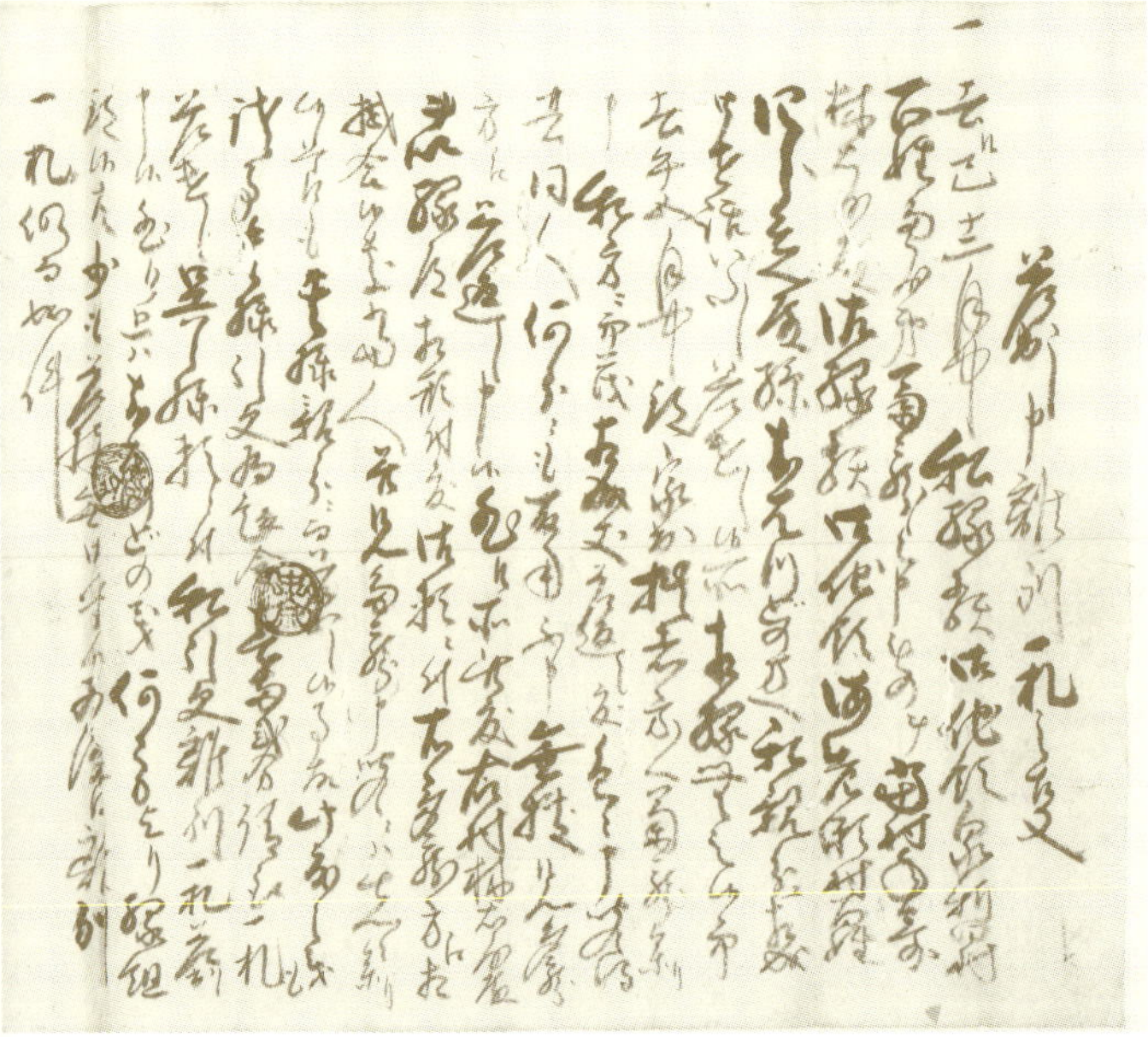

最長一六行半の婿離縁状——親分代理

差出し申離別一札之事

一去ル巳十二月中、私縁類御他領泉新田村百姓多右衛門弟菊蔵与申ものヲ当村年寄林右衛門殿御縁類御他領海老瀬村百姓四郎兵衛殿孫おはつどの方へ私親分ニ相成、御世話いたし差遣し候所、相縁無之候而、去午五月中致家出、拙者方へ菊蔵参り申、私方ニ而茂相成丈差返し度、色々申聞候得共、同人何分ニも取用不申、無拠兄多蔵方江差返し申候、然ル所此度右村林右衛門殿ヲ以縁道(談)相形(片)付度御頼ニ付、右多蔵方江相掛合候処、当人并兄多蔵申聞ニハ、先ニ参り候節も貴様親分ニ而差出し候事故、此度之義も諸事貴様引受、為(意脱)趣金壱両弐分請取、一札差遣し呉候様頼ニ付、私引受、離別一札差出し申候、然ル上ハおはつどの義、何方より縁組致候共、少も差構無御座候、為後日離別一札仍而如件

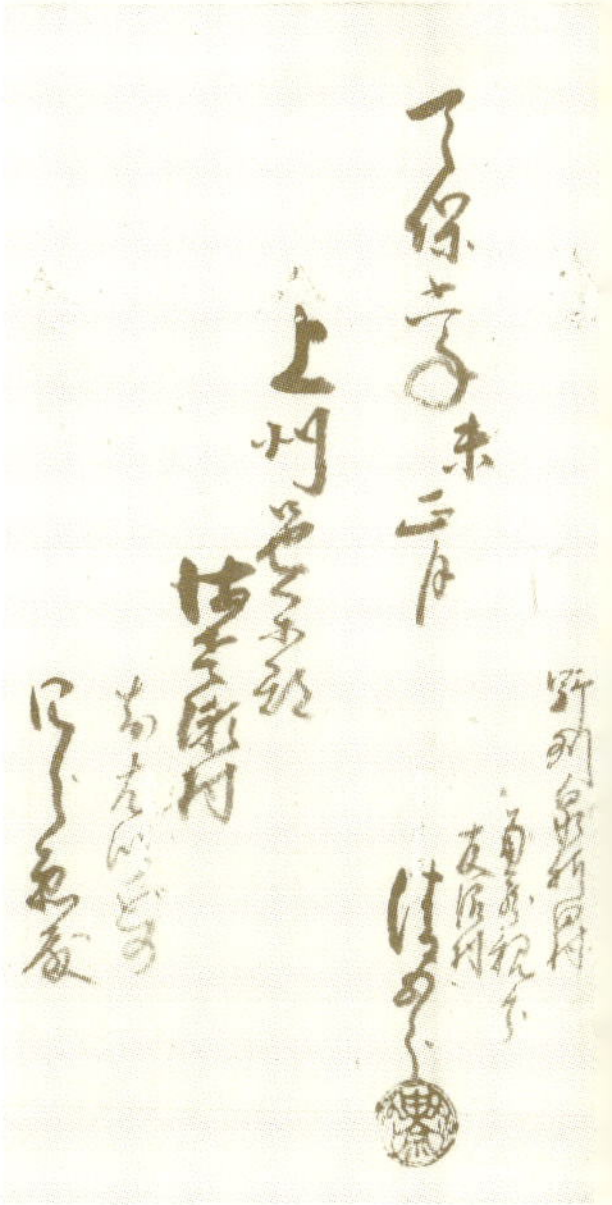

さる巳の十二月中、私縁類ご他領泉新田村百姓多右衛門弟菊蔵と申す者を、当村年寄林右衛門殿ご縁類ご他領海老瀬村百姓四郎兵衛殿孫おはつどの方へ、私親分にあいなり、お世話いたしさし遣わし候ところ、相縁これなく候て、さる午の五月中家出いたし、拙者方へ菊蔵まいり申し、私方にてもあいなるたけさし返したく、いろいろ申し聞け候えども、同人なにぶんにもとり用い申さず、よんどころなく兄多蔵方へさし返し申し候、しかるところこのたび右村林右衛門殿をもって縁談あい片付けたくお頼みにつき、右多蔵方へあい掛け合い候ところ、当人ならびに兄多蔵申し聞けには、さきにまいり候節も貴様親分にてさし出し候ことゆえ、このたびの義も諸事貴様引きうけ、趣意として金一両二分請け取り、一札さし遣わしくれ候よう頼みにつき、私引きうけ、離別一札さし出し申し候、しかるうえはおはつどの義、いずかたより縁組いたし候とも、少しもさし構えござなく候、後日のため離別一札、よってくだんのごとし

野州泉新田村
菊蔵親分
友沼村
清　五　郎㊞

天保六年未正月
上州邑楽郡
海老瀬村
お　は　つどの
四郎兵衛　殿

（二五・〇×五五・〇）

徳川時代の離縁状としては、もっとも長い一六行半である。離縁状が長くなるのは、当然のこと離婚にいたる経緯等が書き加えられるからで、この離縁状もしかりである。差出人は下野国都賀郡泉新田村（栃木県小山市）婿菊蔵の親分（仲人）で、同郡友沼村（同県下都賀郡野木町）の清五郎、名宛人は上野国邑楽郡海老瀬村（群馬県邑楽郡板倉町）妻「おはつ」とその祖父四郎兵衛である。

天保四（一八三三）年一二月に、菊蔵は四郎兵衛の孫おはつの婿養子となった。この縁組の世話をしたのは菊蔵の親分の清五郎であった。しかし、半年後の五月「相縁無之」、具体的原因はわからないが、菊蔵は家出し、実家に戻り、かつ離縁したいと申し出る。清五郎はできるだけ復縁するように説得するが、菊蔵は応じない。事態を放っておけない妻方では親類の林右衛門を通じて「縁談相片付」、つまり妻方でも離縁したい旨、清五郎に依頼してくる。夫方からも全権を依頼された清五郎の仲介で、離縁が整う。

実質わずか半年の結婚生活は、妻方から趣意金（慰謝料）一両二分が支払われて決着する。婿家出後、半年が経過して、そのままに放置しておけない妻方から離縁請求もあって、趣意金が支払われた。「何方より」とあり、婿養子の、しかも代理人（親分）による離縁状である。本来、離縁状としては、一四行目後半の離別一札から最後の如件までの文句で十分だったのである。

先述のとおり、再婚許可文言に「何方ゟ」とあれば、婿のしたためた三くだり半であると断定できる。しかし、嫁入りの離縁状のように「何方え」と書いてあっても婿である場合がみられる。そのことは関連文書を通して理解される。それとは逆に「何方ゟ」とあっても嫁取りの事例を、一通のみ見いだしている。* きわめて例外的な事例といえよう。

*拙著『増補』一二八頁。

離婚請求者支払義務の原則

寛保二（一七四二）年制定の『公事方御定書』によれば、夫の方から妻を離婚した場合には、持参金は返還すべきであり、逆に妻の方から暇を取った（離婚請求した）のならば、夫婦の相対次第（協議）によるべきである、としたのである。また養子離縁についても同様に、養父（妻）方から養子（婿）を離縁するときは持参金を返還すべきであり、養子の方から暇を取った場合、持参金は養親と養子の相対次第としている。

相対次第（協議）とはいっても、当然には返還されず、多くは妻（養子）方が持参金の放棄を余儀なくされた。このことは、離婚請求者が経済的不利益を甘受することを意味したのである。俗な言い方をすれば、「別れたい方が金を出す」ということなのであり、これを私は「離婚請求者支払義務の原則」** という。

**拙著『増補』四六四頁以下。

ところで、もし持参金がないときはどう取り扱ったかといえば、夫（婿）妻ともに離婚請求した方が趣意金・縁切金などという離婚慰謝料を支払ったのである。これも離婚請求者が経済的不利益を甘受する「離婚請求者支払義務の原則」にのっとったのである。

夫が慰謝料を払った特異な事例がある。結婚生活一七年の夫婦間に子がなく「婬《淫》事を好む妻を夫は離婚した。夫は莫大な持参財産を返還したばかりでなく、妻に「婬事（姦通）」があったにもかかわらず、趣意金五両を妻方に差し出して決着した。夫は妻の「婬事」によほど困惑したものか、強く離婚を願い、有責の妻に趣意金が支払われたのである。*

妻が慰謝料を支払う典型的な事例は、縁切寺への駆け込みで、妻からの離婚請求が明白だからである。東慶寺は寺格が高い故か、金銭にまつわる記録・文書はほとんどないが、上州の徳川満徳寺にはその種の文書が残存している。それらによれば、内済離縁三一例のうち、二一例に趣意金が出されている。金額は不明のものもあるが、少々というもののほか、一両二分から二三両までである。文書に記載漏れも考えられるので、ほとんどは妻方から趣意金が払われたのである。**

夫妻とも離婚したければ、慰謝料を支払ったわけだが、妻の立場からすれば、家を背景に経済的余裕さえあれば、「持参金の放棄」もしくは「趣意金の支払」によって、実質的に妻から離婚することができた。婿の場合、とりわけ「趣意金の支払」によって、このことが顕著にみられるのである。

*拙著『縁切寺』五二頁以下。

**拙著『徳川満徳寺』一八七頁以下。

Ⅲ　地域で異なった三くだり半

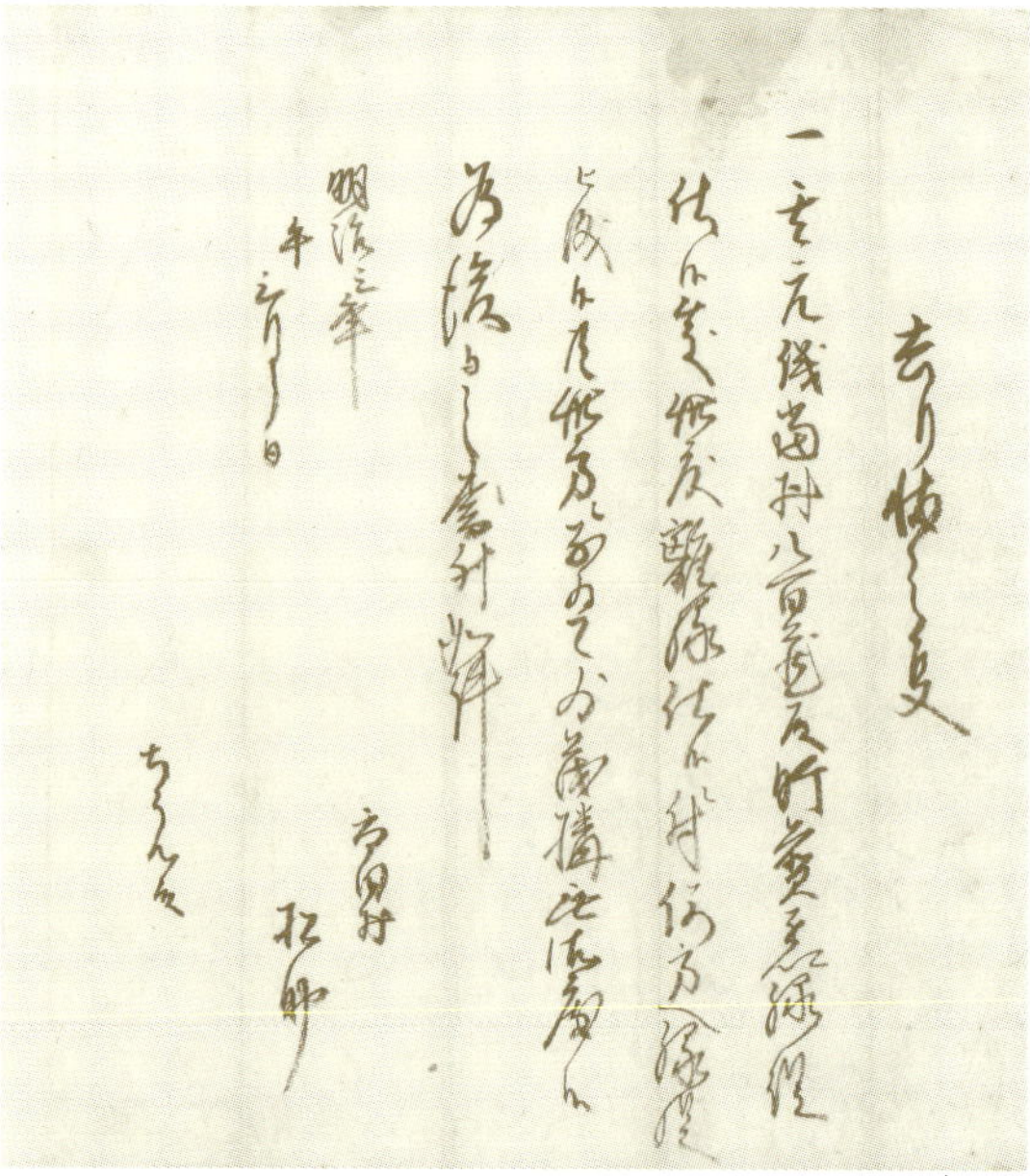

去状――全国的・一般的事書

去り状之事

一其元儀、当村八百蔵殿肝煎を以縁組
仕候処、此度離縁仕候ニ付、何方へ縁組
被成候共、此方ニおゐて少茂構無御座候、
為後日之書付如件

明治三年
午三月日　　市田村
　　　　　　　松　助
　ちえ殿

（二四・五×二二・四）

そこもと儀、当村八百蔵殿きもいりをもって縁組つかまつり候ところ、このたび離縁つかまつり候につき、いずかたへ縁組なられ候とも、このほうにおいて少しも構えござなく候、後日のため書付くだんのごとし

きわめて広領域にわたる離縁状の地域性は、まず離縁状授受の有無であり、ついで事書（表題）にみることができる。事書については、Ⅰ章でみたとおり、離縁に関する語を含む離縁状とそうでない「一札之事」などがある。実例では離縁状の七四・五パーセントに離縁に関する語が含まれており、このうち離縁状・離別状・去状《さりじょう》は全国的に見いだされ、一般的に用いられた。しかし、表題に離縁状の呼称がそのまま用いられることは稀で、実際の表題は、多い順に「離縁状之事」二〇二通、「離別一札之事」一二五通、「離別状之事」一〇五通、「離縁一札之事」八四通、「去状之事」七一通などとなっている。

徳川時代の書式にみられる離縁状の事書は「一札之事」二例、事書を欠くもの二例を除いて、すべて離縁に関する文言を含んでいる。もっとも多い事書は「離縁状」で一八例、以下「離縁状之事」一一例、「去状之事」二例、「離縁一札」「離別一札之事」「離別状之事」各一例である。一般的事書であることから、離縁状・離別状・去状が用文章に採用され、それがまた一般に流布する結果をもたらしたものである。去状の例を右に掲げた。

本文は離婚文言と再婚許可文言からなる三行半だが、離婚文言に離婚理由は記載されていない。また「八百蔵殿肝煎」とあり、八百蔵は結婚にあたって世話をやいた仲人だった。ここでは文中に明記されているが、差出人と並んで、仲人が連署・加印することも稀ではなく、この場合は離婚にも介入したのである。

なお、市田村は三河国宝飯郡内の村で、現在の愛知県豊川市である。

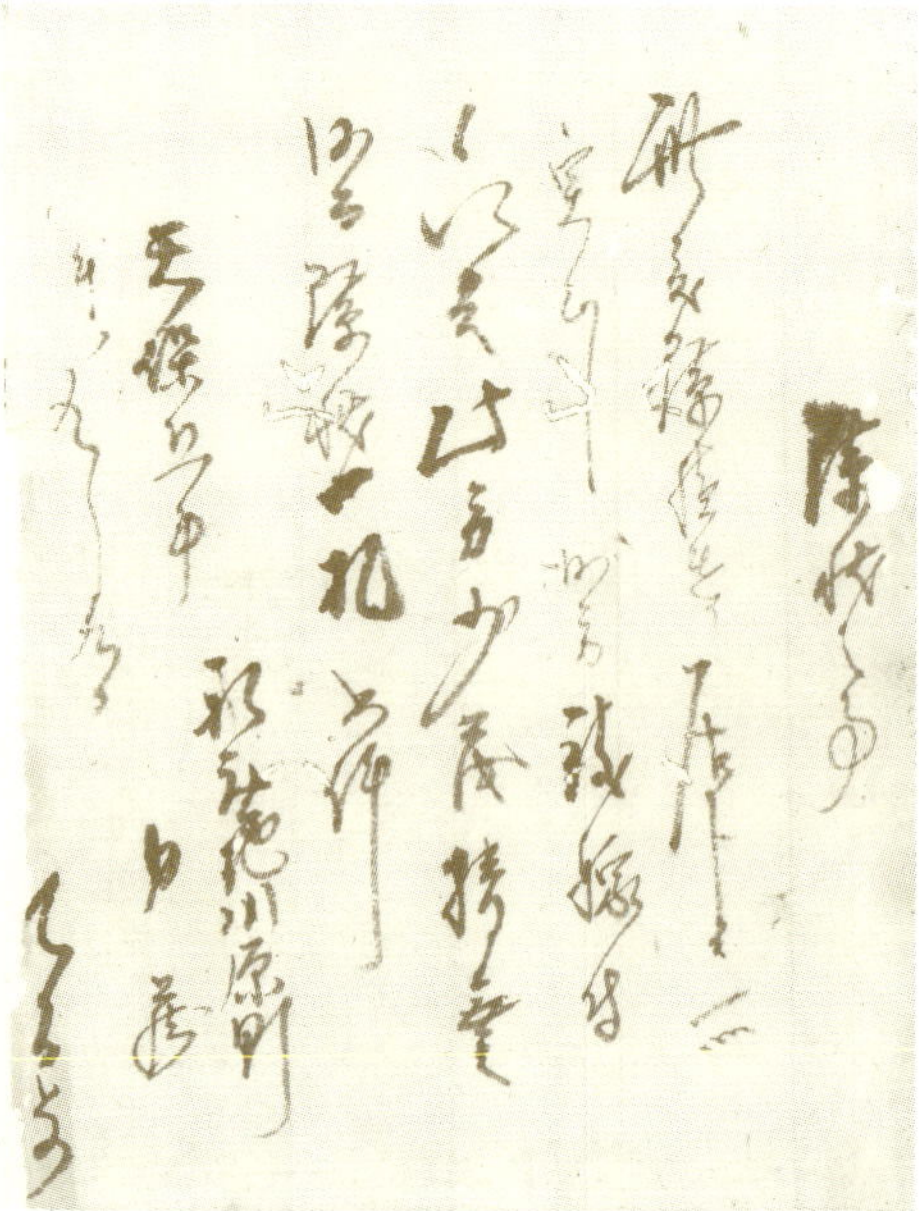

西国の隙状——広領域の地域性①

隙状之事

此度隙指遣イ（シ）居申候所

実正也、何方致嫁付

候得共、此方少茂構無之、

仍而隙状一札如件

（新庄地カ）□□□川原町

力　蔵

天保五年

午ノ九月九日

て　るとの

（二五・三×一九・二）

このたび隙さし遣わしおり申し候ところ実正なり、いずかた嫁しつきいたし候えども、このほう少しも構えこれなし、よって隙状一札くだんのごとし

隙状《ひま》はこれまで一四通見いだしているが、美濃（岐阜県）・近江（滋賀県）・紀伊国（和歌山県）のほか、京阪地方*と特定できるものと周防国（山口県）と阿波国（徳島県）から見いだしている。地域の特定できないものも若干みられる**が、美濃以西の離縁状であることは間違いなさそうである。つまり、江戸や関東地方では使用されなかった表題である。

右は表題「隙状之事」で、妻を離婚したという離婚文言（離婚理由は書かれず）とこれからはだれと再婚しても差し支えないという再婚許可文言とからなり、ほぼ三行半である。日付は天保五（一八三四）年九月九日と、「午ノ」と十二支まで加えている。夫から妻本人にあてて渡され、夫の印鑑はみられない。

古文書の解読で悩まされるのは固有名詞であるが、川原町の上の三文字が的確に読めない。一応「新庄地」と読んでみたが、ご教示いただければ幸いである。

美濃以西の関西地方で主として用いられた離縁状には、つぎに述べる暇状がある。見いだされる数としては隙状よりも暇状の方が圧倒的に多い。関西の隙状・暇状は地域としては広領域にわたる地域性ということになる。

なお、暇状の「暇」は「ひま」とも「いとま」とも読むが、私はこれを「いとま」と読み、隙状の「隙」は「ひま」と読んで区別している。

*拙著『泣いて』一一四頁。
**同右、一二四頁。

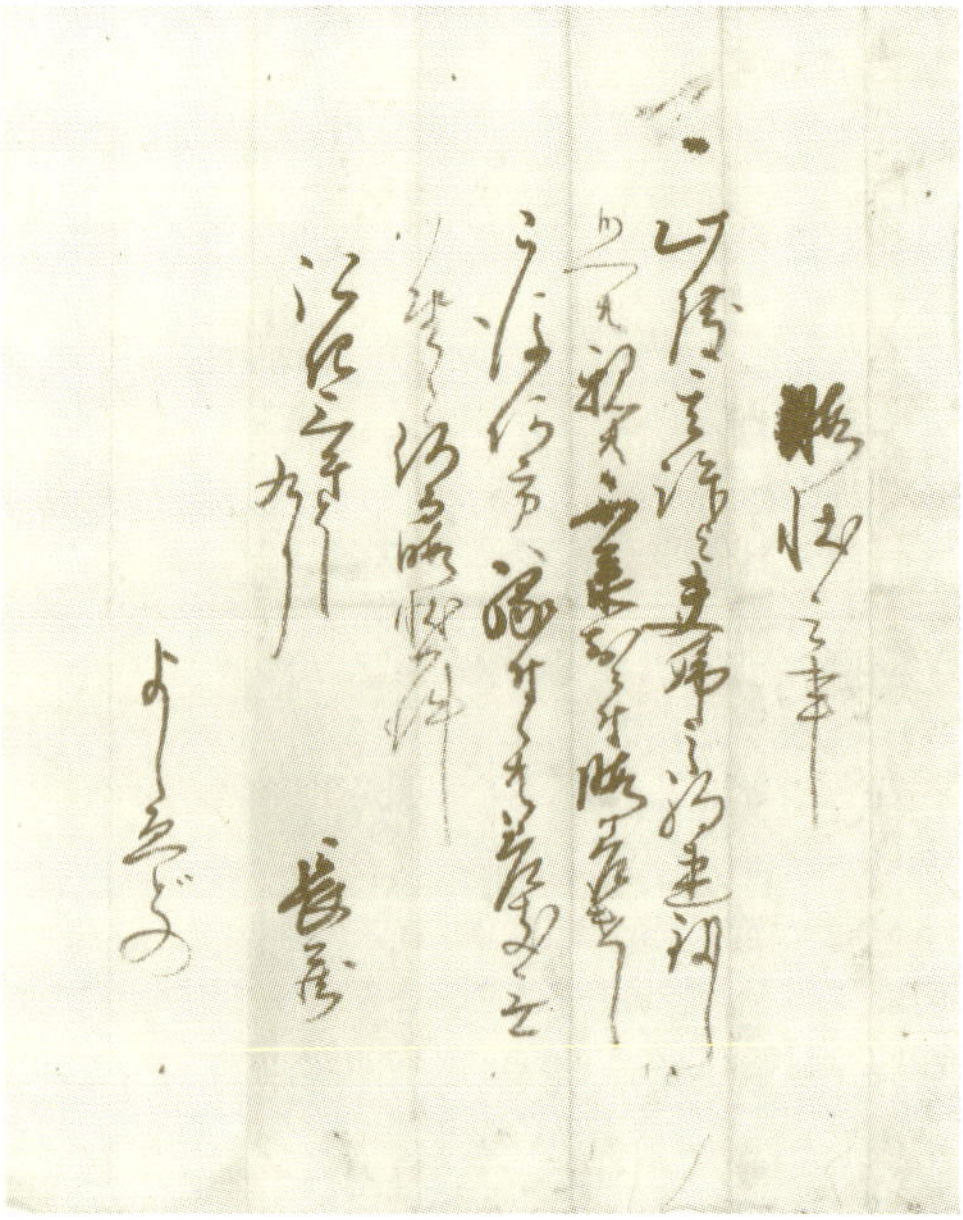

婚約解消暇状――広領域の地域性②

暇状之事

一此度其許与夫婦之約速(束)致し
候へ共、親共不承知ニ付、暇差遣し、
已後何方へ縁付候共、差支無
御座候、仍而暇状如件

弘化三午とし　　長蔵
九月

よし　ゑどの

（二四・五×二〇・〇）

このたびそこもとと夫婦の約束いたし候へども、親ども不承知につき、暇さし遣わし、以後いずかたへ縁づき候とも、さしつかえござなく候、よって暇状くだんのごとし

「よしゑ」と夫婦約束をしたが、親の反対にあって離縁したもので、どこに縁付いても差し支えないと長蔵から渡された暇状で、三くだり半であるが、縁組（結婚）後の離縁ではなく親の反対で男女関係がうまくゆかず、婚約を解消した事例である。これは成人した男女の場合だが、幼少時の許婚《いいなずけ》解消の離縁状もある。*

　右は婚約中のことであるが、結婚後親等が気に入らず離縁になった事例も紹介しておく。午二月五日の「去状」で、尾張国（愛知県）海東郡のものである。** 文面には「両親諸親類とも合気不致候、無拠、此女離縁仕候、只々薄き縁と思ひあきらめ、他家縁付可被致候」とあり、夫の複雑な心境が綴られている。妻が夫の両親や親類と気が合わなかったことが離婚原因である。しかし、「無拠《よんどころなく》」離縁したとあり、夫婦仲そのものはよかったにもかかわらず、実際には両親や親類の気に入らない嫁だったので、夫はその圧力に屈して離縁した観がある。「只々薄き縁」と、夫は自らあきらめることにした。周囲に気兼ねし、それに押しきられる「優等生的」夫はいつの時代にもいたのである。

「暇状」という事書の離縁状は、主として関西以西で用いられたものであるが、東北にも暇状がある。京坂を中心とする西国にあって関東地方にない暇状が東北地方から見いだされるということは、関西文化が江戸を経由しないで、直接に東北地方に伝播した証左である。このことは文化や物産が、東海道の陸路（ときに太平洋の海路）よりも、日本海経由の海上交通によって迅速かつ安全に、しかも大量に伝えられたことを意味する。

*拙著『泣いて』一二四頁。

**拙著『増補』二二〇頁。

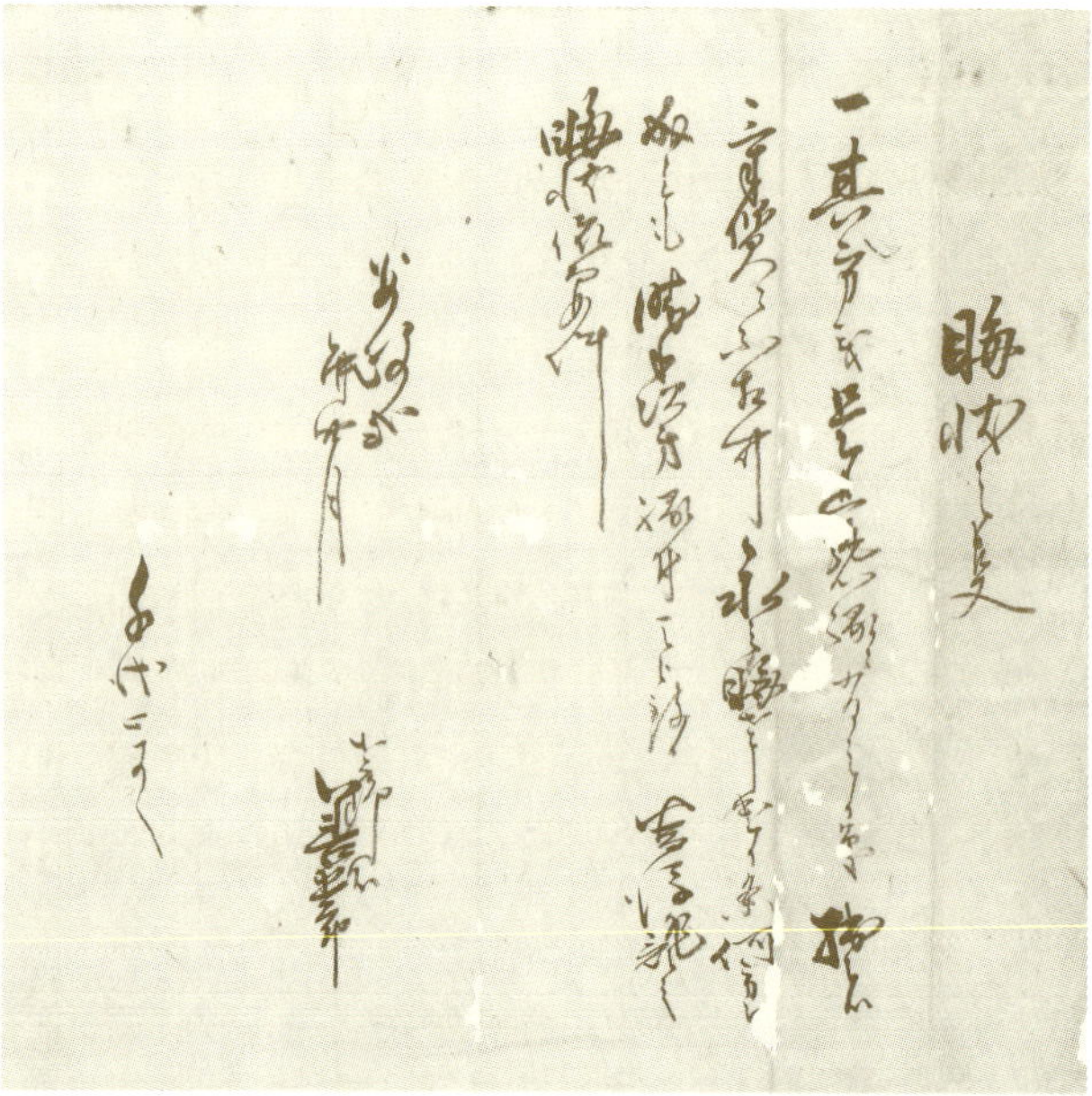

備中国の暇状――広領域の地域性③

暇状之事

一其方義、是迄熟縁ニ有之候処、拙者
気質ニ不相叶、永之暇さし遣候条、何方江
成とも勝手次第縁付可被致候、為後証之
暇状依而如件

安政弐
卯四月　　　　松野屋
　　　　　　　善　五　郎

千代とのへ

（二九・五×二八・七）

そのほう義、これまで熟縁にこれあり候ところ、拙者気質にあいかなわず、永の暇さし遣し候条、いずかたへなりとも勝手次第に縁づきいたさるべく候、後証のため暇状よってくだんのごとし

右暇状は備中国後月郡高屋村（岡山県井原市）文書のなかに見いだされたもので、三行半にしたためられ、夫から妻千代にあてて差し出されたもので、日付は安政二（一八五五）年四月、印鑑はない。備中国の三くだり半は右暇状が初めての所蔵になる。

離婚文言には「是迄熟縁ニ有之」とあって、それなりに仲良く夫婦生活を送ってきた。ところが、夫善五郎は妻が自分の「気質ニ不相叶」ことが原因で「永之暇」を遣わすことになったという。これまで「熟縁」とあるから、妻が突然に夫の気持ちにそぐわなくなったとは矛盾した書きようであるが、夫婦の仲は当事者でなければわからず、いままで気付かなかったものが、突然にどうしても気に障ることになったのであろう。今日の「性格の不一致」ともいえ、これは夫婦相互間で気が合わないことを意味するが、ここでは夫の一方的な気持ちだけで、離縁したものである。「永の暇」と再婚許可文言「何方江成とも勝手次第縁付可被致候」の表現もやや特異である。

同様に夫が「気に入り申さず」と、一方的な離婚原因の離縁状がある。* しかし、もともとは夫が懇願して迎えた妻であったので、夫のたんに気に入らなくなったという（わがままな）理由では、妻の離縁を周囲に納得させることはできず、妻およびその関係者に詫びたうえで、離縁後、妻は直ちにだれと再婚してもよいが、夫は以後三年間、再婚もせず妾も持たないと誓約し、「小遣料（慰謝料）」として五〇両を渡している。

*拙著『増補』一五〇頁以下。

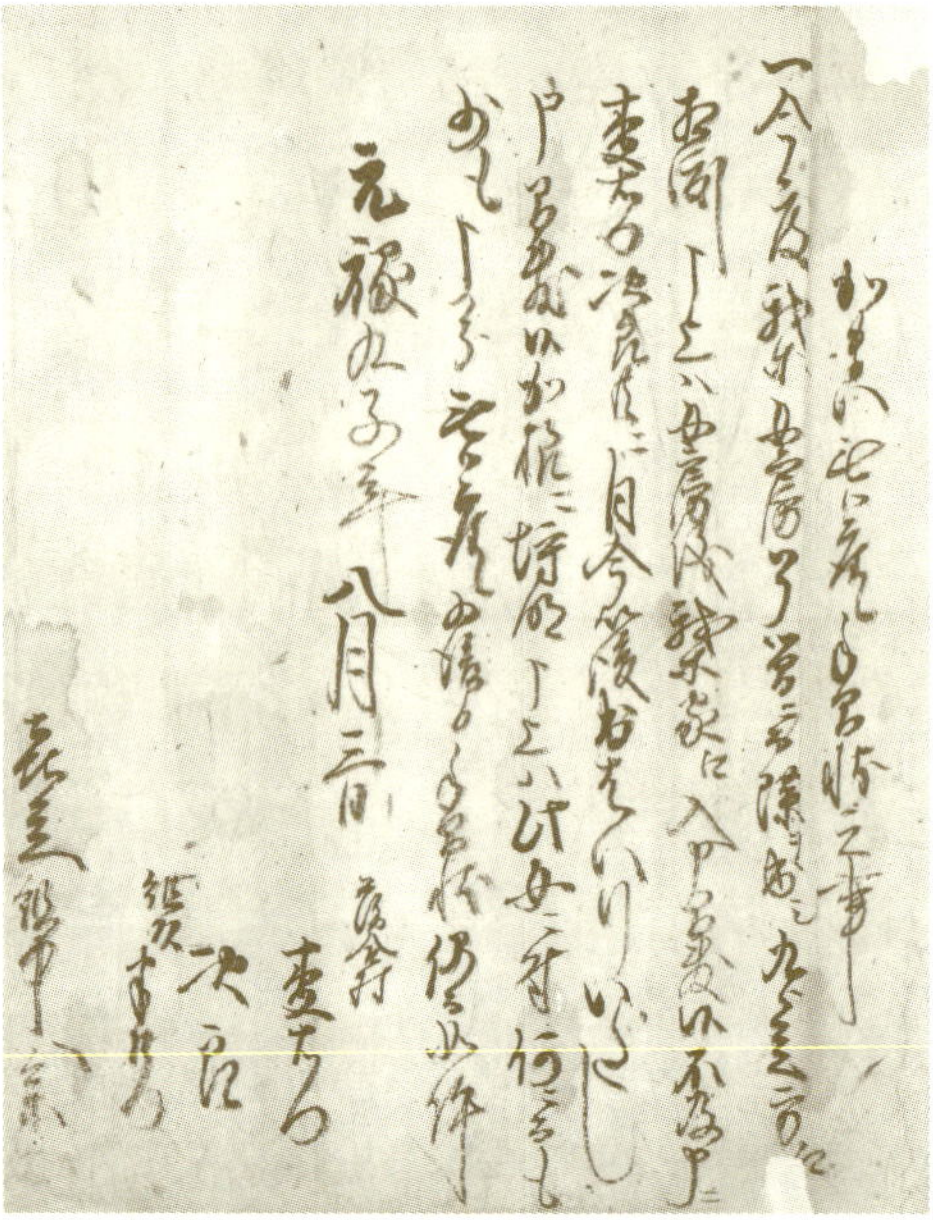

中部山岳地帯の手間状——最古の三くだり半

かまい無御座候手間状之事

一今度我等女房了簡ニ而、隙ヲ出シ、九郎兵衛方江
相渡し申上ハ女房儀我等家江入申間敷候、不及申ニ
杢右衛門次郎共ニ自今以後出はいりいたし
申間敷候、か様ニ埒明申上ハ、此女ニ付何ニても
少も申分無御座候、為後日手間状仍而如件

元禄九子年八月三日　　落合村

杢右衛門

次　郎

組頭　半左衛門

喜兵衛組中へ参

（二九・〇×二一・二）

（読み下し文略）

手間状はこれまで美濃国（岐阜県）五通、甲斐国（山梨県）四通、信濃・越前国（長野・福井県）各二通、飛驒国（岐阜県北部）一通の、計一四通が見いだされているが、いずれも中部山岳地帯周辺で用いられた。羽前国（山形県）置賜郡でも手間状と称したという報告があるが、発見されれば、東北の暇状と同じく日本海経由の伝播ということになる。

これは甲斐国巨摩郡落合村（山梨県南アルプス市）のもので、元禄九（一六九六）年八月三日という日付で、日本最古の離縁状でもある。五行で、印鑑はない。

この手間状は古書店から一通のみ入手したもので、後日その関連文書二通（後掲）も購入した。夫は女房を「了簡にて」、隙を出し、九郎兵衛方へ渡したという。離婚した女房は杢右衛門の家へ入れず、杢右衛門は申すにおよばず、次郎ともに自今以後往き来はしないと表明している。このように解決したからには女房に少しも申し分はないと、手間状を差出したのである。

ここには夫杢右衛門、女房、九郎兵衛、次郎、半左衛門、喜兵衛、という六人の人物が登場する。夫と女房はおくとして、関係者の役割はそれぞれ、組頭半右衛門が離縁の保証人、名宛人の喜兵衛は五人組の頭である。関係が不明な次郎は杢右衛門の親族と思われるが、問題は九郎兵衛である。これについては関連文書が解決してくれる。

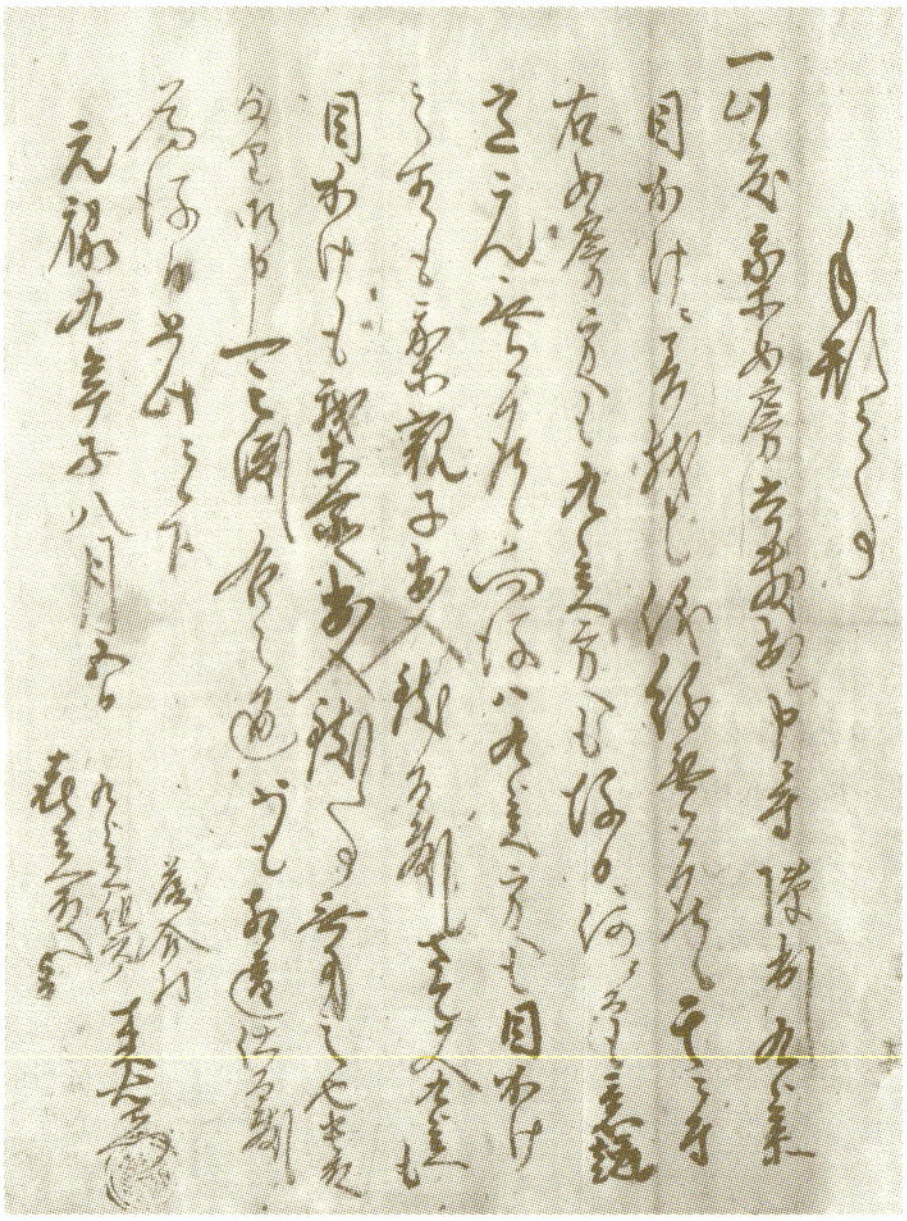

手間状の関連文書①

手形之事

一此度我等女房六ケ敷出シ申ニ付隙出し、九郎兵衛
目かけニ差越申候儀紛無御座候、其ニ付、
右女房方へも九郎兵衛方へも後日ニ何ニ而も意趣
遺こん(恨)無御座候、向後ハ九郎兵衛方へも目かけ
之所へも我等親子出入致間敷候さて又九郎兵衛も
目かけも我等所へ出入致候事無用之由、貴殿
より御申可被渡候、右之通少も相違仕間敷候、
為後日如此ニ候、以上

元禄九子年八月五日　落合村　杢右衛門㊞

九郎兵衛組合ノ
喜　兵　衛殿へ参

(二六・五×二〇・〇)

(読み下し文略)

関連文書を通して杢右衛門の離婚一件を読み解きたい。まず、先の「了簡」の解釈が問題で、夫が「女房（の）了簡にて」、つまり女房の考えにしたがってその離縁請求を受けてとするか、夫が「女房（を）了簡にて」つまり夫が思うところあって女房を離縁したとするか、である。右の杢右衛門から九郎兵衛組合の喜兵衛にあてた証文には、女房が「六《むっ》ケ敷《かしき》（事、仕）出シ、申ニ付」とある。女房が起こした「六ケ敷事」とは同じ村の九郎兵衛と不義（浮気）をはたらいたことであり、にもかかわらず、離婚を「申ニ付」、女房の方から離婚請求したのである。夫は妻の要求をいれて「隙を出し」、別れた女房を九郎兵衛の「妾」に差し遣わしたとある。しかし、実際は女房がその意思で九郎兵衛の「妾」となることを、杢右衛門は黙認したのである。結局のところ、夫の杢右衛門は女房をその浮気相手九郎兵衛にゆずったことになる。以後、杢右衛門・次郎親子（次郎は夫婦の子であった）と、九郎兵衛・妾（先妻）は互いに一切出入り（往来）しないことが約束された。夫とともにその「子」が差出人に名を連ねた三くだり半は、管見の限りこの一通のみである。

さて、その後、山梨県内から表題のない寛文七（一六六七）年九月六日の「帰縁証文兼先渡し離縁状」が見いだされた。夫婦両名から世話人六名にあてて出されたもので、復縁にあたって、離婚条件をしたためたものである。その意味では、元のとおり右手間状が日本最古の三くだり半といえるのである。

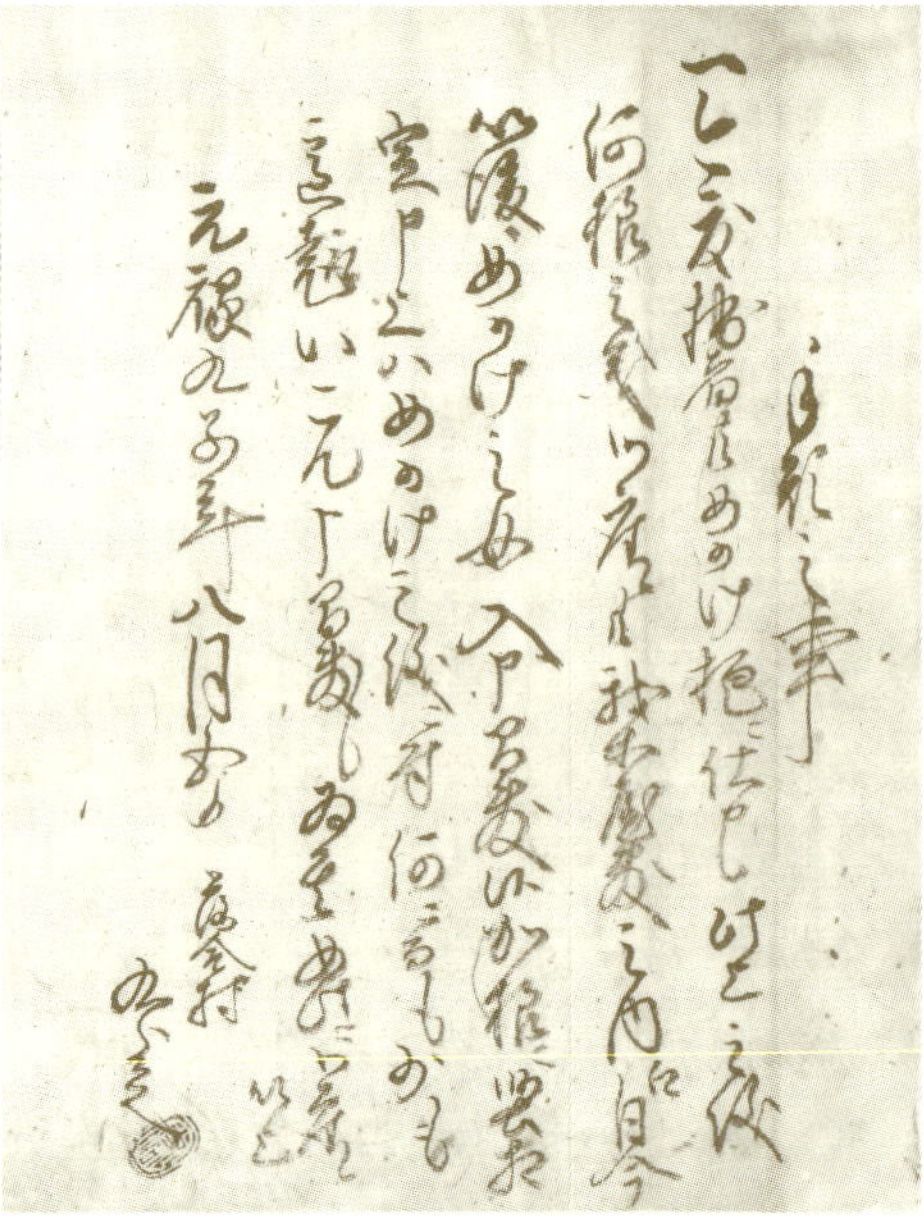

手間状の関連文書②

手形之事

一今度拙者共めかけ抱ニ仕申候、此上之儀
何様之義御座候共、我等屋敷之内江自今
以後めかけ之女入申間敷候、か様ニ堅相
定申上ハ、めかけ之儀ニ付、何ニ而も少も
意趣いこん申間敷候、為其如此ニ御座候、
以上

元禄九子年八月五日　　落合村
九郎兵衛㊞

（二六・五×二〇・〇）

今度拙者どももめかけ抱えにつかまつり申し候、このうえの儀なにさまの義ござ候とも、われら屋敷の内へ自今以後めかけの女入れ申すまじく候、かようにかたくあい定め申すうえは、めかけの儀につき、なににても少しも意趣遺恨申すまじく候、そのためかくのごとくにござ候、以上二通の杢右衛門と九郎兵衛から出された証文は、手間状の二日後の八月五日付けである。九郎兵衛差し出しの右証文は宛名を欠いているが、杢右衛門差し出しの手間状と証文は、九郎兵衛方の組頭喜兵衛宛である。あるいはこれら三通すべて喜兵衛が預り置いたと考えられる。したがって、喜兵衛はこの不義一件と、その後の妾囲いの仲介と解決に尽力したものであろう。なお、関連文書二通とも相互に「意趣遺恨」はない旨が書かれている。

まず、九郎兵衛が落合村の住人で、同じ村内の出来事であったことがわかる。杢右衛門の女房が同じ村の九郎兵衛と不義（浮気）をはたらいたうえで、さらに自分の我侭な「了簡」で、離婚まで請求した。夫は妻の要求をいれて「隙を出し」、女房は浮気相手の九郎兵衛の妾になった。また、女房は妾となってどう処遇されたのかといえば、①の証文に「九郎兵衛方へも妾の所へも」との記述と、②の「屋敷之内」へ以後妾は入れないとあるので、九郎兵衛屋敷内の別宅に住んだのである。しかも女房は九郎兵衛に以後「妾抱え」はしないと約束させている。ここにみえる女房（妾）からは夫・旦那に従属するどころか、能動的な女性の姿をみることができる。

不義をはたらけば重ねて四つ、つまり死罪、という時代であったが、これはタテマエであって、これまで見たとおり、多くは双方とも「意趣遺恨」はないといえば、事件（訴訟）にならず、かりに事件になっても両者納得のもとに穏便（内々）に解決されたのである。

離縁状の要否と事書（表題）分布

離婚の成立に離縁状の授受を必要としたことは、寛保二（一七四二）年『公事方御定書』下巻第四十八条の規定に明記されている。すなわち、従前、離縁状をとらずに再婚した妻は「髪を剃り親元へ相帰」されるとされていたが、この年に離縁状を遣わさず後妻をむかえた夫は「所払い」を科される旨規定されたのである。

このように離婚の成立に離縁状の授受が必要であったのは、江戸幕府法上のことであるが、諸藩においても多くはこの制度を採用したと思われる。しかし、それと異なる慣行つまり離縁状の授受が行なわれなかった地方もあった。『全国民事慣例類集』によると、離縁状を不要とする地方には、まず「媒介人」（または親類・証人）の介入・保証により、つぎに「送籍ヲ戻」すこと、つまり人別送りの送付・返戻によって、「離縁状ト云事ナシ」と明記した地方もある。このように離縁状の必要なしとは明記していないが、送籍手続きだけで足りると報告する地方が、東北・北陸・中国・四国・九州地方に十数か所ある。また一般的には不要だが、他日の紛議を恐れるときは離縁状を授受するという所もある。

いずれにしても離縁状の要否と事書には、「地域性」が顕著にみられたことは、右にみたとおりである。そこで、離縁状の要否と離縁状事書の分布を地図上に示したものを次頁に掲げた。

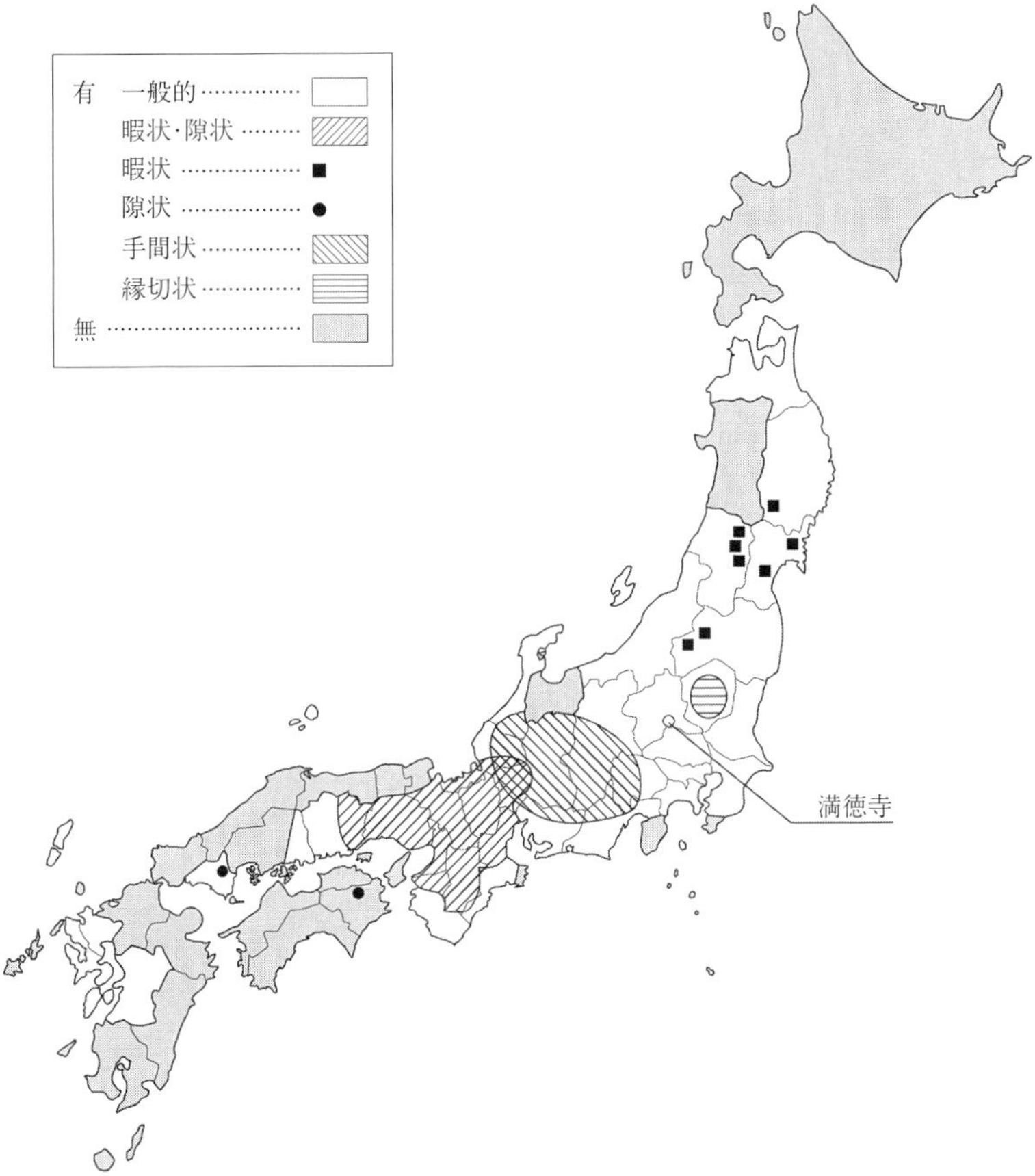

離縁状の要否と離縁状事書分布図

出所：拙著『三くだり半からはじめる古文書入門』77頁。

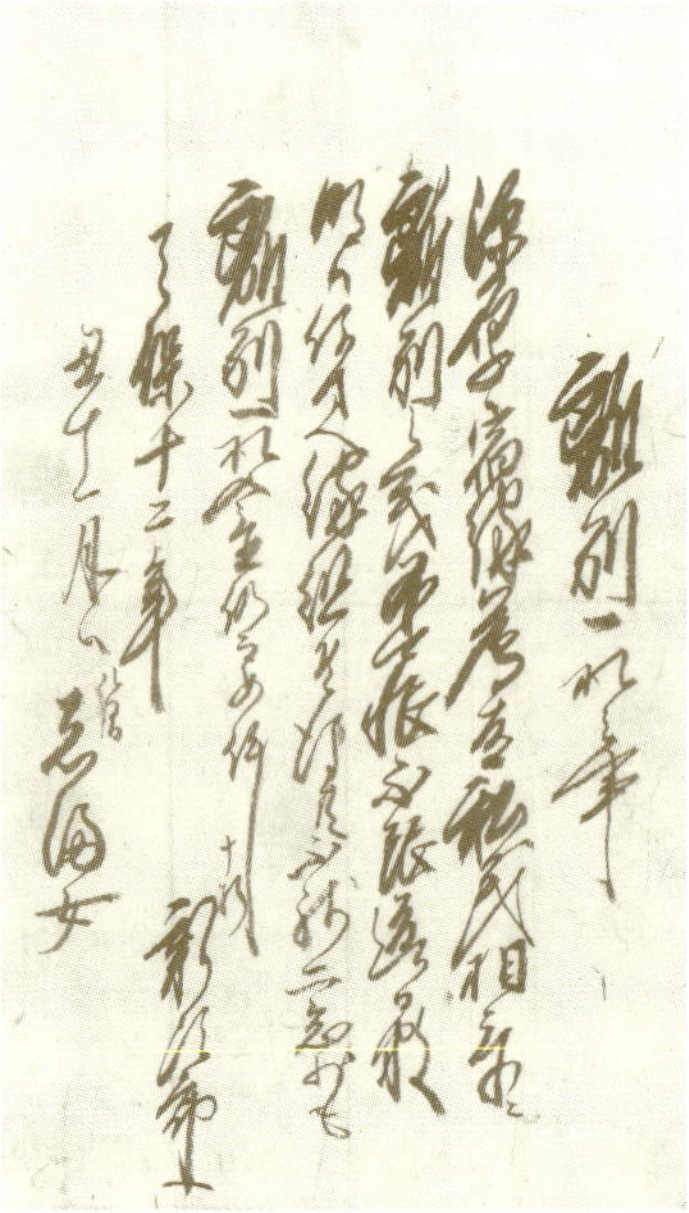

満徳寺模倣離縁状——中領域の地域性①

離別一札之事

深厚宿縁薄故、私義相互ニ
離別之義不可恨、不限送り日数
明日何方へ縁組候得共、不残二念少も、
離別一札入置、仍而如件

天保十二年　　十軒
丑十一月日　　新次郎（爪印）
八間
しま女

（二四・七×一四・五）

深厚の宿縁薄きゆえ、私義相互に離別の義恨むべからず、送り日数にかぎらず、明日いずかたへ縁組候えども、少しも二念残らず、離別一札入れ置く（こと）、よってくだんのごとし

本文の内容について地域性のあるものを考察しよう。

上野国には二大縁切寺の一つ、徳川満徳寺が勢多郡新田庄徳川郷（群馬県太田市）に存在する。縁切寺における離縁には、在寺三年を経て離縁を達成する「寺法離縁」と、寺の仲介等によって示談で離縁を成立させる「内済離縁」とがある。満徳寺の場合、そこへ駆け込んだ女性が受理する離縁状は、寺法・内済いずれのときも、特異な文言の内容であった。本書に「Ⅷ　縁切寺の三くだり半」の章を設け、満徳寺離縁状とその書式の流布に言及した。詳細は後にゆずるが、キーワードは「深厚」・「宿縁」・「浅薄」・「不有私」であり、四つ含むものを「酷似」、三つ含むものを「模倣」離縁状と私は称している。

右は「深厚・宿縁・薄」とあるので、満徳寺模倣離縁状とした。天保一二（一八四一）年丑一一月日の日付で、夫から妻に差し出され、爪印が押されている。十軒は上野国邑楽郡赤堀村（群馬県邑楽郡邑楽町）内の字であるが、八間は特定できなかった。

注目される文言がいくつかみられる。まず「不有私」は私の恨みや利害によるものではないと解釈しているが、「相互ニ離別之義不可恨」、つまり離婚について互いに恨まないと端的に述べている。「不限送り日数、明日」は、離婚後人別送りの日数にかかわらず（数年後のこともある）明日にも再婚してもよいといっている。「二念」残らずとは二心がないこと。ここでは再婚に異議がないことを強調したものである。

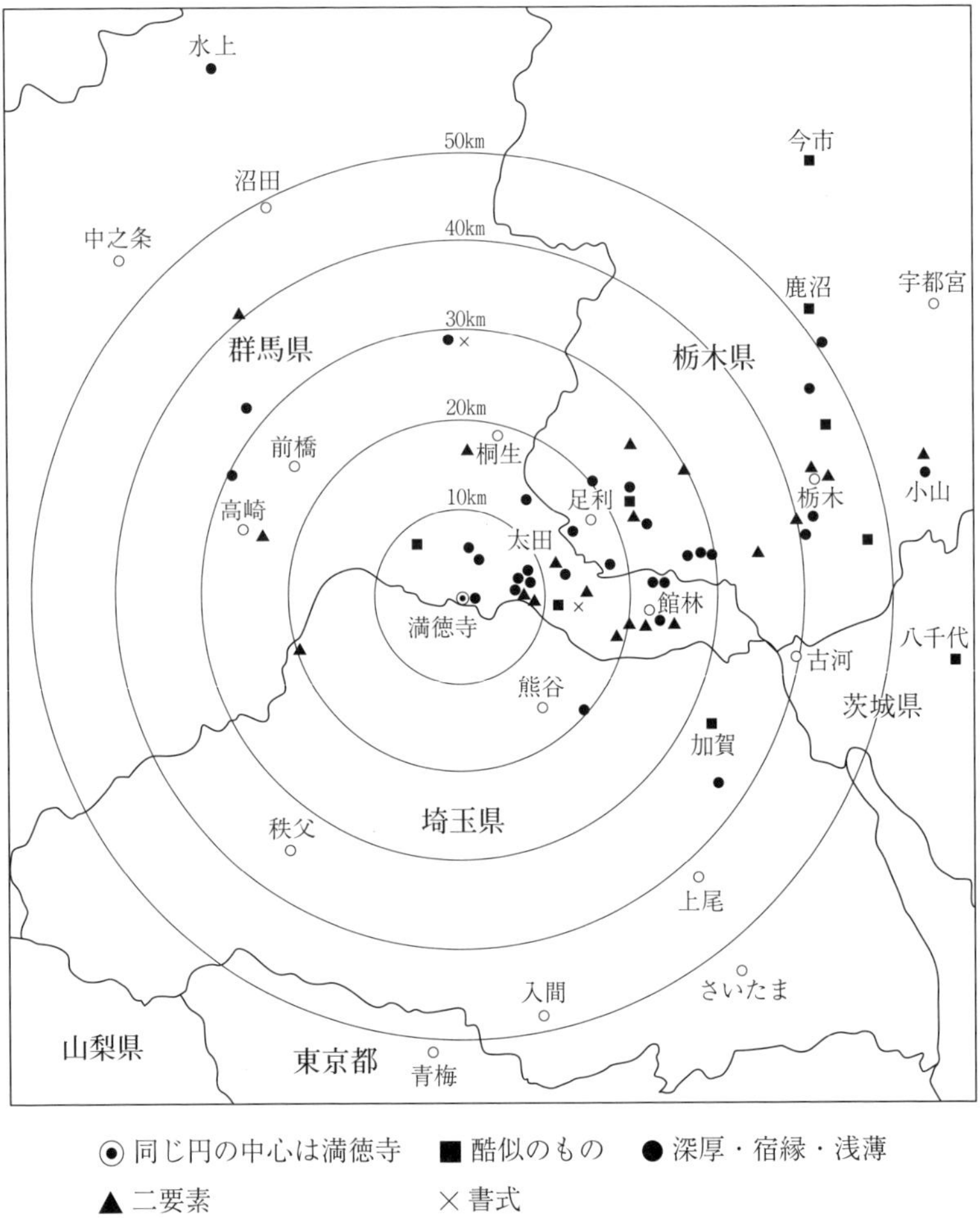

満徳寺酷似・模倣離縁状の流布図

出所：拙稿「離縁状の地域性」（落合恵美子編著『徳川日本の家族と地域性』）377頁。

ところで、「満徳寺離縁状」は前世の因縁が薄かったこと、簡単にいえば「縁が薄かった」ので、離縁になったというものである。離婚理由を特別にあげつらうことなく（しかも双方の責めに帰すことなく）、とりわけ妻には責任がないこと、つまり「妻の無責性」の表明である。この満徳寺離縁状の文言が離縁状の文言として相応しいと考えられ、周辺地域に流布した。酷似するものから一部の模倣までまちまちだが、これが満徳寺離縁状書式の模倣であることには相違ない。それの分布の状況を右図で示した。

これが流布する原因は、駆け込み女の関係者によるところが大であった。駆け込み一件が最終的に離婚になれば、かならずこの書式にのっとった離縁状が授受された。そこで、満徳寺に呼び出された駆け込み女の関係者、とりわけ名主などがこの書式を写し取っておいたのである。したがって、名主の控帳にこの書式が散見されることになる（×印）。さらに、これが離縁状の文言として相応しいことから周辺に流布したのである。

図をみると、五〇キロメートルを超える遠隔地にかなり酷似した満徳寺離縁状がみられる。栃木県日光市今市・鹿沼市と茨城県結城郡八千代町である。今市のものの前半は「一依無深厚之宿縁離別致上は、相互ニ不可有恨」とあり、ここでも「不有私」が「相互ニ不可有恨」を意味していることを語っている。つぎに後半部分が酷似した八千代町の例*では「宿縁薄、心底存念不相叶、離別いたし、他雖嫁、一切違乱無之」となっている。これら酷似・模倣離縁状は群馬・栃木・埼玉・茨城県に及んでいる。

*拙著『泣いて』一五二頁。

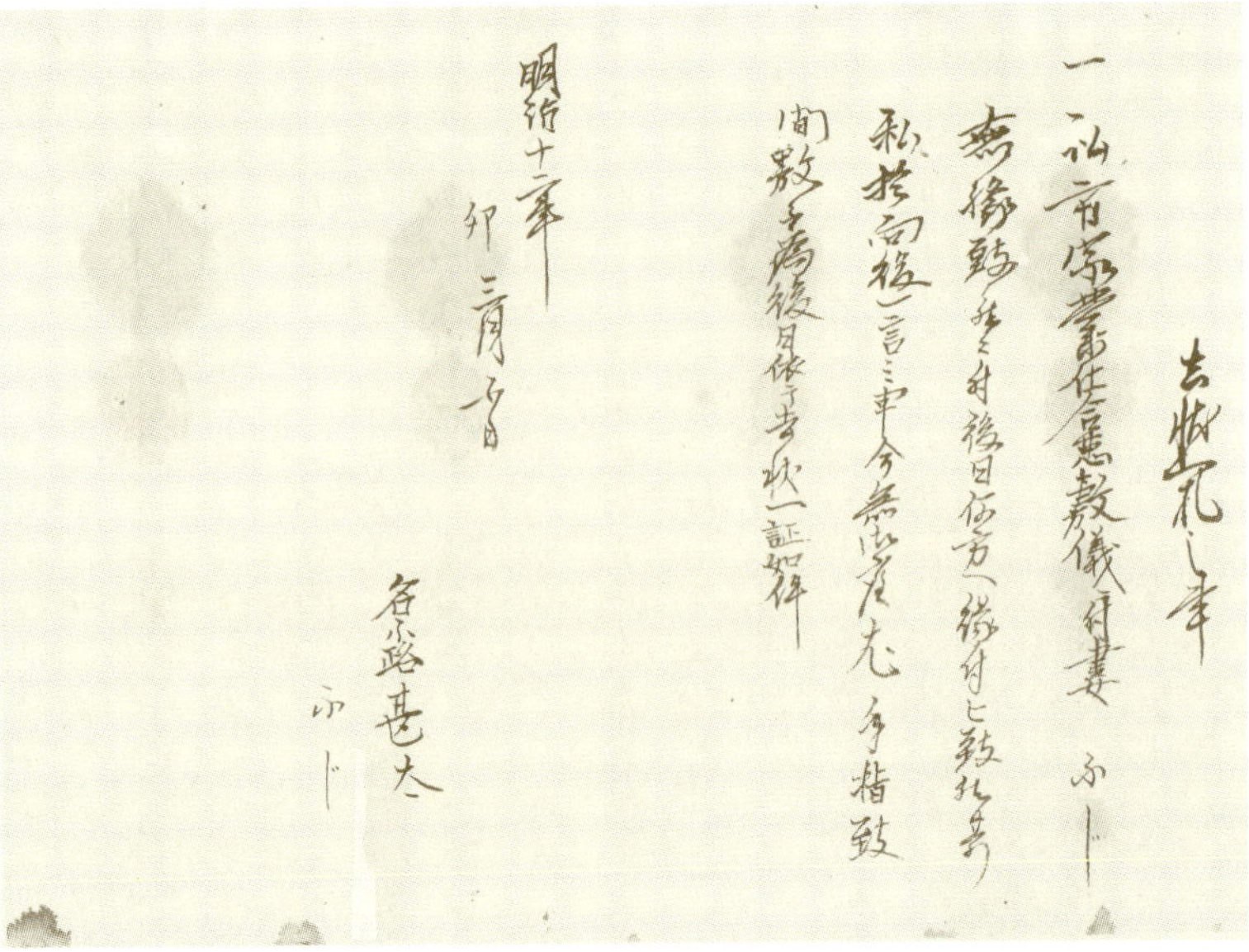

切られた三くだり半――中領域の地域性②

去状一札之事

一私方家業仕合悪敷儀ニ付、妻ふじ
無縁致候ニ付、後日何方へ縁付被致候共、
私於向後一言之申分無御座、尤手指致
間敷□（候カ）、為後日依テ去状一証如件

明治十二年

卯三月五日

名小路甚太

――ふじ（剃刀）

（二五・〇×三四・〇）

私方家業しあわせ悪しき儀につき、妻ふじ無縁いたし候につき、後日いずかたへ縁づきいたされ候とも、私においてこうご一言の申し分ござなく、もっとも手指いたすまじく候、後日のためよって去状一証くだんのごとし

表題は「去状一札之事」、離婚文言には「家業仕合悪敷」とあり、家業がふるわず生活が困窮して幸せ薄きことが離婚原因であった。その結果として「無縁」になったとあるが、「離縁」と同義である。また「手指致間敷候」とは別れた妻には一指も触れないと念を押したのであろう。明治一二（一八七九）年三月、夫名小路甚太から妻ふじにあてた三行半である。もっとも特徴的なことは夫婦の名を同列に書き、その間に剃刀《カミソリ》で切り口が入れられていることである。

離縁状にカミソリを入れるというきわめて特殊な行為は、呪術的な俗信にもとづく「縁切り」儀礼だったに違いない。ほかにも離縁状の夫婦両名の間をハサミで切った例を美濃・近江国（岐阜・滋賀県）で見つけている。ときに手で破ったり*、夫婦両名の間に墨で線を引いたもの**もある。墨の線ではなく文字で「斬」ったと書く例は丹後国（京都府北部）にあり、後述した***。

このように離縁状の夫婦の名前の間を剃刀やハサミで切る行為は、まさに夫婦の縁を切ったということを具体的に示す呪術的な縁切り俗信であった。美濃・近江地方では、同列に夫婦両名の名を書き、その間を若干空けた離縁状が散見され、この場合には夫婦の名の間に手刀などを加えて、同様の効果を期待したものと想像される。岐阜県内、明治一七（一八八四）年の狂俳（雑排の一種）に「去り状の鋏《ハサミ》持って来イ」とある。ハサミで切ることと明治になってもなお離縁状慣行があったことの証左である。

*拙著『泣いて』一一六頁。
**同右、一二七頁。
***本書一一〇頁。

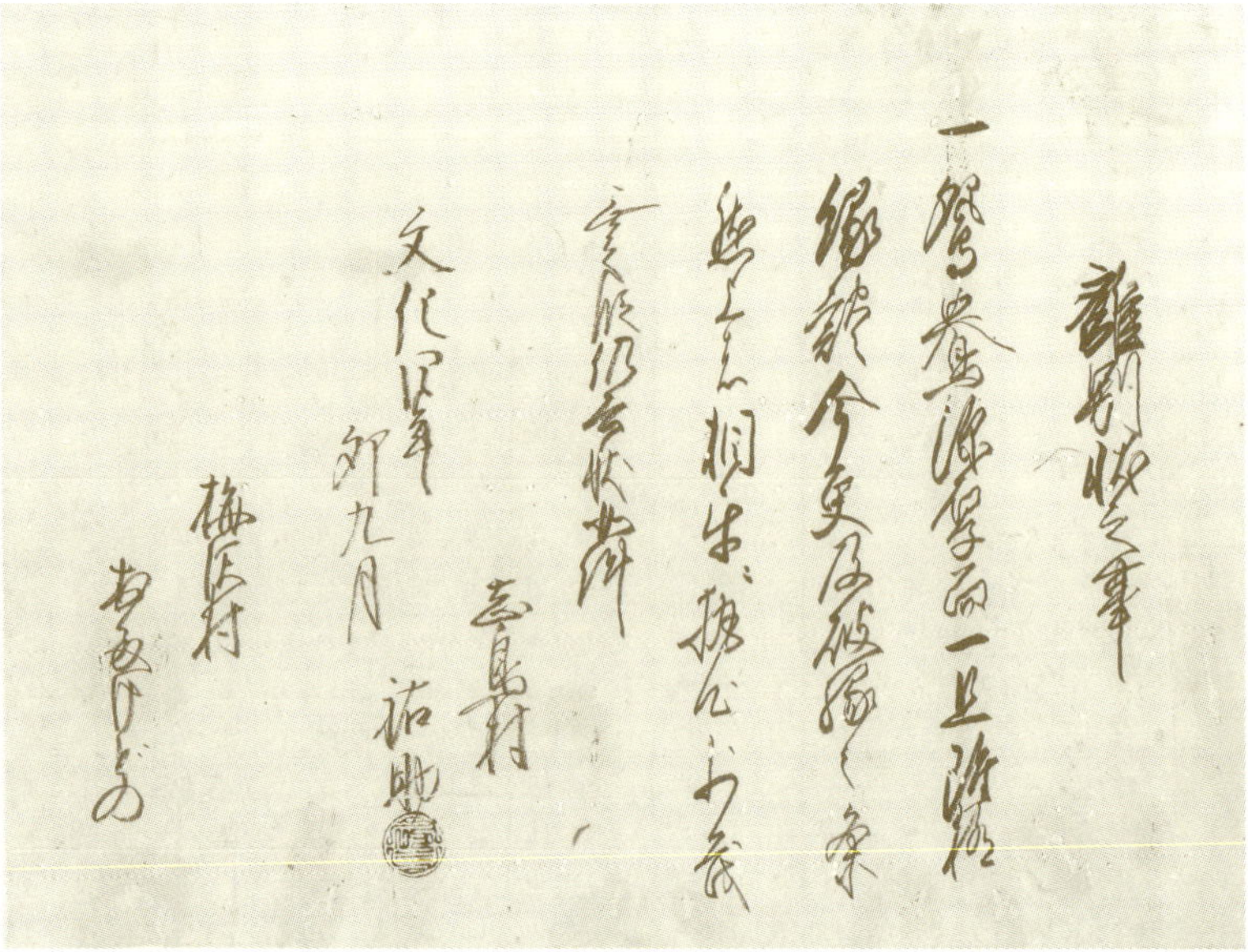

「鴛鴦」など下野国の離縁状の特異性
——狭領域の地域性①

離別状之事
一鴛鴦深厚而一旦付極
縁談、今更及破縁之条
然上者相互ニ執心少茂
無之段、仍去状如件

志鳥村
祐　助㊞

文化四年
卯九月

梅沢村
おたけどの

（二四・〇×三一・五）

鴛鴦深厚して、いったん縁談つききめ、いまさら破縁におよぶのじょう、しかるうえは、相互に執心少しもこれなきだん、よって去状くだんのごとし

下野国（栃木県）にはいくつかの地域的特徴がある。右の離別状は文化四（一八〇七）年卯の九月、祐助から「たけ」に渡したものだが、いったん「縁談」を決めたにもかかわらず、今更「破縁」に及んだとある。婚約後かなりの時間が経過したのちに破談になったものと推測される。したがって、「執心」は少しもないとしたためられている。これは後述する「執心切れ一札」といえるかもしれない（Ⅸ章）。これには夫婦が仲よきことのたとえとされる「鴛鴦」を用いている。都賀郡内から二通見いだしているが、志鳥・梅沢村（栃木市）のものを引用した*。もう一通も栃木市のもので「鴛鴦之宿縁を結、未た老之自（慈）愛薄し」とある。これらには鴛鴦のほか、「深厚」・「宿縁」とあり、満徳寺離縁状の書式がかなり流布したことも証している**。

二つは表題「縁切状」で、かつて正徳五（一七一五）年六月同国都賀郡内で、離縁にあたって夫が「縁切状」をよこさないことを妻方で訴えに及んだ文書があった。これは下野国では離縁状を「縁切状」と称したことを意味する。その後、「縁切状」を見いだした。いずれも栃木県中部地域（芳賀郡）のものであり、狭領域の地域性の一例である***。

三つは再婚許可文言にみられる「二念」と「明日」の用語である。足利周辺と上野国邑楽・新田両郡で用いられたもので、ほかの事例では「不復《またず》明日」・「明日より」などと書かれている。いずれにしても現行民法の一〇〇日を待たず、女性も離婚後ただちに再婚できたのである。

*拙著『泣いて』一二五頁。

**本書七〇頁。

***『泣いて』三〇頁。

「会者常離」などの三くだり半——狭領域の地域性②

上野国（群馬県）勢多・那波・新田郡内には「会者常離」の離縁状が散見される。名主控帳に書き留められていた書式には三行半で「一会者常離、此安と申女不相応ニ付、今般離縁致候、然ル上ハ何方へ縁ニ付申候共、構無御座候、離縁状為後日一札仍て如件」とある。書式が控えられるということは、それだけ当該地域に流布していたことの証左である。

本来は「会者定離」で、「合わせものは離れもの」の意で、会う者は必ず別れる定めである。人生の無常を感じさせるが、とくに夫婦の一方に責めをおわせることなく、離縁状の離婚理由として相応しい文句である。ところで、会者定離を誤って「常離」と書いている。しかし、「定離」よりも常に離れるといった方がわかりやすく、庶民感覚にぴったりの誤解である。上野国のもの六通は「常離」と「定離」が同数である。*

上野国緑野郡岡之郷（群馬県藤岡市）では、再婚許可文言に何方にかえて「隣家」へ嫁入りしても構わないとしたものがあり、後述した。**

摂津国（大阪府）周辺では、妊娠但し書き付きの離縁状がみられる。『全国民事慣例類集』にも摂津国西成郡の慣行として、「但、離縁状ニ三箇月内ニ妊身（娠）ノ容体アラハ、報知スヘク、右日限を過レハ、差構ナキ旨書添ル事モアリ」とみえる。また、米沢地方周辺では、離婚理由に「悪縁」、再婚（縁組）のことを「縁定」を用いた離縁状が散見される。

*拙著『増補』二四〇頁。

**本書一三八頁。

Ⅳ　関連文書のある三くだり半

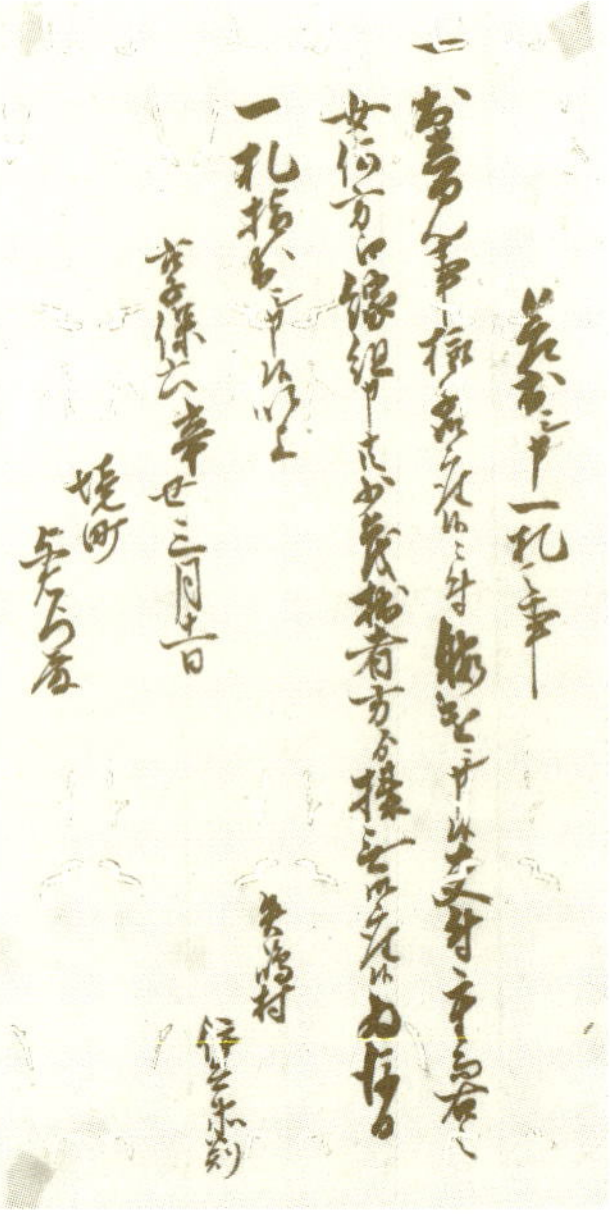

「伊兵衛―しゅん」離縁状

差出シ申一札之事

一おしゅん事、様子御座候ニ付、暇遣シ申候、夫付
重而右之」女何方江縁組申共、少茂拙者方ゟ構無
御座候、為後日」一札指出シ申候、以上

矢嶋村

享保六辛丑三月十一日　伊　兵　衛判

境　町

与右衛門殿

〔俳山亭文庫旧蔵〕（三三・二×一七・〇）

（」は行末の意）

おしゅん事、様子ござ候につき、暇遣わし申し候、それにつきかさねて右の女いずかたへ縁組申すとも、少しも拙者方より構えござなく候、後日のため一札さし出し申し候、以上

離縁状は、夫の離婚意思を表示すると同時に、なにより妻の「再婚許可証」であった。それ故、離縁状の内容も離婚文言と再婚許可文言さえしたためられていれば、離婚理由などは具体的に記載される必要はなく、理由の明記はむしろ円満に離婚を達成する妨げにさえなった。したがって、当時の離婚実態は、離縁状に付属する関連文書によって、把握もしくは補足されなければならない。関連文書のある離縁状を紹介するゆえんである。

しゅんの一件文書は三通、いずれも写（印鑑でなく文字で判とある）である。丑年三月の右離縁状と同八月の詫び証文（次頁）、翌享保七（一七二二）寅年六月先夫の理不尽に対してしゅん弟・三四郎等から伊兵衛を相手取っての訴状である。三項目からなる訴状から離婚実態がわかる。訴状の第一項に結婚から離婚にいたる経緯が書かれている。

結婚は享保四年の八月、しゅんは上野国佐位郡境町（群馬県伊勢崎市）の与右衛門を仲人として同国新田郡矢嶋村（伊勢崎市、旧境町）の伊兵衛に嫁ぐ。翌年には「不縁之由」で、離縁状は受け取らず、弟方に戻っていた。しばらくたった享保六年正月、伊兵衛はしゅんに帰ってほしいと願うので、名主からしゅんに異見*のうえ、復縁させる。とはいえ、夫婦は「無《（不）》相応」だったものか、二か月も経たない三月一一日伊兵衛はしゅんを離別し、右離縁状を仲人あてに出す。離婚における仲人の重要性の証左である。しゅんは弟方に引き取られた。二行半の右「去状」（訴状での用語）には、「様子御座候ニ付」という抽象的であるが、意味深長な離婚理由が書かれている。

＊本書二〇五頁。

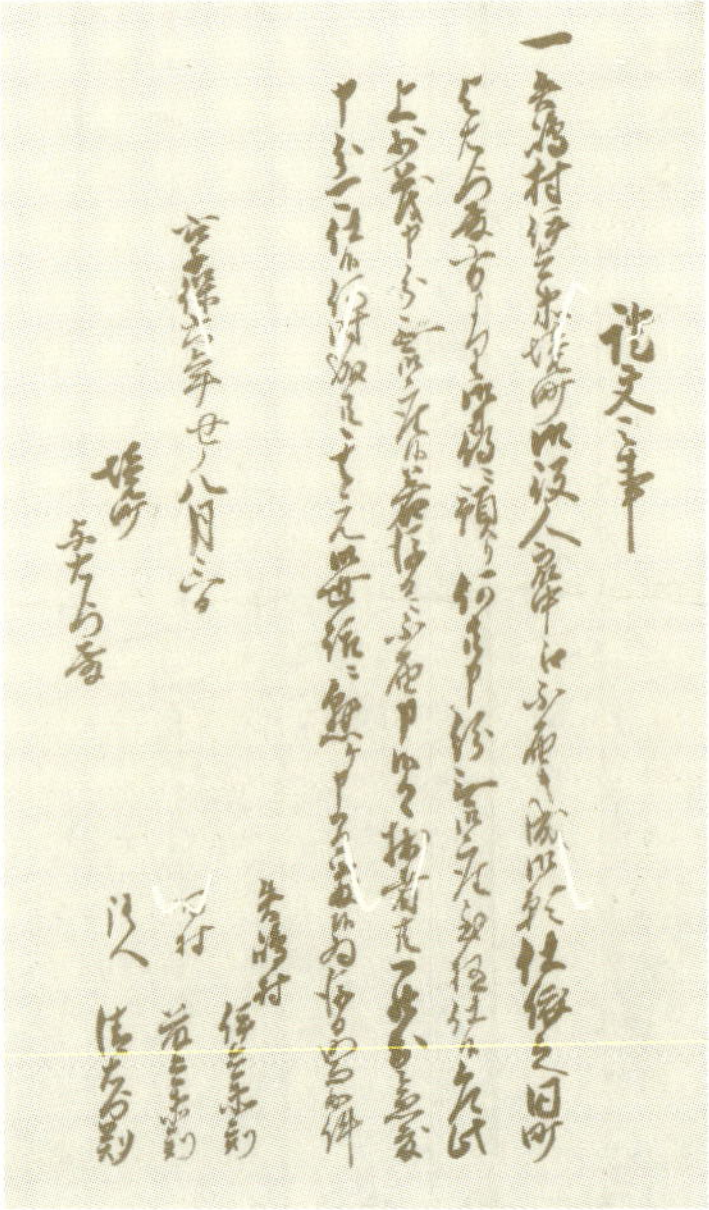

伊兵衛詫び証文

証文之事

一矢嶋村伊兵衛、境町御役人衆中江不届キ成御願仕、
依之同町」与右衛門殿方より御尋ニ預り、何共申
紛(分)無御座至極仕候、乍此」上少茂申分無御座候、
若後日ニ不届申候ハヽ、拙者共罷出急度」申分可
仕候、何時成共其元御世話ニ懸ケ申間敷候、為後
日仍而如件

享保六丑ノ八月三日

矢嶋村 伊兵衛判

同村 藤兵衛判

境町 証人 清右衛門判

与右衛門殿

(三三・〇×一八・五)

(」は行末の意、読み下し文略)

訴状の第二項は右の詫び状が書かれるまでの伊兵衛の行動である。夫の住む矢嶋村から境町の名主方までは地図上直線距離で、おおよそ二キロメートルあるが、離婚後の八月二日伊兵衛は境町名主方にやって来る。しゅんとの復縁を再び迫ったのである。

名主はかつて異見して復縁させたが、春三月には去状まで添えて離別したからには、復縁のことをしゅんに申し付けることは難しいと答える。それでも伊兵衛は「是非引取可申抔《など》、我侭申罷帰候」と、なお復縁したいなどとわがままを申して帰って行った。

そこで、仲人与右衛門は夫方へ出かけ、離別の立合人である伊兵衛の従弟両人にこれまでの事情を話す。両人は境町名主に詫び、以後伊兵衛の不届きは、親類両人で埒を明ける旨の右詫び状を伊兵衛ともに連印して、また仲人あてに差出した。

訴状は長文なので、写真は掲載しなかったが、第三項には、伊兵衛は享保七年四月また名主方へ来て申すには、ここ一両年のしゅんの関係者、つまり従弟・弟三四郎・伯父の三件の火事は、伊兵衛の付け火だという。しかも離縁状・詫び状は反古だとし、幕府交代寄合格岩松万次郎家来にしゅんを縁組させようとしているが、いまだしゅんは女房であるから当方に返せという。名主は離縁状と詫び状を盾にとって再縁を拒絶するが、伊兵衛は思い詰めたら何をするかわからないので訴訟に及んだという。離縁状を無効として再縁を迫り、火付けの張本人の夫。このような「火付け」の事情があるのに、訴えは提起されたのか。提起されたとして、訴訟がどう裁決されたかは不明である。

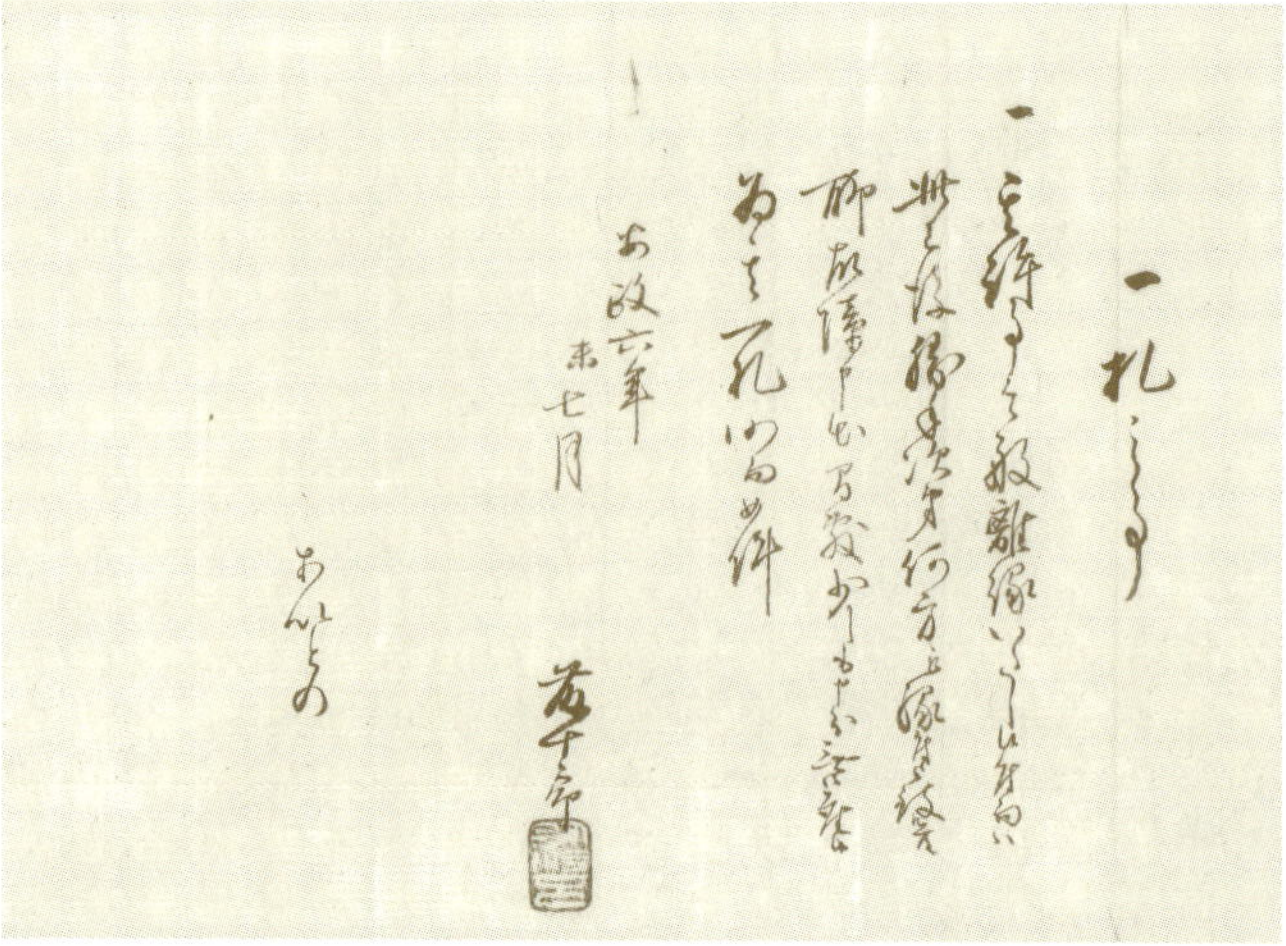

「松屋藤十郎－あい」離縁状

（上包）
「　離縁状　」

一札之事

一其許事、今般離縁いたし候、付而ハ
此已後勝手次第何方江縁付被致候共、
聊故障申出間敷、少しも申分無御座候、
為其一札、仍而如件

安政六年
未七月　藤十郎㊞

あいとの

（二四・四×三四・五）

そこもと事、今般離縁いたし候、ついてはこれ以後勝手次第にいずかたへ縁づきいたされ候とも、いささか故障申しいでまじく、少しも申し分ござなく候、そのため一札、よってくだんのごとし

この離縁状には、夫藤十郎からの手切金受領書兼離縁状返り一札（次頁）と、ここには掲載しなかった「あい」の口上書が付属している。口上書も参考に離婚のいきさつを述べる。離縁状はごく普通に離婚した旨の文言に、以後勝手次第に再婚しても「故障」、つまり異議は唱えないとしたためられているが、離婚原因の記載はない。

もっとも、あちらこちらに借金だらけの夫に主として離婚原因があったのであるから、原因は記載できないところである。離縁状に離婚理由のないものがもっとも多く、それは具体的離婚理由を書くと、円満に離婚を成立させる妨げになるから書かなかった。このことは夫が理由もなく離婚したのではなく、書かない方がよかったから書かれなかったのである。これが私の考えであるが、この事例のように、主として夫に離婚の原因があれば、具体的に書かないのではなく、書けなかった場合もあったのである。しかも仲介者もあり、理由もなく一方的に離婚したことにはならないのである。

稲葉宿（愛知県稲沢市）が出てくるので、夫は尾張国（愛知県）の地方歌舞伎の役者であった。借金まみれのダメ亭主だった夫・藤十郎は妻あいに一緒に夜逃げ（雲隠れ）しようと持ちかける。妻は世間へ相済まないと思い、すぐには夫の意に従わなかったところ、たびたび「打擲《ちょうちゃく》・折檻《せっかん》」に遭う有様。結局、妻も夫に従うが、ついにあきれ果て、あいの父の弟子岡田春達にすがり、かくまわれ、離婚を請求する。夫は安政六（一八五九）年七月、三行半の離縁状を妻に差し出した。これには角印の印鑑がみえる。

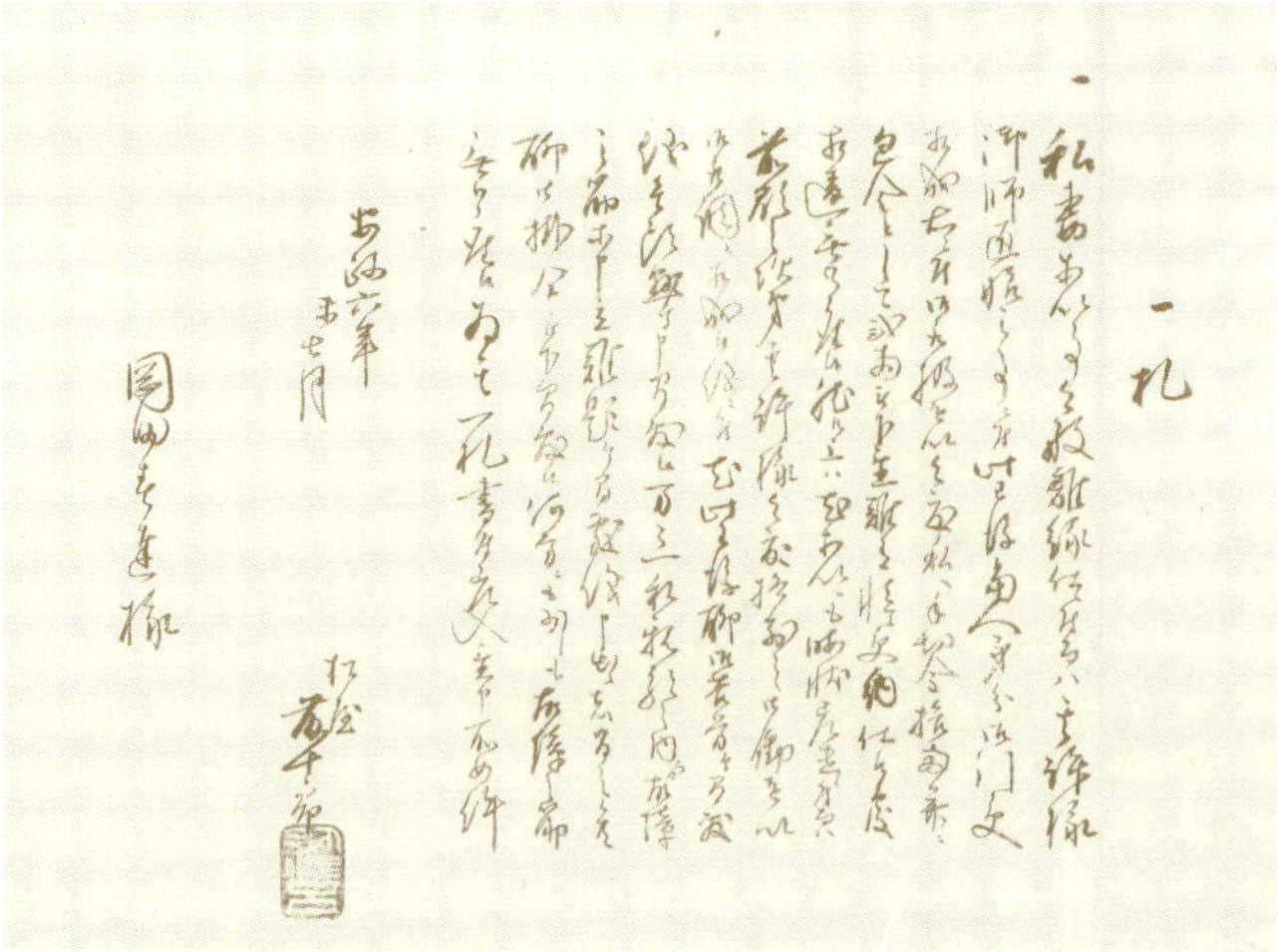

松屋藤十郎手切金受領書兼離縁状返り一札

（上包）

「一　札」

一　札

一私妻あい事、今般離縁仕候、付而ハ其許様
御師匠娘之事ニ付、此已後当人身分御引受
相成、右ニ付御取扱を以今度私へ手切金拾両并ニ
包金として弐両被下置、難有慥ニ受納仕候処、
相違無御座候然ル上ハ尤あいニも暇状差遣候付而
ハ前顕之次第其許様今度格別之御働を以、
御取調ニ相成候儀ニ付、尤此已後聊御苦労ケ間敷
儀毛頭懸ケ申間敷候、万々一私親類之内ゟ故障
之筋等申立、難題ケ間敷儀申出候者有之候共、
聊御掛合被下間敷候、何方ニも少しも故障之筋
無御座候、為其一札書付差入置申所如件

安政六年
未七月　　　　松屋
　　　　　　　藤　十　郎㊞
岡　田　春　達様

（二四・八×三四・八）

（五行目末尾「ハ」は次行の頭に、読み下し文略）

右の返り一札には、まず妻「あい」を離婚したこと、ついで「手切金拾両ならびに包金として弐両」をありがたく受納したことが記述されている。実はこの「手切金」（離婚慰謝料）は、大方は藤十郎が持ち出したが、残りのあいの着物類を売り払った代金であった。さらに藤十郎と妻あいの離婚と、それに付随する慰謝料等について「取調《とりととのえ》」てくれた、岡田春達の「格別之働」きに対しても、礼を述べ、以後苦労を懸けることはしないと約束するのである。

そのうえで、離縁状を遣わすからには、たとえ親類がこの離婚に異議や難題を申しかけても、一切掛り合いをもたないよう頼み、どこからもすこしも差し障りのないことを重ねて約した一札である。この返り一札は仲介の労を取ってくれた岡田春達あてに、離縁状とともに差し出されたものであるが、なにより藤十郎方から難題を申しかけられることを忌避したい妻方で求めたものであろう。妻方ではそれだけ藤十郎からの後難をおそれたのである。

なお、日ごろの浪費癖や暴力に困り果てたとはいえ、あいの方からの離婚請求だったので手切金を出した。これも「離婚請求者支払義務の原則」にのっとってなされたのである。*

*本書四九頁。

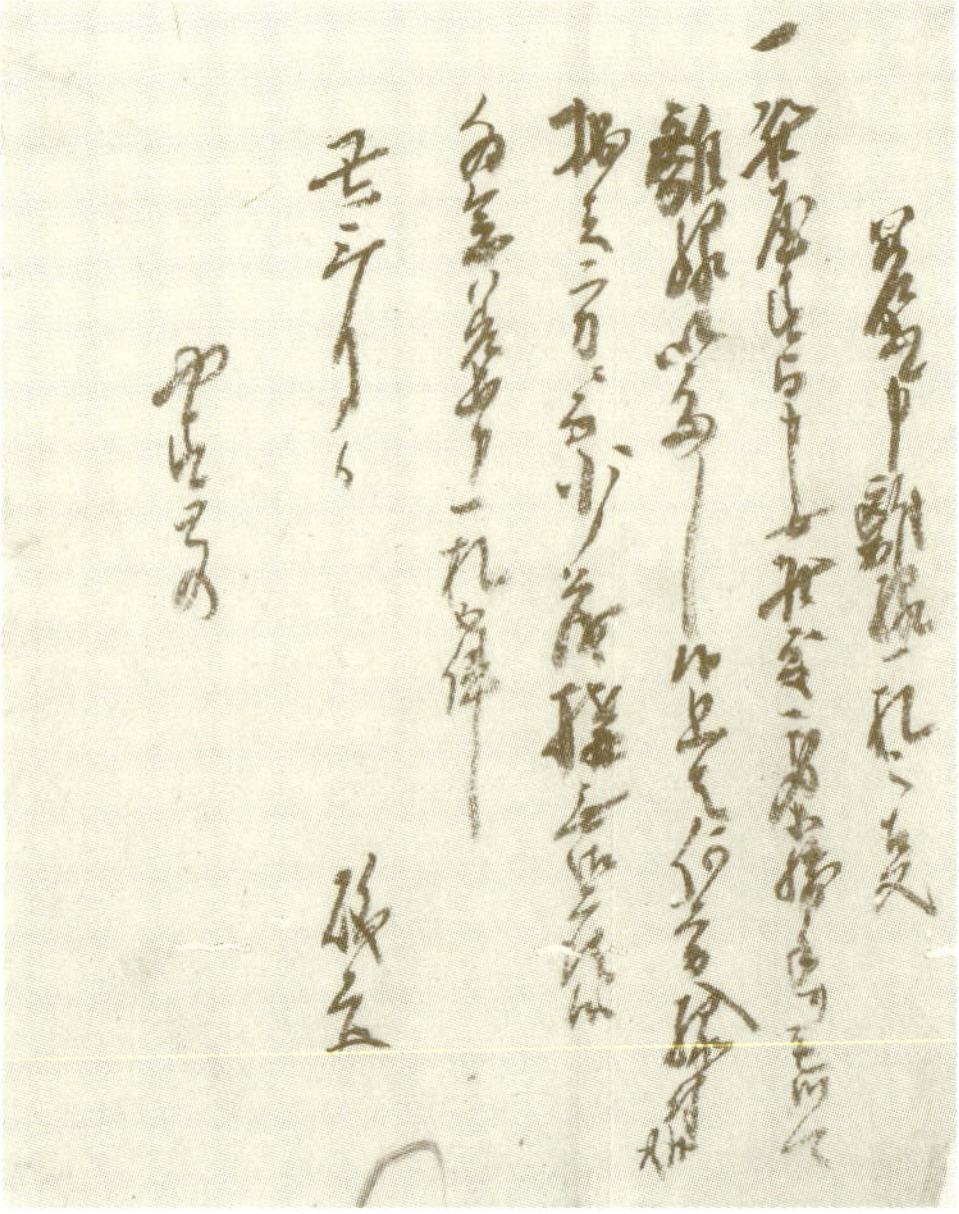

「磯吉－やす」離縁状

差出し申離縁一札之事

一此やす与申女、此度我等勝手ヲもって、
離縁いたし候上者、何方へ縁付候共、
拙者方ニ而少茂構無御座候、
為念差出申一札如件

丑ノ三月日　　磯　吉（爪印）

やすとの

〔俳山亭文庫旧蔵〕（二三・三×一九・〇）

このやすと申す女、このたびわれら勝手をもって、離縁いたし候うえは、いずかたへ縁づき候とも、拙者方にて少しも構えござなく候、念のためさし出し申す一札くだんのごとし

丑の三月とあるが、いつの丑年かわからない。次頁の念書の宛名三右衛門は上野国那波郡福島村（群馬県佐波郡玉村町）の大名主のことと思われるので、いずれにしても徳川時代の離縁状で、典型的な三行半である。内容は離婚文言と再婚許可文言からなり、夫磯吉は爪印を加えて、妻「やす」にあてて差し出したものである。

離婚理由は「勝手をもって」である。この「勝手」は通例「我等勝手ニ付」として用いられ、庶民離婚法上重要な用語である。すなわち、勝手の解釈の相違によって、当時の離婚を「夫の追い出し離婚（法制史では夫専権離婚）」とするか、今日の協議離婚と同様な「熟談離婚」とするかに分かれる。私は仲介人もあって夫婦（両家）間の協議をともない、納得して離婚したとする後者の説を唱えた。

念書によれば、夫磯吉は武蔵国賀美郡金久保（窪）村（埼玉県児玉郡上里町）に居住した。立入人喜三郎の住居は隣村の勝場村で、やすは夫の住まいからおおよそ五キロメートルの所の三右衛門宅に離縁願いで駆け込んだという。ときには駆け込みを受容した三右衛門は渡辺姓で、かれは天保一三（一八四二）年から明治二（一八六九）年まで二八年間、『三右衛門日記』（以下『日記』、群馬県重文）* を書きついだ人物である。

『日記』には、公私にわたる出来事、とりわけ紛争・もめごとの取り扱いを依頼され、それに介入し、解決に尽力したことが書き止められている。近世村落社会構造をときあかしてくれるとともに、社会史・女性史にも貴重な資料を提供してくれる。

*『玉村町誌』。

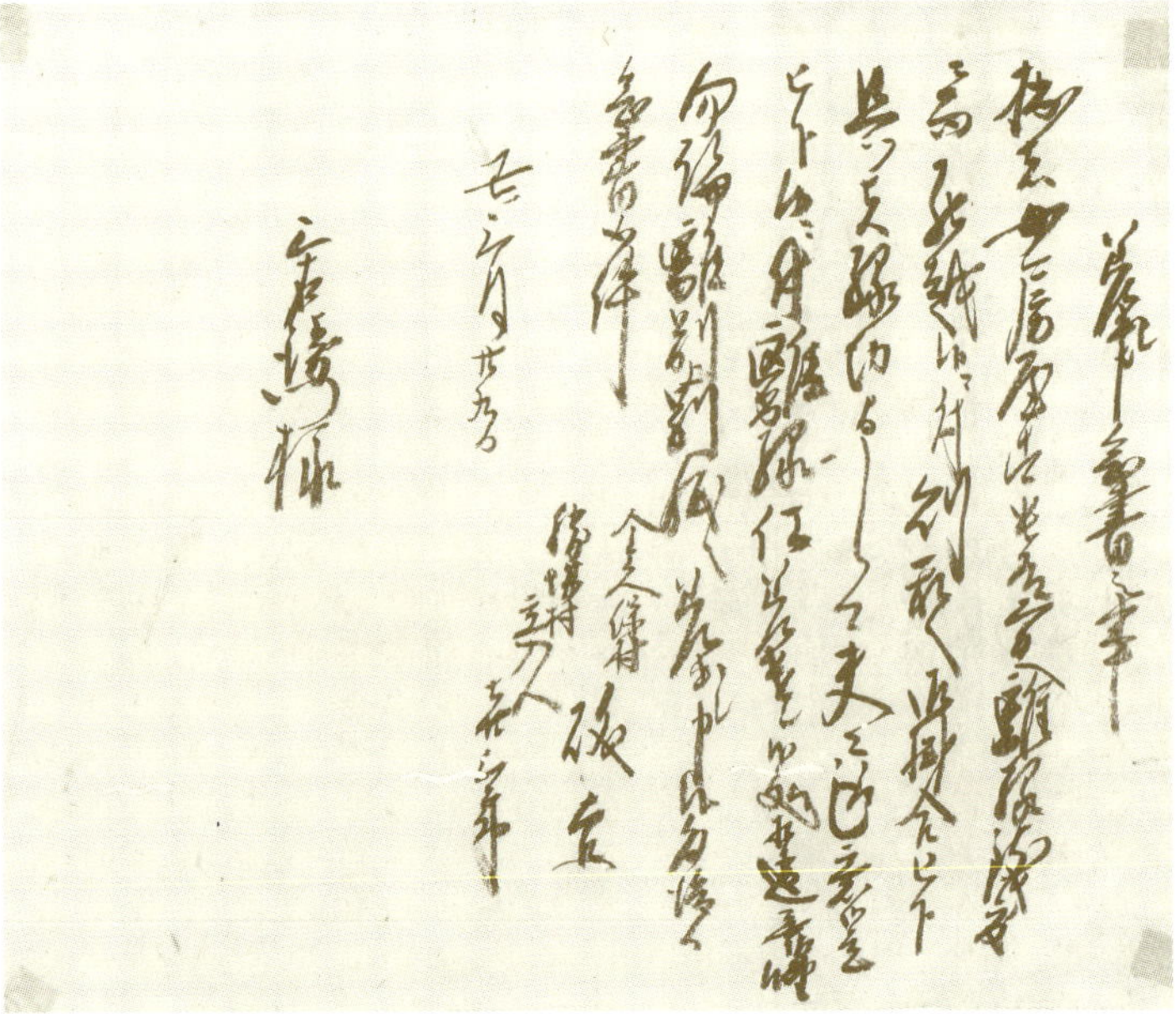

磯吉・趣意金受領書兼離縁状返り一札

差出し申念書之事

拙者女房やす、貴殿方へ離縁致度
ニ而罷越候ニ付、則私へ御掛合被下、
且ツ者縁切として夫々趣意御金
被下候ニ付、離縁仕差遣し候処相違無御座候、
勿論離別上(状)別紙へ差出し申候、為後日
念書如件

金久保村
磯　吉(爪印)

勝場村
立入人
喜　三　郎

丑ノ三月廿九日

三右衛門様

(二三・五×二八・五)

(俳山亭文庫旧蔵)(読み下し文略)

「やす」は三右衛門宅へ離婚願いで駆け込んだ。三右衛門は早速夫磯吉へ連絡と示談交渉をする。その結果、「趣意御金被下候」と、金額は記載がなくわからないが、夫へ離縁趣意金（慰謝料）が出されて決着する。夫は「被下」として、三右衛門の尽力で慰謝料をいただいたと認識している。三右衛門の有力者ぶりがわかるというものである。この離縁書付のほかに、先の離縁状が夫からやすに差し出された。

『日記』には、縁切り駆け込みの場としての三右衛門宅の事例がみられる。嘉永二（一八四九）年二月武蔵国賀美郡黛村（上里町）常太郎女房「でん」が家出して「貴宅へ罷出、（夫との）離縁ニ相成度、頼入候」、つまり離縁の取り扱いを頼んで三右衛門宅に来る。三右衛門は「早速《さっそく》」夫婦双方の関係者に連絡して、示談交渉の結果、妻方から趣意金（慰謝料）五両二分を出すことで解決する。三右衛門は夫婦双方から離縁書付を出させ、「外ニ離別状も取ル」と、夫からの離縁状も取っている。『日記』には離縁状は控えていないが、このときに三右衛門が預かった離縁状が渡辺家に伝えられて、現存する。*

いくつか注目されることがある。まず有力名主であった三右衛門宅が駆け込みの場として周辺に認識されていたこと。三右衛門は世話好きで、頼まれた夫婦のもめごとには双方に介入して離縁の取り扱いをしたこと。決着には趣意金が支払われることが多く、私のいう「離婚請求者支払義務の原則**」の通り、離婚を請求した妻方が支払った。

*拙稿「『三右衛門日記』の離縁状関連史料」二七頁。

**本書四九頁。

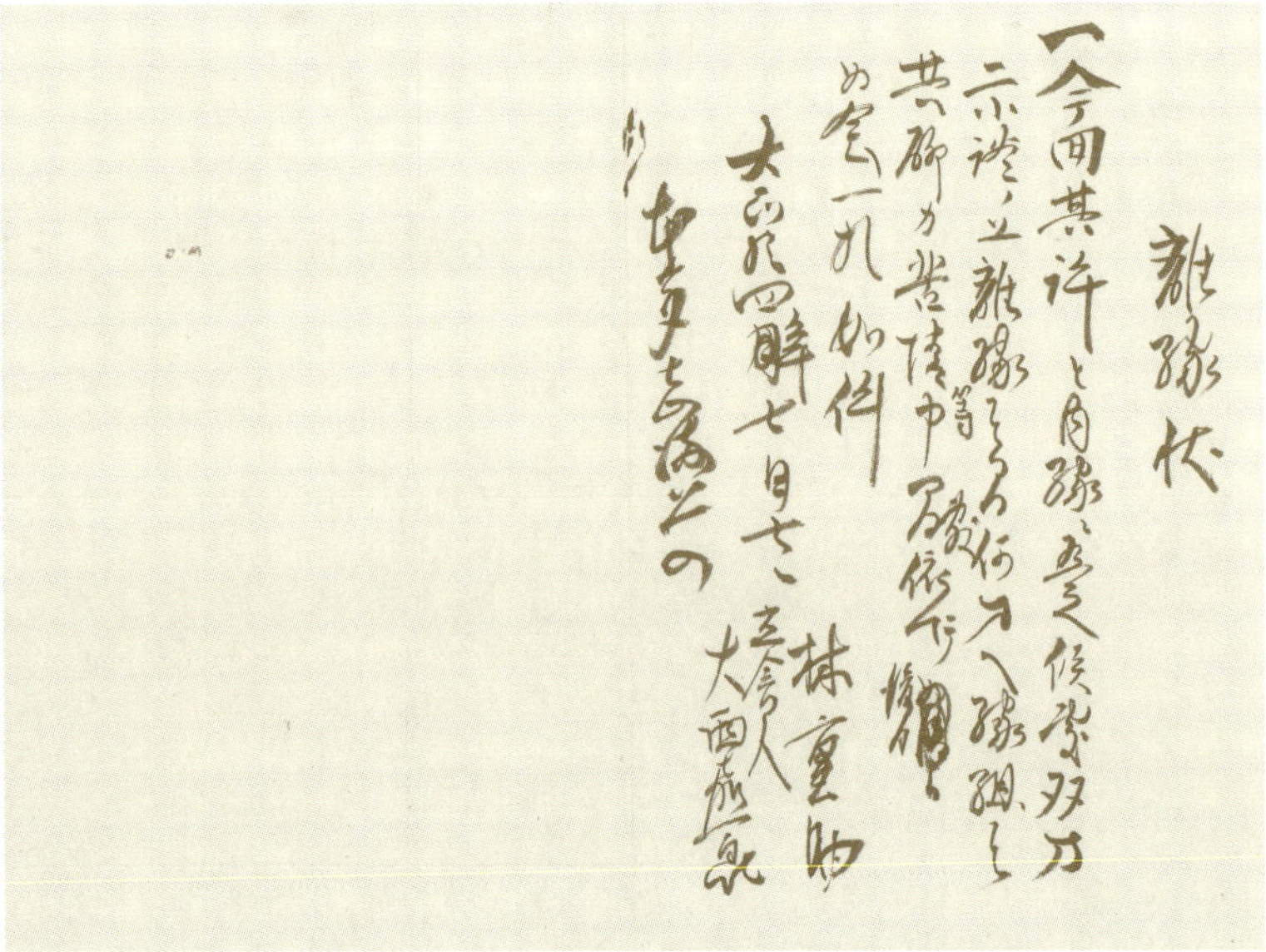

大正一四年の林重介・内縁解消離縁状

離縁状

一今回其許と内縁ニ有之候処、双方
示談ノ上、離縁候間、何方へ縁組候
共、聊カ苦情等申間敷、依テ後日
為念一札如件

大正拾四年七月七日　林　重　助

立会人
大西　嘉一郎

本多しまとの

（二四・五×三三・〇）

今回そこもとと内縁にこれあり候ところ、双方示談のうえ、離縁候あいだ、いずかたへ縁組候とも、いささか苦情など申すまじく、よって後日、念のため一札くだんのごとし

半紙を半分にして、丁度その右半分に書かれた三行半である（左半分は当然のこと白紙である）。徳川時代の離縁状とそれほど変わったところは見られないが、カタカナを用い、差出人・名宛人とも苗字を使用していること、発行日時が大正一四（一九二五）年七月七日であること、初めに「内縁」とあることに特徴がある。

この離縁状には「遺言取消証書」の公正証書正本が付属している。それによれば、遺言者林重介（離縁状では重助）は、京都市下京区五条通御幸町西入本覚寺前町に居住し、安政二年一〇月生まれで、このとき七〇歳であった。住所の下に「針□」とあり、一文字が難読であるが、私は「翁」と読んだ。これは針にかかわる職業か屋号と考えられ、重介は盲目の鍼灸師だったのかもしれない。いずれにしても、すでに高齢で一人暮らしは不便をきたしていたのであろう。仲立ちする者があって、土地・建物をもらう約束で、しまは重介の世話をする「妾」になったのではないか。徳川時代の「内縁」は縁組を意味することが多かったが、ここでの「内縁」は妾であったと思われる。

盲目かつ老齢の鍼灸師の面倒を看ることに対して、離縁状作成の前年の大正一三年一〇月二日京都地方裁判所管内公証人役場において、大西嘉一郎ほか一名の立会いをえて本多しまに「宅地壱筆、建棟四棟」を遺贈する旨の遺言をなしたのである。

なお、徳川後期ならびに明治初期における内縁の多義性について興味のある方は、拙稿「『内縁』の語義について」（『専修法学論集』第一二六号、二〇一六年）を参照されたい。

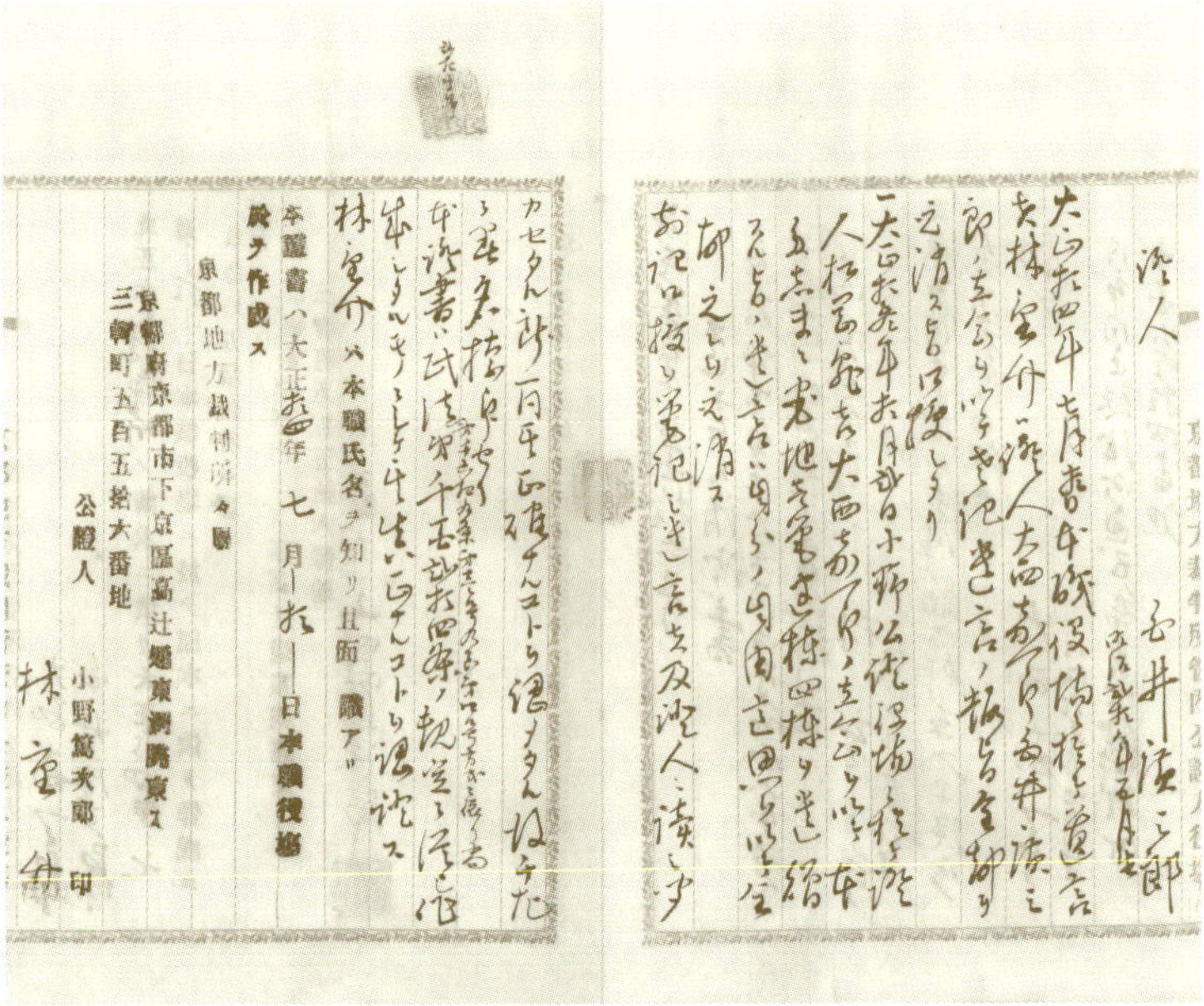

林重介「遺言取消証書」公正証書正本

大正拾四年七月拾日本職役場ニ於テ遺言者林重介ハ証人大西嘉一郎・白井廣三郎ノ立会ヲ以テ、左記遺言ノ趣旨全部ヲ取消ス旨口授シタリ

一大正拾参年拾月弐日小野公証役場ニ於テ証人松岡龍吉・大西嘉一郎ノ立会ヲ以テ本多しまニ宅地壱筆、建棟四棟ヲ遺贈スル旨ノ遺言ハ、自分ノ自由意思ヲ以テ全部之レヲ取消ス

前記口授ヲ筆記シ、遺言者及証人ニ読ミ聞カセタル所一同其正確ナルコトヲ認メタル後チ左ニ署名・捺印セリ

（冒頭・末尾部分適宜略）

離縁状に付属して、林重介の依頼によって作成された「公正証書遺言」がある。その正本は、「京都地方裁判所管内公証人役場」の二四行の橙色薄葉罫紙にしたためられていた。

この公正証書正本によれば、林重介が「しま」に離縁状を渡した前年の場所も同じ公証人小野篤次郎の公証役場で、大西嘉一郎ほか一名の立会いをえて本多しまに「宅地壱筆、建棟四棟」を遺贈する旨の遺言をなしたが、事情があってしまを七月七日に離婚し、その時に協議がなされたものか、三日後の七月一〇日、重介は「自分ノ自由意思」をもって、先にしまに約束した土地・建物の遺贈を取り消すことにしたものである。遺贈からわずか九か月で、内縁（妾関係）を解消した原因は定かではない。

右の文書には二つの領収書が付いている。一つは公証人の領収書で、公正証書原本作成手数料四円五五銭、正本二枚四〇銭、印紙代三銭、都合計四円九八銭が公証人への支払いであった。もう一つは公証役場（京都市下京区高辻東洞院東入）から南へ高辻通りを渡って五〇メートルの距離もない下京間之町松原上ル「魚清」の五円二五銭の領収書である。これは証人両名へのお礼の意味での会食代金と考えられ、合して一〇円余の費用であった。

公正証書の手数料は法律行為の目的価格によって異なるが、土地一筆とその上の建物四棟を現在価格で五千万円とすれば、その手数料は二万五千円、大正時代のそれと勘案すれば、魚清の払いはおおよそ現在の三万五千円ほどになろうか。

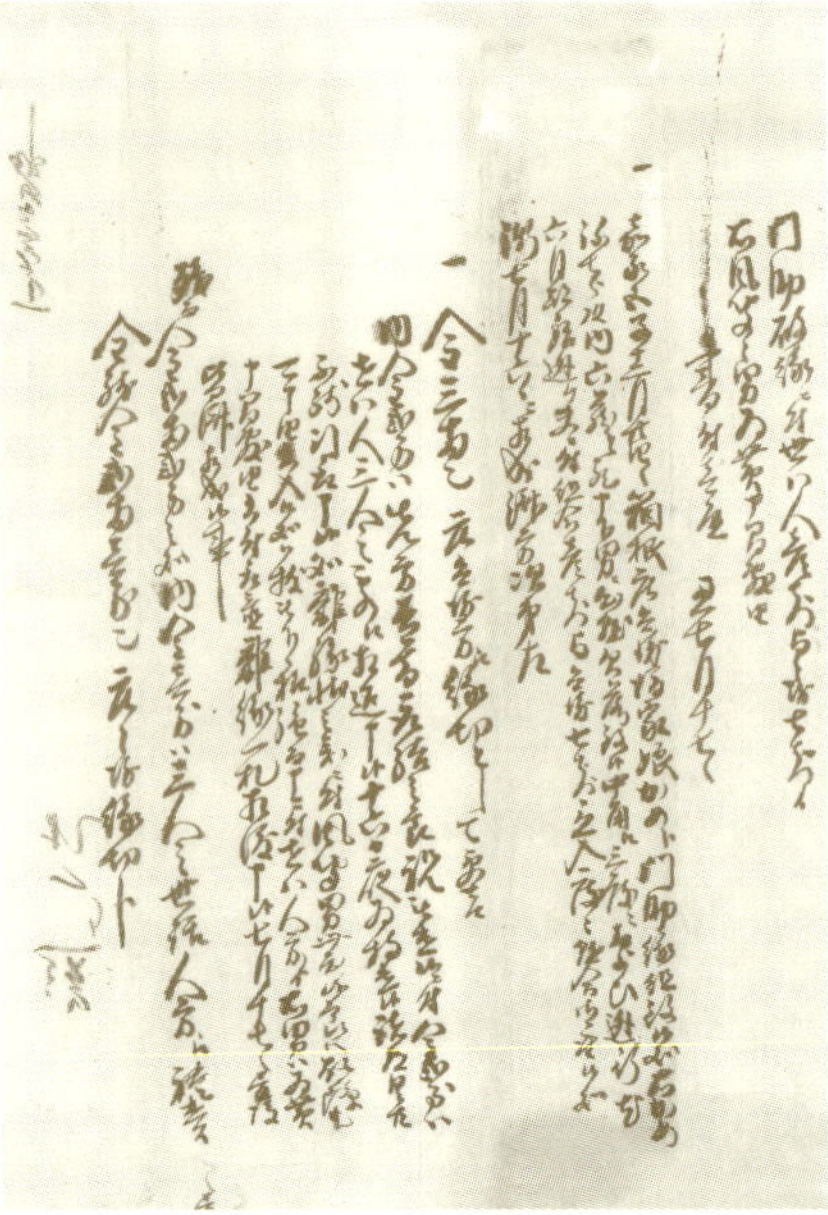

上包の裏面に書かれた離婚の経緯——門助一件①

一嘉永五子十二月廿四日箱根庄兵衛後家娘かめト門助縁組致候処、右かめ」弥七郎殿内六蔵と欤申下男ニ心懸、欠落致候、中角江三度ニおよひ逃行、尤」六月朔日娘逃ケ、夫ニ付組合彦右衛門・与兵衛・七右衛門立入、度々懸合御座候処、」漸七月十六日ニ相成済方次第左

一金　三両也　　庄兵衛方江縁切として受取

内金弐分ハ先方去暮取結之節、祝被遣候ニ付、金弐分ハ、」世ハ人三人之もの江相返申候、十六日夜為持遣候諸道具共」不残引取申候処、離縁状之義ニ付風聞男貰候節ハ、故障も」可申由書入候処、御抜被下候様強而申ニ付、世ハ人方ゟ右男ハ為貰」申間敷由書付取置、離縁一札相渡申候、七月十七日之昼後」皆済相成候事

残而金弐両弐分之処、内金壱分ハ三人之世話人方江礼遣ス

全残金弐両壱分也、庄兵衛縁切分

（三四・五×二四・三）（」は行末の意。冒頭の釈文は略）

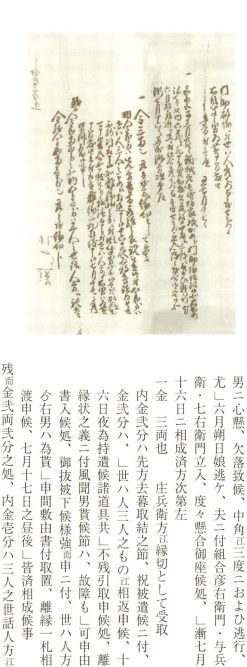

「かめ」が婿を迎えたが、わずか半年で離婚になる一件の関連文書は四通ある。右の文書は次頁の結婚に際しての「送り一札　下奈良邨」とある上包の裏面に書かれ、他の三通の包紙として再活用されたものである。これにより結婚から離婚にいたる経緯がわかるうえに、離婚原因や慰謝料、なにより離縁状に婿がしたためた「風聞の男」との再婚禁止条項を、妻方から強いて望んで削除してもらったことがわかる。つまり、夫の書いた離縁状に妻は異議を唱えることができたことを証する事例として貴重である。

武蔵国播羅郡下奈良村（埼玉県熊谷市）庄兵衛後家娘かめが村内の名主吉右衛門拾子門助二三歳を婿に迎えたのは、嘉永五（一八五二）年一二月二四日であった。その後、かめは「弥七郎殿内六蔵とか申す下男に心を懸け、欠け落ちいたし候」とある。かめは結婚当初から他家の下男・六蔵に「心を懸」て、中角（場所か親戚か）に駆け落ちすること三度。半年後の六月朔日にも逃げたが、五人組三名が立入り、幾度も交渉して、ようやく七月一六日に決着をみるが、わずか半年余の結婚生活であった。

金三両が離婚慰謝料。他家の下男と逃亡を繰り返した不埒の妻は夫を嫌い、妻の方から離婚を求めたはずで、「離婚請求者支払い義務の原則」にのっとり、妻方がこの三両を支払ったと思われるが、「庄兵衛方へ縁切りとして受け取り」とある。この庄兵衛は妻方ではなく、門助一件③にも「吉右衛門殿内庄兵衛」とあるのは、門助である。門助は婿入り先ではその当主名である庄兵衛を名乗ったものであろう。

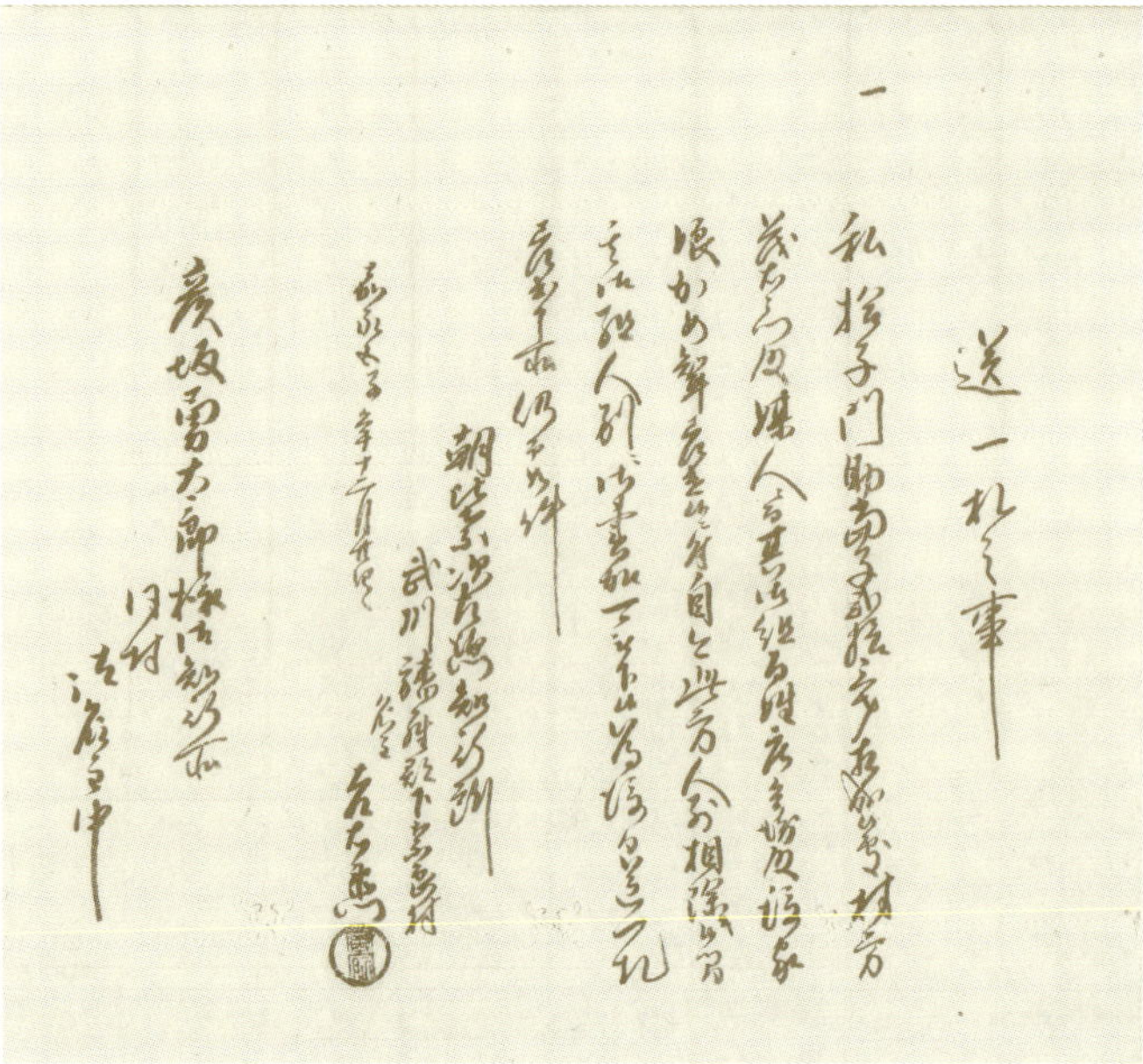

結婚の人別送り――門助一件②

送一札之事

一私拾子門助当子弐拾三才相成候処、村方
茂右衛門殿媒人ニ而、其御組百姓庄兵衛殿後家
娘かめ聟差遣候ニ付、自今此方人別相除キ候間
其御組人別ニ御書加可被下候、為後日送一札
差出申所仍而如件

朝比奈次左衛門知行所
武州幡羅郡下奈良村
嘉永五子年十二月廿四日　名主　吉右衛門㊞

彦坂勇太郎様知行所
同村　御名主中

（三三・〇×三三・〇）
（読み下し文略）

武州幡羅郡下奈良村は社寺領を除き、七給の村であった。つまり、七名の旗本が支配した村で、名主も何人かいたので、かめの事例も同一村内でありながら、名主間で人別送りがなされた。当時庶民の結婚は夫婦間で挙式がなされればそれで成立した。結婚の法律要件としてはこれで十分なのであるが、さらに報告的手続きとして、人別送りの送付・返戻があって、手続きは完了したのである。

右文書は、名主吉右衛門の「拾子」門助二三歳が婿入りにあたって、朝比奈次左衛門支配の「宗門人別帳」から除いたので、そちら彦坂勇太郎支配の帳面に書き加えてほしい旨の一札で、夫方名主から妻方名主中へ差出したもの、日付は嘉永五（一八五二）年一二月二四日である（門助は文字通り拾った子の意味なのか、仮の親子なのか。ご教示を乞う）。

当時、庶民の結婚・離婚にあっては、いずれの場合も、今日の送籍手続きである「人別（村）送り」、「寺送り」がなされる。つまり、村相互・旦那寺相互間で二重に行われたので、広く村内に公示する役割を担ったから、婚姻・離婚を問わず、人別送りの送付・返戻によって、その事実が公示されることになった。とりわけ、離婚の場合、人別送りの送付・返戻によって、離縁状の授受を行わない地域もあったほどである。

ところで、門助一件①で釈文を略した裏面の経緯冒頭部分には「門助破縁ニ付、世話人彦右衛門・与兵衛・七右衛門〻、右風聞之男為貰申間敷由　書付壱通　丑七月十七日」とある。この「風聞の男」とかめとの再婚禁止が示談交渉で問題となる。

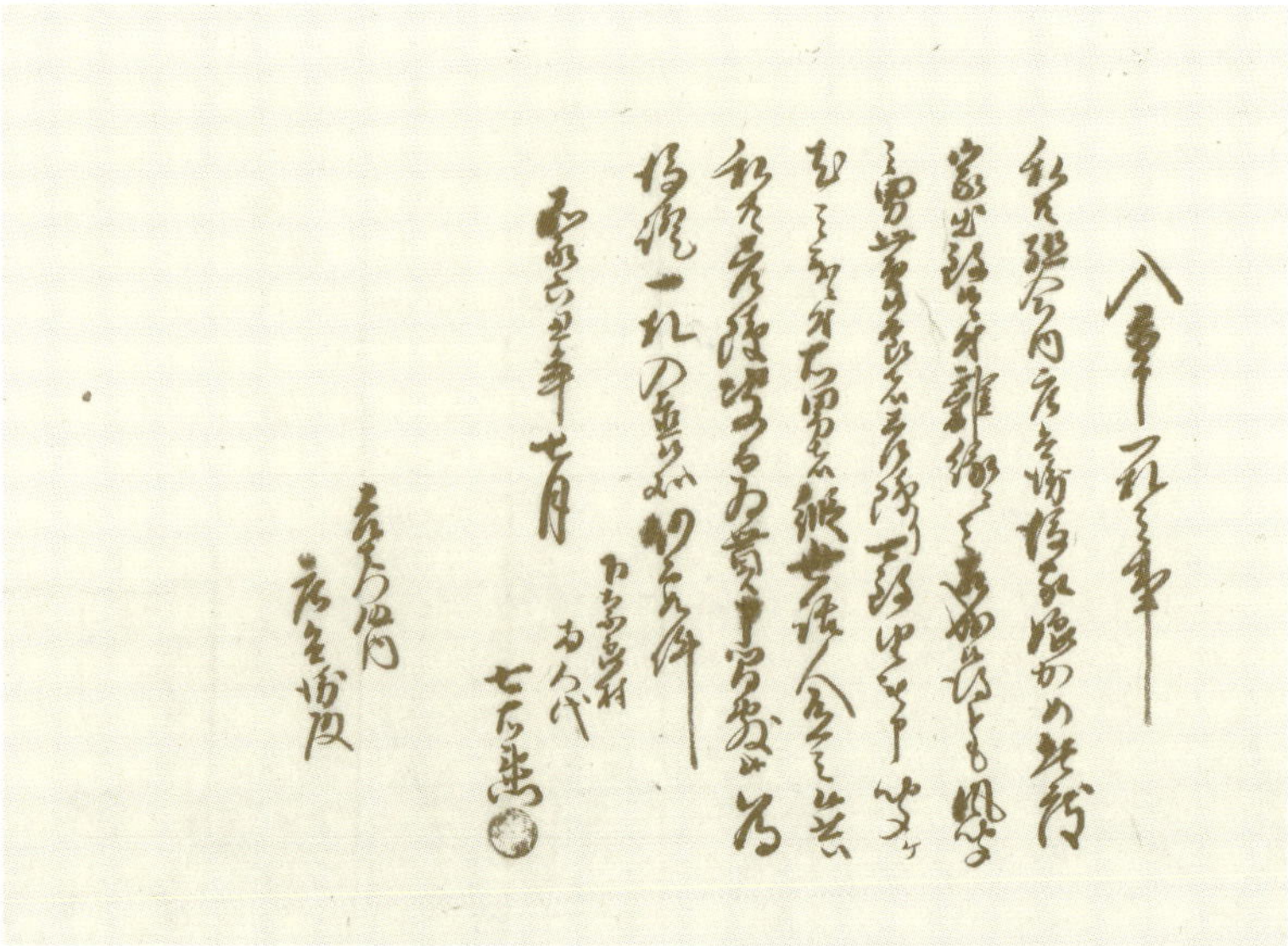

風聞の男と再婚禁止の約定――門助一件③

入置申一札之事

一私共組合内庄兵衛後家娘かめ、此度
家出致候ニ付、離縁ニ者相成候得とも、風聞
之男貰候節者、差障り可致由被申聞ケ、
尤之義ニ付、右男者縦世話人有之候共、
私共差障、決而為貰申間敷候、為
後証一札入置候処、仍而如件

嘉永六丑年七月

下奈良村
当人代
七右衛門㊞

吉右衛門殿内
庄兵衛殿

（二四・五×三四・五）

（読み下し文略）

門助一件①でみた慰謝料三両のうち二分は妻方へ暮れに縁組祝いとして遣わされたもので、世話人に返し、さらに世話人に一分を礼とした。離婚成立の七月一六日夜、婿方では残金二両一分と持参諸道具を引き取っている。このとき離縁状も書いて渡したが、再婚にあたって条件を付けた。「風聞の男」つまり、噂の男六蔵との再婚は禁止するという書き入れである。

妻方は風聞の男との再婚禁止については了承したものの、離縁状から噂の六蔵との再婚は禁止する旨の書き入れを抜いてほしいと強いて願った。世話人方からその旨の書付を取り置き、禁止文言を除いた文面の離縁状（次頁は下書き）が渡され、翌一七日昼過ぎすべて解決をみる。ところで、妻方では、なぜ風聞の男との再婚禁止を了承し、そのことを約束した右「入置申一札之事」を渡しておきながら、離縁状からはその文言を削除してほしいと願ったのか。離縁状の文言の効力のいかんの問題であるが、後考にまちたい。

離婚はまた後の再婚が考えられるので、離縁状は再婚免状とも再婚許可証ともいわれる。多くはだれと再婚しても構わないとしたためるが、なかには再婚に条件をつける夫もあり、それも有効だった。多くは夫以外の男性と悪い風聞でもあれば、かれとの再婚を禁止した。また再婚禁止の特約は、特定人との場合だけでなく、再婚の場所と期間についてつけられることもあった。*

なお、門助一件文書四通は婿方に残存したものである。

*本書一二七頁。

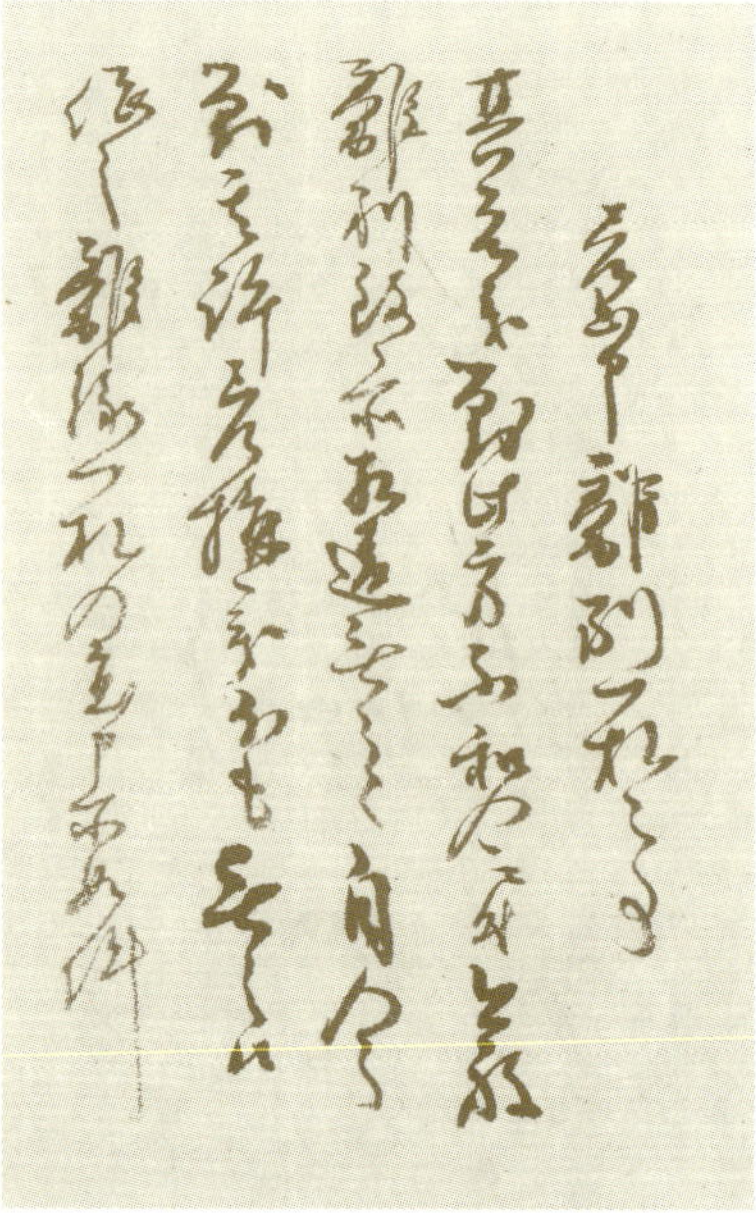

離縁状下書き――門助一件④

差出申離別一札之事

其元義、対此方不和合ニ付、今般
離別致候所相違無之候、自今
対其許差構候義少(カ)も無之候、
依之離縁一札入置申所如件

（一五・〇×九・五）

そこもと義、この方に対し不和合につき、今般離別いたし候ところ相違これなく候、自今そこもとに対し、さし構え候義少しもこれなく候、これにより離縁一札入れ置き申すところくだんのごとし

V　多様な三くだり半

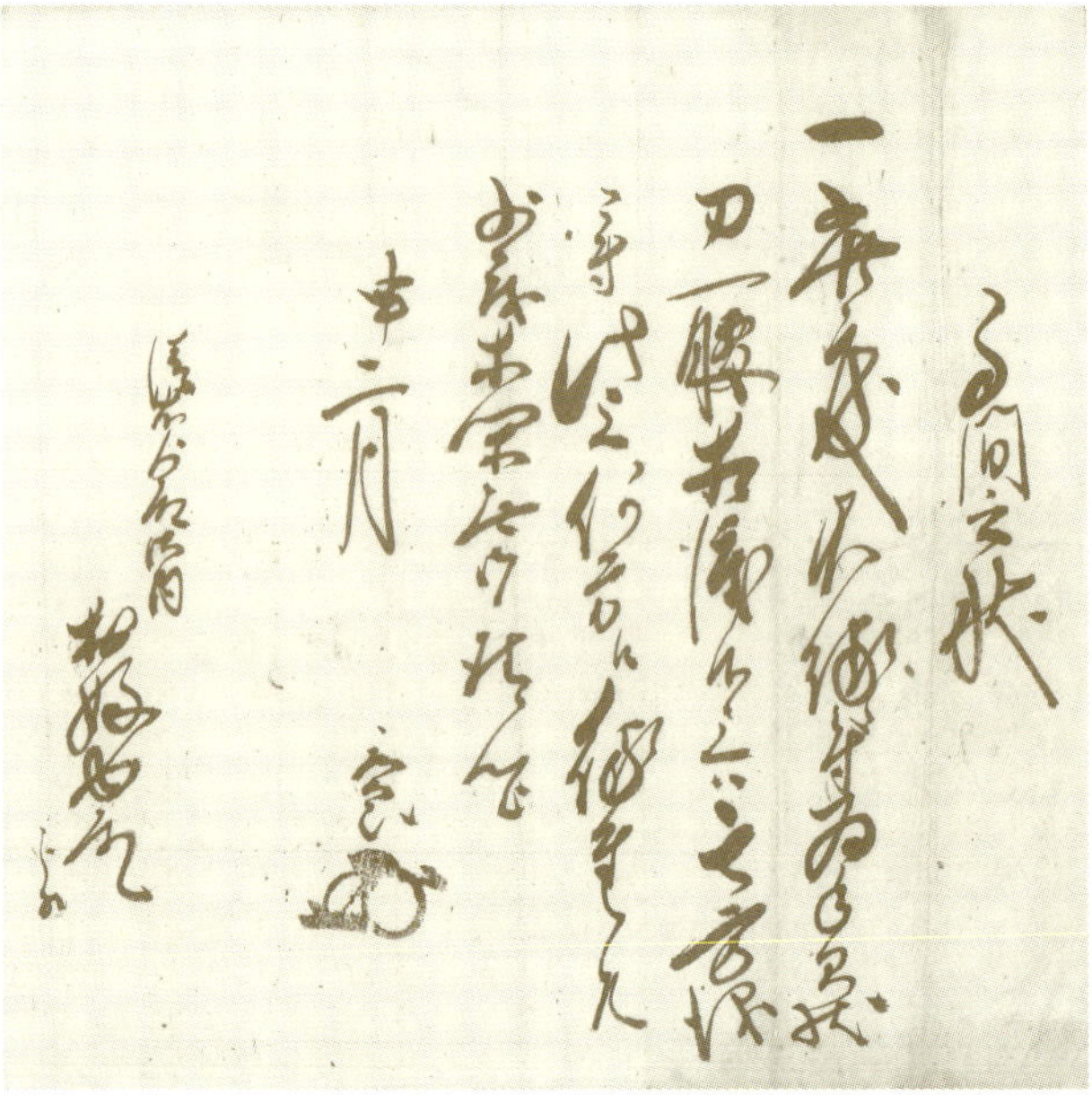

庶民も用いた花押型――地域性としての手間状

手間之状
一此度不縁ニ付、為手間状、
刀一腰相渡候上ハ、其方儀
ニ付、此上何方江縁付候共、
少茂等閑無御座候、以上
申二月　道　良（花押）
清右衛門殿御内
おふゆ殿
参

（二七・〇×二七・四）

このたび、不縁につき、手間状として刀一腰あいわたし候うえは、そのほう儀につき、このうえいずかたへ縁づき候とも、少しもなおざりござなく候、以上

先に地域性のところでふれた*「手間状」である。住所がなく地域は特定できないが、中部山岳地帯周辺（岐阜・福井・山梨・長野の各県）の、いずれかで使われたものである。また日付も「申二月」だけで、年号は特定できないが、徳川時代のものであろう。

本文は離婚文言と再婚許可文言からなるが、常のものとは趣を異にする。離婚理由は「不縁ニ付」と、抽象的表現で、たんに離縁したというほどの意味であり、手間状にそえて「刀一腰」を渡したという。これは離縁の証拠の品としたのであるが、刀を渡したものは、ほかには「脇差壱腰」を遣わして離縁した事例が一例みられただけである。**

三くだり半と俗称されるように行数は三行半である。ここでは、差出人の名前が難読であるが、道良と読んでみた。古文書では、氏名や住所など当事者にわかっている固有名詞はややともすると乱雑・粗略に書かれることが多く、この種の難読はつきものであり、どなたかご教示いただけると有難い。

もっとも珍しいのは、差出人が花押を、しかも木で造られた花押型を用いていることである。花押は中世に将軍などが印章にかえて盛んに用いたが、近世になっても武士が使用し、とくに書状の発給の多い大名などは自筆によらずに木製の花押型を押した。また花押型には、外側の枠だけ押して中を墨で塗りつぶすものと花押そのものを押すものとの二種あったが、ここに紹介したものは後者の例で、かつ粗悪な作りである。しかし、大名が主として用いた花押型を使った差出人は、庶民でも地位・身分が特別だったことを証している。

*本書六〇頁。

**拙著『泣いて』一八頁。

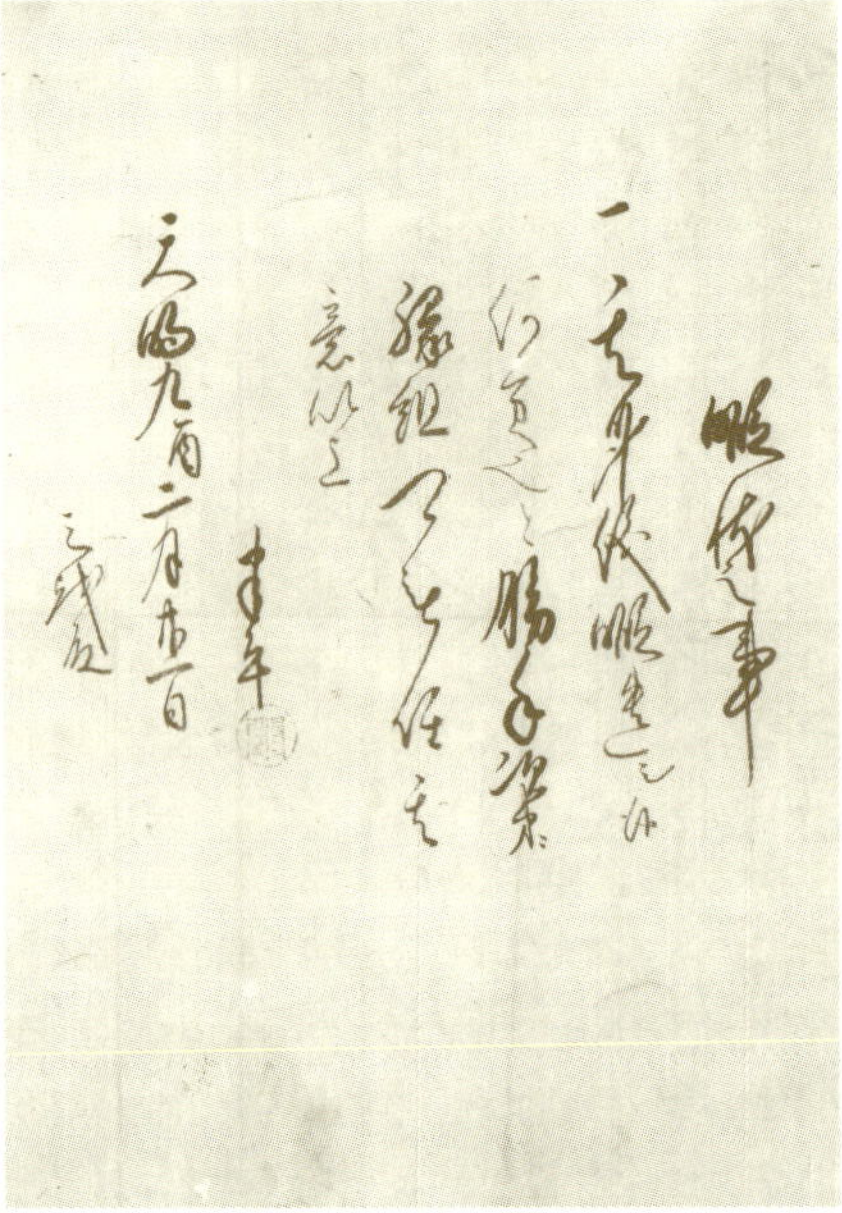

唯一朱肉を用いた暇状

暇状之事

一其身儀、暇遣シ候、
何方也と勝手次第ニ
縁組可被任其
意、以上

半平㊞（朱）

天明九酉二月廿一日

ミを殿

（三四・〇×二四・〇）

その身儀、暇遣わし候、いずかたなりと勝手次第に
縁組、その意にまかさるべし、以上

表題の「暇状之事」は、西国で用いられたもので、これは広領域の地域性の一例でもある。本文は離婚文言と再婚許可文言の二つからなっており、行数は三行半である。日付は天明九（一七八九）年二月二一日、これに十二支「酉」年が加えられ、離縁状としては古い方に属する。夫本人から妻本人にあてて出されている。

この離縁状の最大の特徴は、これまで収集した離縁状のなかで唯一の朱肉（やや薄く押捺されているが）である。朱印を使えるのは上級階級で、庶民はこれを使用できず、黒（墨）印を用いることになっていたのであるから、なぜ朱肉が使われたか非常に疑問とするところである。そもそも朱肉はそのほとんどが中国からの輸入品で、堺・江戸・京都に「朱座」が設置され、朱と朱墨を独占的に製造・販売する権利を幕府から認められた。おそらく夫半平は書画をたしなむ文人であったろうか、許可をえて身近に朱肉を置いていたのであろう。離縁状は妻に渡され、広く他見されるものではなかったので、遊び心か、秘かに朱肉を用いたに違いない。このような形で世に出て、泉下で半平は驚いているに違いない。

離縁状の内容をみると、離婚文言は離婚理由も書かず簡単明瞭に「暇遣シ候」とだけしたためている。特筆すべきは再婚許可文言で「何方也と勝手次第ニ縁組可被任其意」と、その内容は他の実例にも、離縁状雛形を載せた書式集にも、文例が見いだせないほどきわめて特異なのである。半平の博識ぶりがうかがえるといえよう。

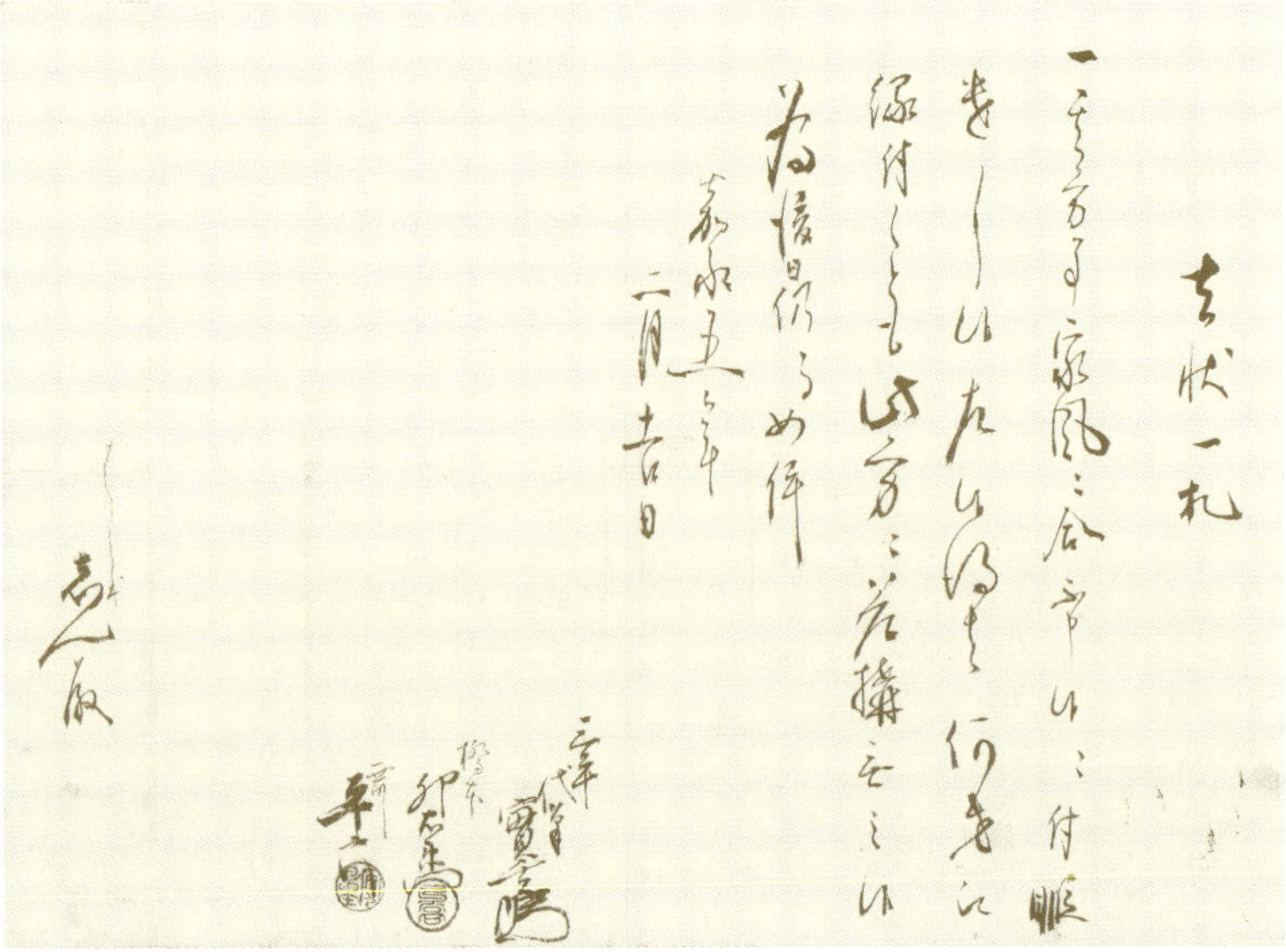

代筆になる三くだり半

去状一札

一其方事、家風ニ合不申候ニ付、暇
遣し候、左候得者何方江
縁付くとも、此方ニ差構無之候、
為後日仍而如件

嘉永五年
二月吉日

三　平

代筆
實　玄（花押）

橋本
卯右衛門㊞

西町
平　六㊞

はし本
しん殿

（三二・〇×四四・五）
（読み下し文略）

上野国緑野郡岡之郷（群馬県藤岡市）で用いられた離縁状「隣家へ娵入」の書式には「親子兄弟たりとも外人之事認べからず」*との注記があった。離縁状は本人以外の者は書かない。つまり離縁状は自筆で書くものとされていたのである。とはいえ、実際には文字を書けない無筆（当時、文盲などとはいわなかった）の人もいたにちがいないので、やむをえないときには代筆による以外に方法はなかったはずである。

作成当時なら夫が誰に代筆を頼んだかわかっていたとしても、現時点でそれを代筆とは判別できない。とはいえ、代筆の事実が書き止め置かれる場合があった。先述した上野国那波郡福島村の名主渡辺三右衛門が書きついだ『日記』には離縁状の代筆が記録されていた。夫本人が「高齢」故、本文は扱人に書いてもらい、日付と夫と妻の名前だけは本人が自筆でしたため爪印を押したと記録されている。**

ここでは妻を「家風」に合わないという理由で離婚している。日付は嘉永五年（一八五二）二月「吉日」とあるのは、離婚したことが夫・三平にとって吉だったのであろうか。三平が無筆であったか否か不明だが、實玄に頼んで「代筆」してもらったことが明記され、花押を加えている。名前から僧侶と思われるが、いかがであろうか。表題の「去状」は一般的に用いられた離縁状のタイトルである。橋本村は遠江国敷知郡内の村、西町は東海道新居関所の町名で、ともに静岡県湖西市である。

*拙著『増補』一〇八頁。

**拙著『泣いて』一四五頁。

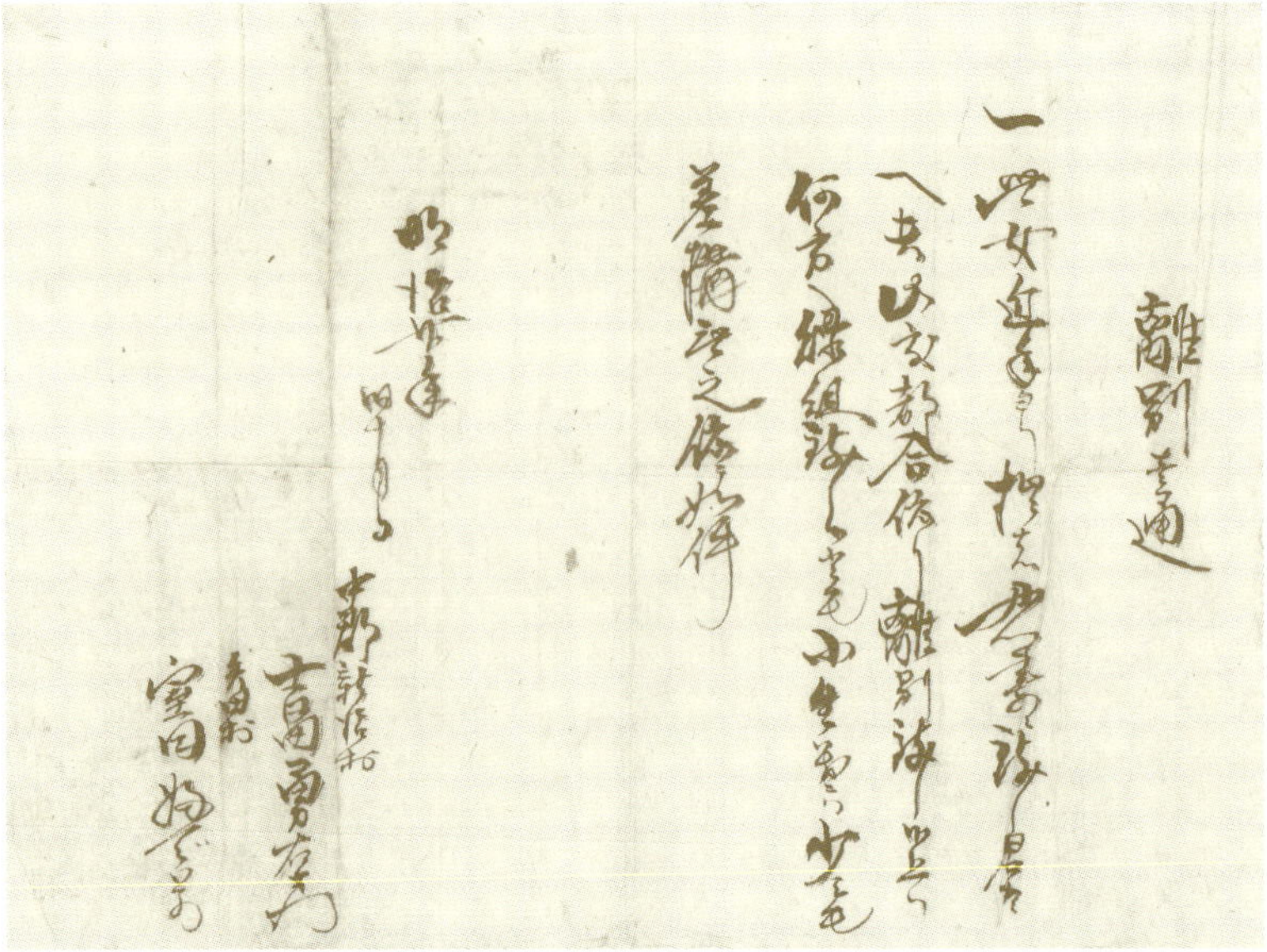

妾の三くだり半①――関連文書あり

離別壱通

一此女、近年ヨリ拙者忍妻ニ致し居候
へ共、此度都合依リ離別致し候上ハ、
何方へ縁組致し候とも小生義ニハ少シモ
差構無之、依テ如件

明治廿年
旧十月日

中郡新治村
吉田　勇右衛門

矢田村
室田　ふでとの

（二四・五×三三・五）

この女、近年より拙者忍妻にいたしおり候へども、このたび都合により離別いたし候うえは、いずかたへ縁組いたし候とも、小生義には少しもさし構えこれなし、よってくだんのごとしこの離縁状は、「妾」のものであるほか、関連文書がある事例であり、離縁状の夫婦両人の名前を並列に書いてその間を切る呪術的な縁切り習俗のあった地域性の事例でもあり、さらに明治の離縁状の事例でもある。ここには引用を省略したが、もう一通あり（計三通）、往来物研究の第一人者小泉吉永氏から頂戴したものである。

時の経過を追って述べると、右の離別壱通が古く、吉田勇右衛門から室田ふでにあてたもので、本文には近年から「忍妻」にしていたが、離別したとあり、続いてだれと再婚しても構わないとしたためられている。中郡新治村・矢田村はともに丹後国（京都府）中郡で、現在の京丹後市である。

ここに「忍妻」とあるが、私はこれを妾と考える。妾の離縁状のもっとも典型的な例は「私儀、其許と馴染合居候所、今般以御立入を、納得之上、手切ニ相成」などとしたためられ、「馴染《なじ》」んだ女と「手切れ」することであった*が、ここでは「忍妻」と表現したわけである。

引用しなかったもう一通によれば、勇右衛門と離別した直後「ふで」は再び今度は指田友治郎の妾になったようで、しかも、二か月もしない年の暮れ一二月二四日には別れることになって、また離別壱通が「ふで」あてに書かれている。本文前半には「一、此女、私シ隠妻持来ル処、都合依而暇差出シ」とあり、友治郎は爪印を押している。ここには「隠妻」とある。さらに一〇日後の年明け、次頁の離別状が再び書かれた。

*拙著『増補』一三八五頁以下。

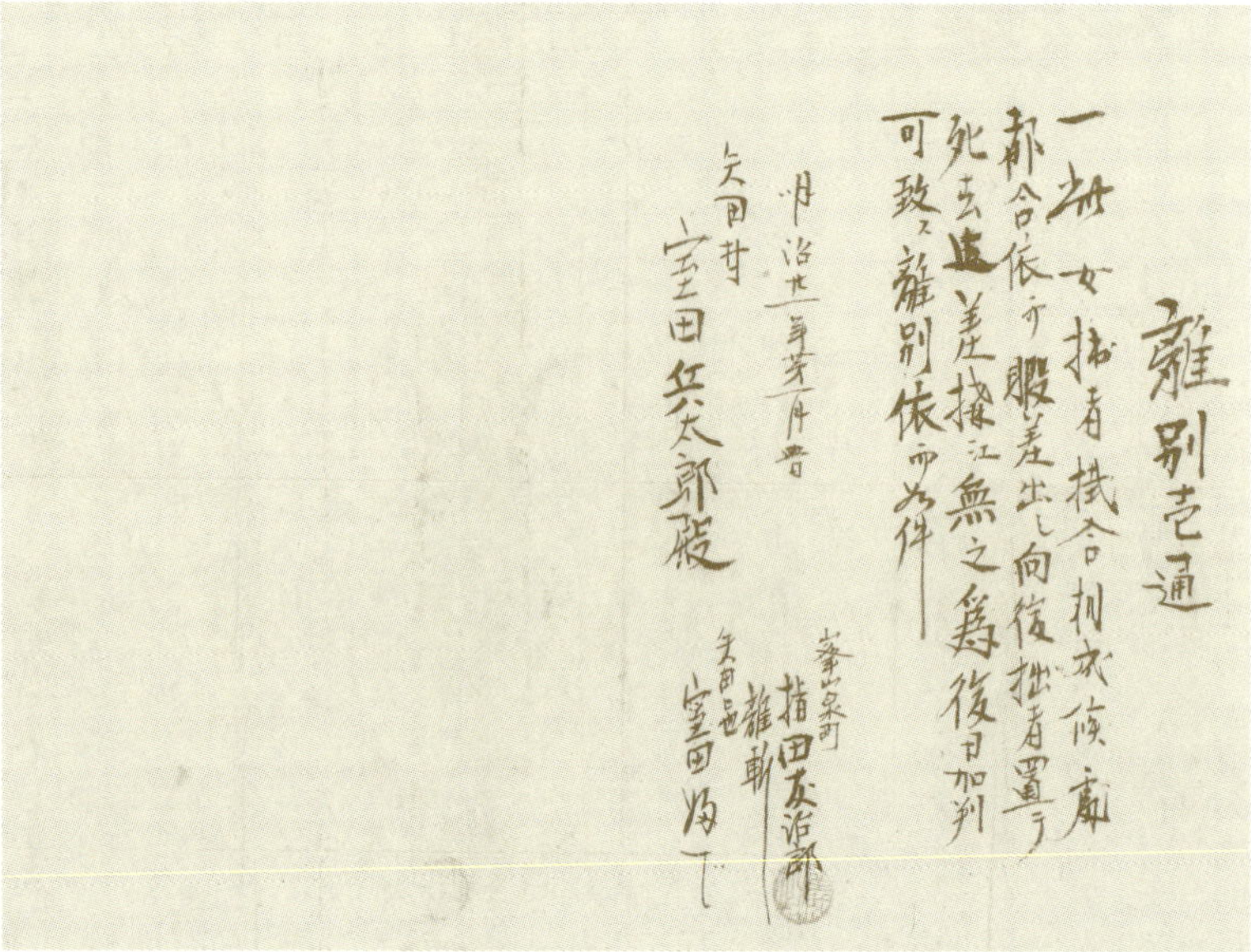

妾の三くだり半②——夫婦間に斬の文字

離別壱通

一此女、拙者掛合相成候処、
都合依テ暇差出シ、向後拙者置テ
死去迄差構江無之、為後日加判
可致ス、離別依而如件

明治廿一年第一月四日
峯山泉町
指田友治郎㊞（朱）
離　斬

矢田村
室田兵太郎殿

矢田邑
室田ふで

（二四・二×三二・八）

この女、拙者掛り合いにあいなり候ところ、都合によって暇さし出し、こうご拙者において死去までさし構えこれなく、後日のため加判いたすべし、離別よってくだんのごとし

半紙を半分にして、丁度その右半分に書かれている。峯山泉町も現在の京丹後市である。これらの三通にみられる特徴は、いずれも三行半にしたためられていることのほか、まず「ふで」が「忍妻」・「隠妻」、つまりは妾であったこと、一両年の間に二人の男性と関係をもち、いずれも解消されたことである。

妾は忍ぶもの、隠すものであり、堂々と公にする関係ではないので（戸籍届という公示手段に頼れない）、それだけ関係解消の文書である離縁状の授受が重要であった。文書が関係解消の確たる証拠になったからである。とくに指田友治郎の例では、初めの離別状は爪印であったが、明治になると契約証書には印章の押捺が要求されたので、あらためて印鑑が求められたのであろう。「加判可致」とあるのは証人の加印ではなく、本人が印を加えることを意味したのである。印は朱肉をもって捺している。

もう一つの特徴は夫婦の名前を同列に書き、その間に一二月のものには「離」、一月のものには「離斬」と書き、「斬」の字の旁の縦棒を長く引いている。夫婦の縁を切ったという呪術的な意味をもった行為である。これまで美濃国（岐阜県）周辺にみられた慣行で、夫婦両名を同列に書き、その間を本当にハサミ・剃刀で切ったり、手で破いたり、ときに夫婦名の間に筆で縦棒を引いたりしたが、すでに紹介した。[*] 右の離別状は丹後国（京都府北部）にもこの習俗が存在した証左である。

*本書七三頁。

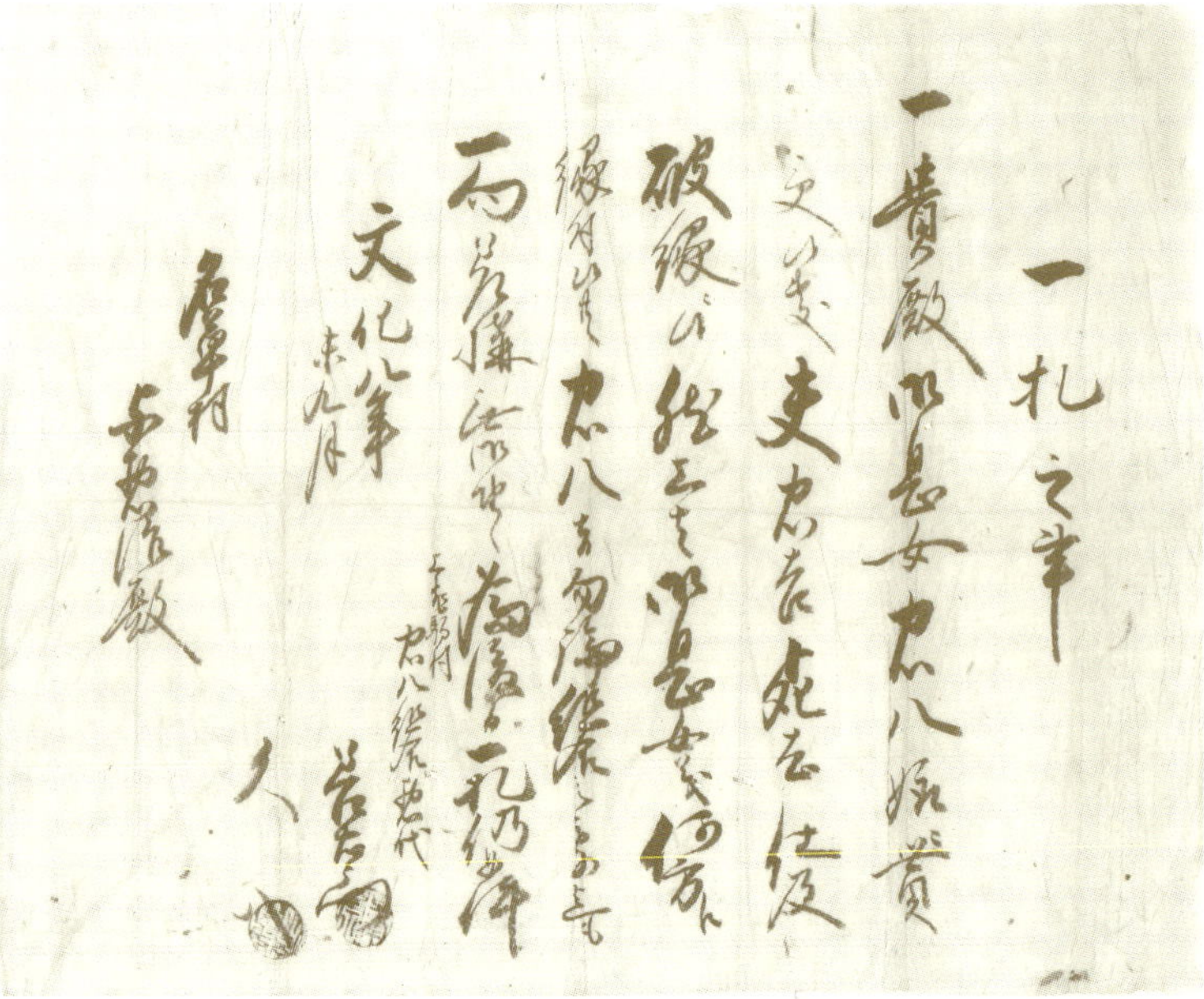

舅去りの三くだり半——代理人の手になる

一札之事

一貴殿御息女、忠八娵ニ貰
受候処、夫忠吉死去仕、及
破縁ニ候、然上者御息女義何方江
縁付候共、忠八者勿論組合之もの迄も
一向差構無御座候、為後日一札仍如件

上飛駒村

文化八年
未九月

忠八組合惣代
善右衛門㊞
久　八㊞

名草村
与惣治殿

（二八・〇×三五・〇）

（読み下し文略）

表題は「一札之事」で、本文は離婚文言と再婚文言の二つからなるが、離婚理由は夫の死去である。日付は文化八（一八一一）年九月で、夫方組合惣代が夫父に代わって妻の父にあてて出された「代理人」による離縁状であった。上飛駒村は下野国安蘇郡（栃木県佐野市）、名草村は同国足利郡（同県足利市）であり、その間は、約八キロメートルである。この離縁状は忠八の倅《せがれ》忠吉が死去したので、忠吉の嫁（忠八には娵《よめ》）を忠八が破縁（離縁）して実家に帰すこと、だから誰と再婚しても差し支えないというものである。

このように倅が死去または勘当されたとき、その父親（舅）が倅の嫁を離婚することができ、これを「舅《しゅうと》去り」といった。舅去りの離縁状はこれまで五通、返り一札を一通見*いだしている。従来、舅が一方的に倅の嫁を追い出すことは、舅の権利と考えられていたが、それはタテマエで、徳川時代の実態は妻方の請求をうけ、実家に帰したのである。つまり、「舅去り」は妻方に配慮してなされたのである。右五通の一つに、本陣で苗字帯刀を許された宮城県内の旧家に残った明治二七年の舅去り離縁状**がある。死亡した末息子の妻には四人の子があったが、「平素家風に立ち合わず、今回差し許し難き事情」で、亡き夫の「牌前（位牌の前）」で離婚を申し聞かせたという。「家」意識が強く認識されるようになったのは、明治時代、それも中期以降のことかもしれない。

なお、倅の嫁は狭義には「娵」の字をあてる。「忠八娵ニ貰受」との表現はまさに適切であり、庶民知識層の学識を推し量るものといえよう。

＊拙著『増補』三五一頁。

＊＊拙著『縁切寺』九四頁。

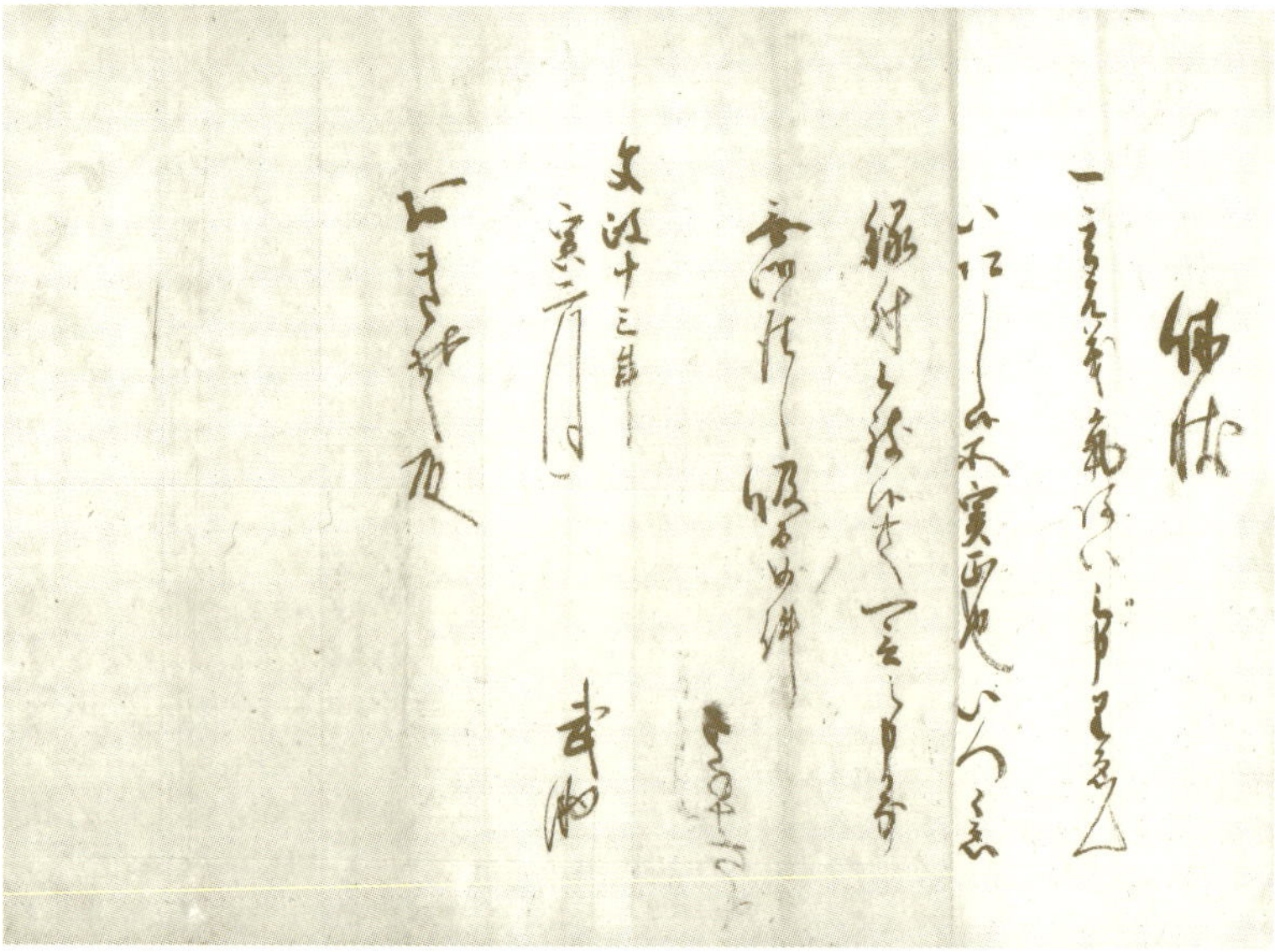

新発見の休状——なぜ三行半になったのか

休　状

一其元義、気あい（合）被（不）申、りゑん
いたし候所実正也、いつくゑ
縁付被致候共、一言之申分
無御座候、仍而如件
文政十三年
寅二月　　　　　　武　　助
おき　そ殿

（三五・〇×三二・八）

そこもと儀、気あい申さず、離縁いたし候ところ実正なり、いずくへ縁づきいたされ候とも、一言の申し分ござなく候、よってくだんのごとし

表題が「休状」となっている三くだり半を最近入手した。これは一三〇〇通を調査したなかでもただ一通という珍しいもので、日付は文政一三（一八三〇）年寅の三月、夫から妻に渡された三行半で、印鑑はない。

本状は山城国相楽郡笠置村（京都府相楽郡笠置町）で、舟運業、両替商、後には酒造業も営んだ商家の文書である。この「休状」は相応の嫁ぎ先を離縁されたこの家の娘が受理した離縁状であろう。初めて発見の「休状」という表題である。一行目の離婚理由にあたる部分は文字としては気合「被申」であるが、これでは意味をなさず、私は「不申」の誤りとして、「気合申さず」と読んだ。性格の不一致の意味である「気が合う、合わない」と書かれた、この種の三くだり半はこれまで九通しかない。[*]

休状の書き手である別れた夫は教養人で、当時流行っていた『水滸伝』の訓点本もしくは翻訳本に親しんでいたに違いなく、そこには中国の離縁状「休書」も登場する。そのことを知っていた夫は表題を「休書」とすべきところ、わが国では離縁状・去状など「状」を用いたことから「休書」の書を状と改めて用い、表題を「休状」としたに違いない。当時の上層町人の教養の高さを証する離縁状といえる。

ところで、なぜ離縁状は三行半になったのか、については、古く穂積重遠が三つの説を紹介している。[**] すなわち、七行半分説、遊里発生説、三・五凶数説である（説の命名は私である）。

*本書三八・五八頁。

**『離縁状と縁切寺』二一・二二頁。

まず第一に、女房に貴殿の娘を貰い受ける旨の文書、すなわち女房貰状《もらいじょう》が七行に書かれ、離縁のときこれを半分にするので三行半という「七行半分説」。実際に見いだされた当時の貰状は、短いもので五行、長いものは七行半とまちまちであって、貰状が七行に書かれたわけではない。しかも「貰状」は地域を東北地方に限定的な慣行である。いずれにせよ貰状が七行に書かれたという前提が成立しないから、本説は採用できない。

つぎに、遊里で用いられた遊女の客寄せ文が三行半に書かれたので、これが後に一般化して離縁状も三行半になったという「遊里発生説」がある。遊里から起こって一般化した言語・風俗の一例だとする。かりに客寄せ文が三行半に書かれたにせよ、客寄せ文という男女の間を取りもつ文が、男女の離別の文である離縁状の三行半に転化したとは考えられず、しかも残存する遊女の客寄せ文は長文であり、これも成り立たない。

第三は、北陸の風習として死人の湯潅《ゆかん》に用いる湯は三杓半を限度とする。これは凶事・不吉事に三つ半という民族心理に由来し、離縁状も三行半という「三・五凶数説」である。四の数は死に通ずとして忌むが、三・五を凶・不吉とすることは聞かないので、不成立である。この死人との別れは、実は夫婦の別れでもあることが多い。とすれば、主客転倒で離縁状を三行半に書いたので、湯潅を三杓半としたのである。葬式の際、葬列は本堂の前で三めぐり半して後、本堂に上がる慣行を、私自身も群馬・埼玉両県で直接これを見聞しているが、これも三杓半と同様に三くだり半に起源を発すると思われる。

ところで、石井良助はこれら三説をいずれも牽強付会たるを免れないとし、独自の見解を示した。離縁状の本文の長さの関係から、自然に三行半に書かれたのであり、はじめは単なる偶然の事実であったのが、積習の結果、一つの俗習にまで発達したというものである。すでに述べたが、離縁状の本文は通例二つの部分、すなわち離婚文言と再婚許可文言とから成り立っている。この両者を一紙に記すと、自然に三行半位になるというのである。これを「積習結果説」という。

とはいえ、これでは決定的な論拠にはならないと考えられ、石井はさらに見解を発展させ、二つの原因をあげる。「その一は、離縁状は短いのがいいという思想であり、その二は『七去（棄妻原因）』の思想の影響」とした。これを「七去影響説*」という。徳川時代初期の『尤草紙《もっとものそうし》』（仮名草子の一種）に短い方がよいとする例として「上手の談義」などとならんで、「いとまの状」がある。離縁状は短いものとされていたのである。そして離縁状が三行半（三・五）になったのは、奈良時代の棄妻（離婚）原因の「七出之状（七去）」の七の影響とする。ゆかりの数字にちなむことはよくみられ、たとえば、聖徳太子十七条憲法を、三倍にして五一か条にした御成敗式目のように、離婚ゆかりの「七（去）」の半分で、三行半になったという。

*『江戸の離婚』四二頁以下。

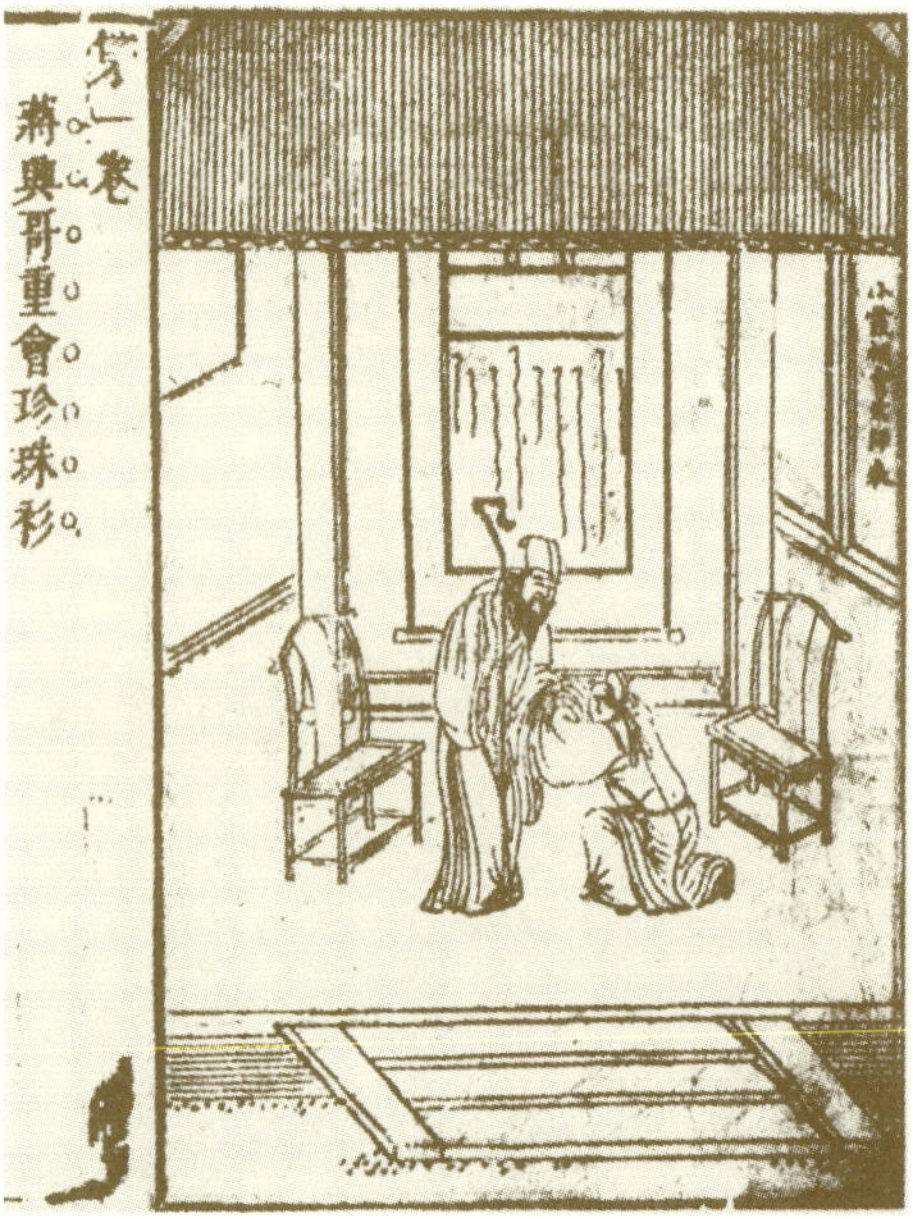

立休書人蔣德係襄陽府棗陽縣人從幼憑媒聘
定王氏爲妻豈期過門之後本婦多有過失正合
七出之條因念夫妻之情不忍明言情願退還本
宗聽憑改嫁並無異言休書是實
成化二年　月　日　　手掌爲記

中国の休書（離縁状）——休書模倣説

立休書人蒋徳、係襄陽府棗陽縣人、従幼憑媒聘
定王氏為妻、豈期過門之後、本婦多有過失、正合
七出之条、因念夫妻之情、不忍明言、情願退還本
宗、聴憑改嫁、並無異言、休書是実
成化二年月　日　　　手掌為記

『全像古今小説』（内閣文庫所蔵）巻一「蒋興哥重会珍珠衫」

離縁状の作成者蒋徳（夫）は襄陽府棗陽県の者で、その妻王氏とは幼児婚約の間柄であった。結婚後妻に過失多く、まさに七出の条に合致するものであるが、その過失の何たるかは、夫婦の情を思って敢えて明言するを差し控える。ここに妻を離別するので、願わくば実家でお引き取り下さい。改嫁（再婚）されても異存はございません。こゝに離縁状を作成する。

（駒田信二他訳『古今小説　下』平凡社、一九七三年、二四頁を参照・引用）

先の石井説に対し、わが国の離縁状は中国の離縁状「休書」の模倣であるという「休書模倣説」が私の説である。中国の離縁状の原物を見ることはできなかったから、舶載本によったわけだが、右『古今小説』の休書は一九文字三行と一三文字からなる。『水滸伝』の休書は二一文字三行と七文字*、これで中国では三行半に書くものと考えた。さらに右休書の傍点箇所に、夫婦の情を思い、あえて妻の過失を明言しないという。この考え方から、離縁状の多くは離婚原因を書かず、もしくは離婚原因を具体的に明記しなかったこと、つまり妻に配慮する内容にすることに反映されている。

結局のところ、わが国の離縁状が三行半になったのは、中国の離縁状、休書の模倣である。形式的には、休書が三行とほぼ半分（または三分の一）の文字数であったから、これを模倣して三行半になり、内容的（思想的）には、妻には責めを帰せずに配慮する内容になった。しかも、ここに休状という表題の離縁状が出てきたということは、表題に関しても休書を模倣したことの傍証資料といえる。七去影響説もさることながら、休状の出現で休書模倣説に軍配をあげたいが如何。

なお、用文章『萬証文手形便覧』（江戸後期、河内屋平七板）に「三ハ陽の数、四は陰の数、依て陰陽の中を絶《たつ》の意にて三行半を用ゆる歟《か》」とあるのを見いだした。しかし、陰陽なら二行半でも成立するので、如何と思うが、紹介しておきたい。

*拙著『縁切寺』三九頁写真。

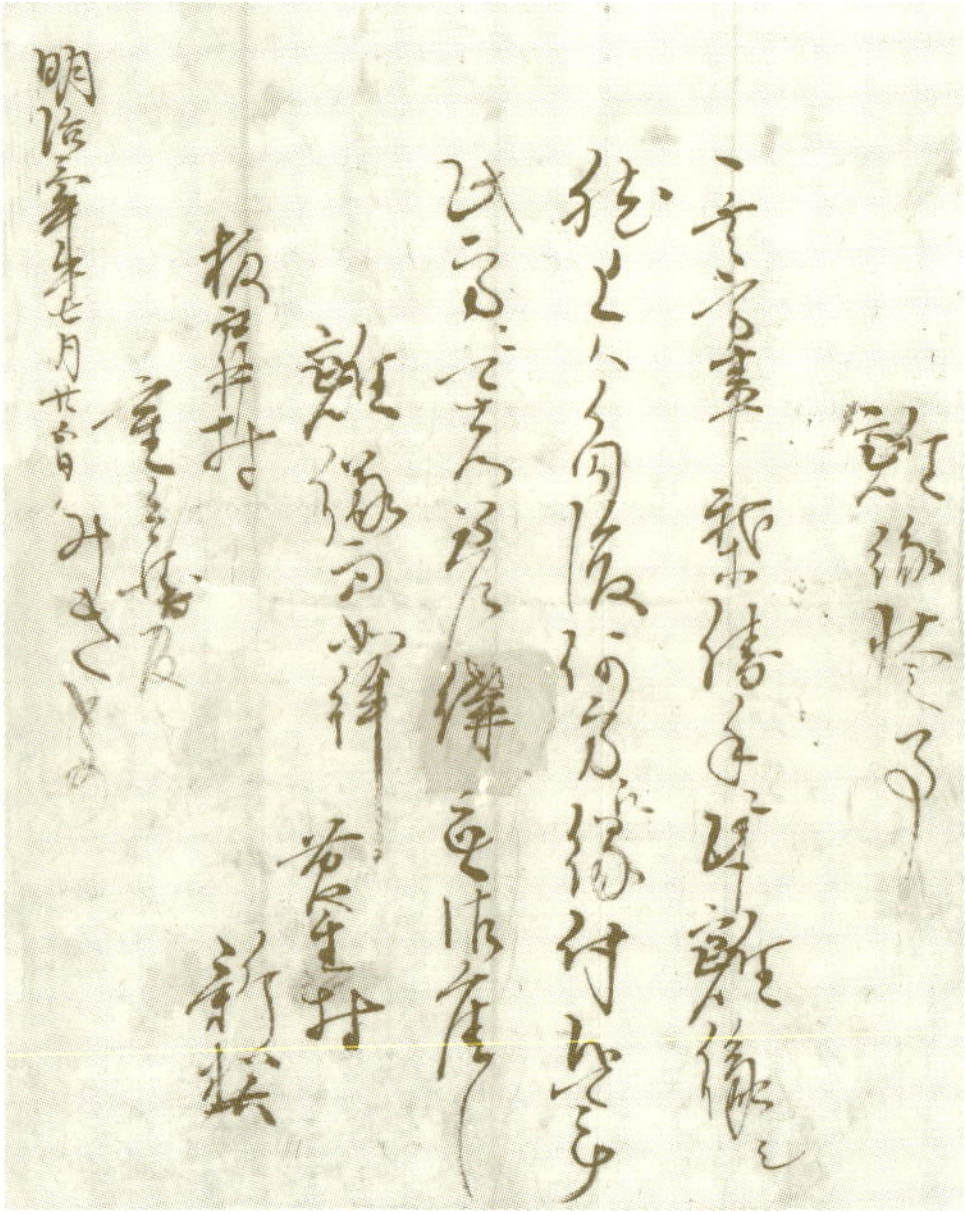

三くだり半は三行半――四行目の書き方

離縁状之事

其方事、我等勝手ニ付、離縁シ、
然上ハ向後何方江縁付候ても、
此方ニて者差構無御座候、
離縁（仍脱）而如件

菅生村
新　松（爪印）

板戸井村
重兵衛殿
みさとの

明治三年午七月廿五日

（二三・七×一九・五）

そのほうこと、われら勝手につき、離縁し、しかるうえはこうごいずかたへ縁づき候ても、このほうにてはさし構えござなく候、離縁よってくだんのごとし離縁状が通例三行半に書かれたことから「三くだり半（三行り半・三下り半）」と俗称され、離縁状の代名詞であることは周知の通りである。用文章の書式では、離縁状の行数はほとんど三行半に書かれている。実際の離縁状でも四通に三通は三行半である。

離縁状を三行半に書くという慣行については『全国民事慣例類集』にも若干の事例が報告されている。たとえば、「離縁状ハ三行半ニ書シテ（甲斐国山梨郡）」「離縁状ハ通例三行半ニシテ（肥後国玉名郡）」などである。これまで見いだされていない肥後国（熊本県）でも離縁状の存在が報告されており、離縁状の発見が期待される。

さらに三行半の書式が徹底して、相模国（神奈川県）鎌倉郡では、「若シ自書スル事能ハサレハ三本半ノ竪線ヲ画シ爪印ヲ押ス。所謂《いわゆる》三行半ノ旧例アルカ故ナリ」とある。離縁状は本人が自筆でしたためるのを原則とするが、文字が書けない者は「三本半の縦線を引き爪印を押す」ことでよいとしている。

離縁状は三行半で書くものという意識が徹底されれば、四行目を上から書き出したとき、ちょうど半分の位置で書き終わるか否かわからない。そこで四行目を真ん中から書き出して三行半に収めた離縁状が出てくる。*右のものは四行目の上下を少しずつ空けて三行半に収めている。夫本人のたどたどしい筆使いの様子から自筆でしたためた離縁状とわかる。菅生・板戸井の両村は下総国相馬郡内の村で、現在の茨城県水海道市・常総市であるが、隣村である。

*拙著『増補』二一五頁。拙著『泣いて』六二頁。

「我等勝手ニ付」の解釈――夫専権離婚説批判と熟談離婚説

離縁状といえば、その代名詞のようにかならず紹介されるのが、「我等勝手ニ付」の離縁状である。用文章に載せられた離縁状書式の離婚理由も「我等勝手ニ付」がもっとも多く、そのことがまた「我等勝手ニ付」の普及に貢献することになった。実際の離縁状の離婚理由では、理由のないものが一番多く、一三〇〇通のうち、三五一通、二七パーセントを占め、「我等勝手ニ付」はそれについで多く、約七パーセントである。すなわち、理由が書かれた離縁状のなかではもっとも多いのである。

まず「我等」であるが、当時はこれを単数にも複数にも用いた。すなわち、私（夫）個人を意味する場合と夫の家を背景とする夫方を意味する場合とがあるが、多くは前者を意味したのである（かつては後者と考えたが、現在は前者と考えるに至った）。

「勝手」について、『広辞苑（第四版）』には七つの意味があげられているが、ここで問題となるのは、①都合、便利、③自分だけに都合のよいように行うこと、わがまま、きまま、の二つである。

従来の見解は③の解釈で、夫は勝手気まま（自由）に妻を離婚できたというもので、「夫専権離婚」という。私の解釈は①を至当と考え、我等をつければ、「私の都合により」となり、離婚にいたったのは夫の都合で、妻の所為《せい》（責任）ではないとなる。③の解釈でさえも極論すれば、夫が勝手気まま（自由）に離婚できたのではなく、勝手をするのは悪いことで、離婚にいたったのは夫である自分が悪い、夫の所為で、あなた（妻）の所為ではないこと、つまり「妻の無責性」を表明したものなのである。かりに妻に不埒や怠惰などの落ち度があっても、それをいわずに自ら（夫）が悪い、責任があると表明した。これが妻への配慮であると同時に、たとえ夫の痩《や》せ我慢であっても、これで男子の面目を施した。つまり、夫権優位（男尊女卑）のタテマエを保ったのである。

この「我等勝手」の精神は、今日の退職願などにもあらわれ、「私儀、他社高給優遇につき」などと事実を書くことはなく、タテマエとしての書面に「私儀、一身上の都合により」と書くことにあらわれているのである。

そこで「勝手ニ付」の実例をみると、我等（夫）のものが圧倒的に多いとはいえ、なかには「妻の勝手」や「双方勝手ニ付（勝手合を以）」が散見される。妻の勝手について、勝手を自由と解釈する専権離婚説では、妻が夫を一方的に離婚しえたことになって矛盾し、また「双方」の語には専権的色彩がない。結局、妻方の都合および双方の都合との解釈にならざるをえない。勝手は「都合」の意なのである。

右に述べた通り、「我等勝手ニ付」は夫専権離婚説の論拠にならない。当時は最終的に夫婦（両家）間の情誼に傷をつけないように丸くおさめることが求められた。そこでは「熟談」、つまり夫婦（両家）間の協議をともなって離婚を達成するのが常態であった。これを夫専権離婚説に対して、私は「熟談離婚」という。

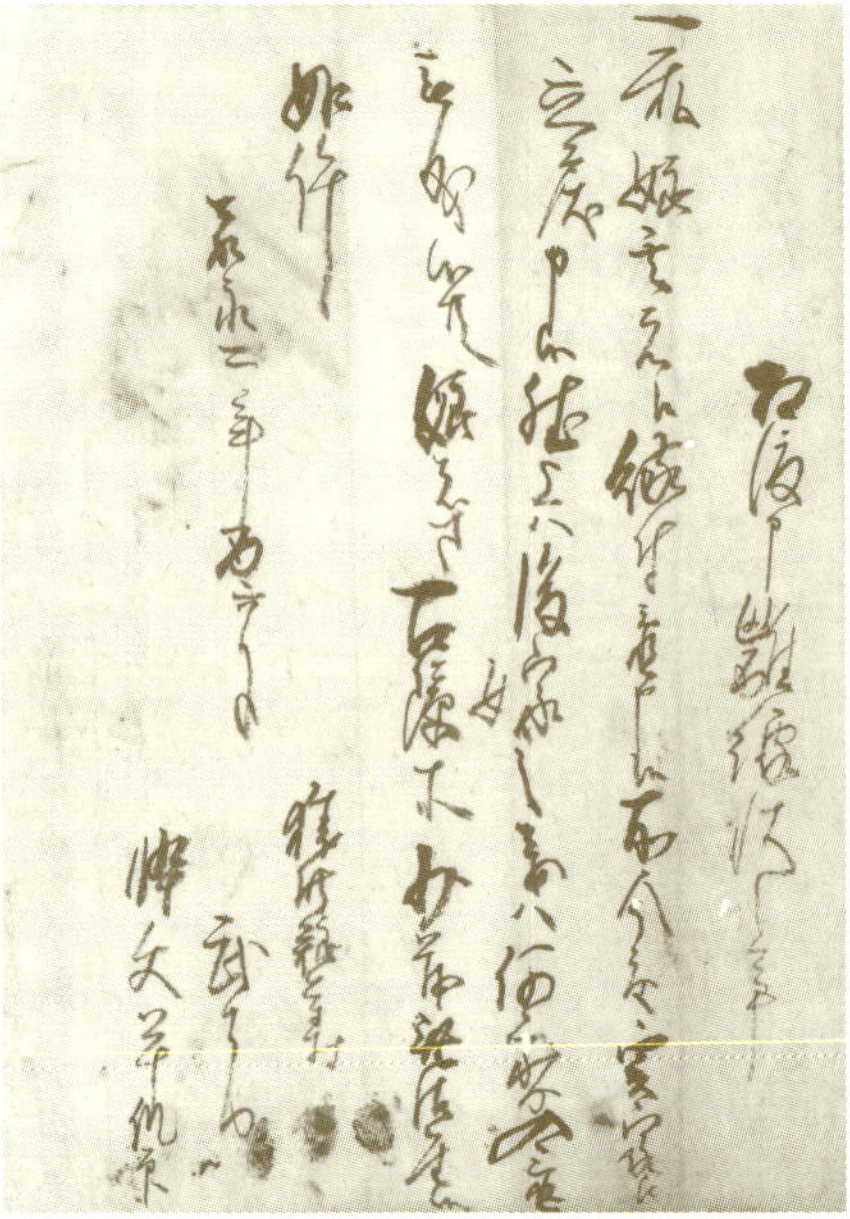

妻方（妻父）の差し出した三くだり半

相渡申離縁状之事

一私娘其元江縁付置申候所、今度実家江
立戻申候、然上ハ後嫁之義ハ何方ゟ入置
被成候共、娘はま古（故）障等少茂無御座候、
如　件

嘉永二年酉六月

猿供養寺村
武右衛門
倅文　平　爪印
（爪印は実は指印）

（二七・六×一九・七）

私娘、そこもとへ縁づけ置き申し候ところ、今度実家へ立ちもどり申し候、しかるうえは後嫁の義はいずかたより入れ置きなられ候とも、娘はま故障など少しもござなく候、くだんのごとし

徳川時代、庶民の離婚には離縁状が必要とされ、夫から妻に授受されたもので、これなくして再婚したときは、刑罰が科された。離縁状なく再婚した妻は、髪を剃り親元に帰された。だから女性には必ず離縁状が必要だったことはよく知られている。その反面、夫が離縁状を渡さず後妻を迎えると、「所払《ところばらい》」の刑罰が科されたことは看過されてきた。

離縁状を授受すると、妻側には離婚の確証としての離縁状が残るが、妻に離縁状をたたきつけた夫には、離婚した確証はない。もし妻が離縁状を受け取っていないと主張したとき、夫に渡したことの立証ができなければ刑罰が科された。したがって、妻に離縁状を渡して、妻側から離婚の承諾書（「離縁状返り一札」という）をもらうことが用意周到であった。つまり、離縁状は妻にとっても夫にとっても必要だったのである。

さて、これまでに妻方発行の離縁状*がなかったかといえば、数通散見されているが、いずれも婿養子の縁組の例であった。右離縁状は夫に向かってどこから後添え（後嫁）をもらっても娘（当方）にさしつかえない、というわけで明白に嫁入りの妻方からの離縁状である。嘉永二（一八四九）年六月、越後国頚城郡猿供養寺村（新潟県上越市板倉区）の父武左衛門悴文平（はま父）が差出人で、宛名はない。

なお、この離縁状のもう一つの特徴は、爪印である。爪印と書かれているが実は指印で、五指を全部押そうとして墨をつけたが、三指は押捺されているのがはっきり見て取れる。指印の例もほかには見られず、本離縁状のみの珍しいものである。

*本書一五〇頁。

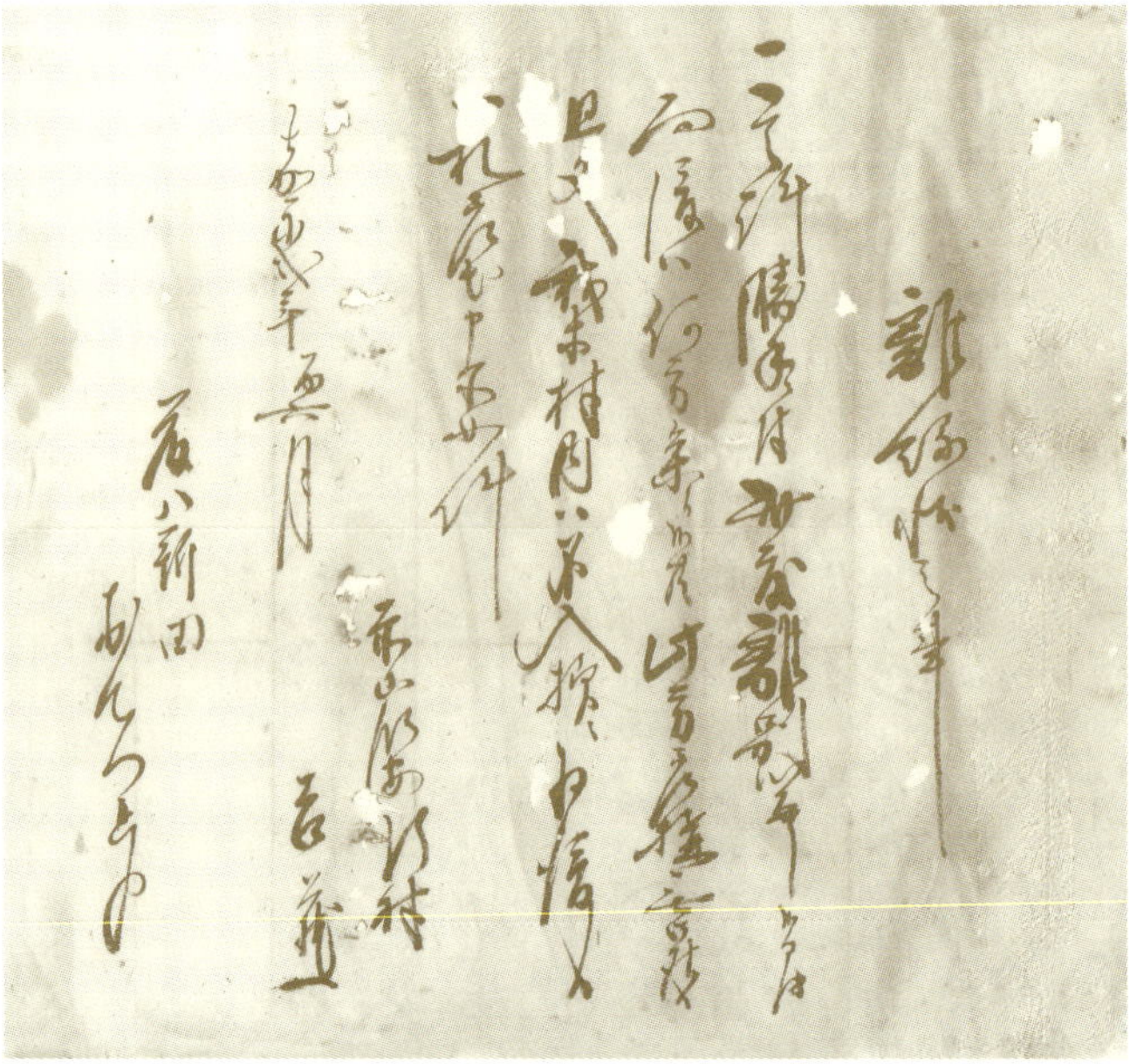

再婚禁止・制限条項つきの三くだり半

離縁状之事

一其許勝手ニ付、此度離別いたし候間、
向後ハ何方参り候共、此方差構無御座候、
且又我等村内ハ不入様ニ、為後日
一札差出申所、如件

嘉永弐年酉六月

赤山領安行村
吉　蔵（爪印）

藤八新田
おて　つとの

（二五・二×二七・七）

そこもと勝手につき、このたび離別いたし候あいだ、こうごはいずかたまいり候とも、このほうさし構えござなく候、かつまたわれら村内は入らざるように、後日のため一札さし出し申すところ、くだんのごとし

離縁状本文の内容は、離婚文言と再婚許可文言からなっている。後者は一般的に「向後何方え縁付候共、構無御座候」と書かれたが、なかには「日本六十余州の何方へ*」や先の「此末隣家へ娵入候共**」などと、大げさかつ比喩的に述べたものもある。

右離縁状のように離婚した妻に対して、再婚許可文言に禁止もしくは制限を加えたものがみられる。安行村・藤八新田もともに武州足立郡内の村（埼玉県川口市）である。嘉永二（一八四九）年六月、夫は爪印を加え妻に渡したもので、三行半である。

ここでは「我等村内ハ不入様ニ」と、夫の住む村内への立ち入りを禁止したものである（当然村内での再婚も禁じた）。離婚した妻に村内へ立ち入られては、夫の面子を著しく傷つけるものと認識されたからである。ここでは夫の居村への立ち入りと、場所に関する禁止・制限を付したものである。

同様なものに、江戸西久保同朋町亀五郎妻「のぶ」が東慶寺に駆け込んで離縁を求めた一件がある。夫は離縁を承知せず、寺社奉行所まで係属した難件で、夫は自分の「居宅近辺拾丁四方之間、のぶ縁付申間敷一札一通***」をもらうことを条件の一つとして、東慶寺に寺法離縁状を差し出すことを承諾した。ほかには「善光寺並右近村迄七ケ年間縁留、其外之義は三ケ年間縁留****」と場所と関連して一定期間、再婚を禁止するものもわずかながらみられる。ここでは離婚した妻への禁止（制限）は、場所・期間を対象としたのであるが、つぎには人（とくに不義・不埒の相手）に関する事例を紹介する。

*拙著『増補』一八二頁。
**本書一三八頁。
***小丸敏雄『縁切寺松ヶ岡東慶寺史料』一一三頁。
****『鬼無里村史』二七九頁。

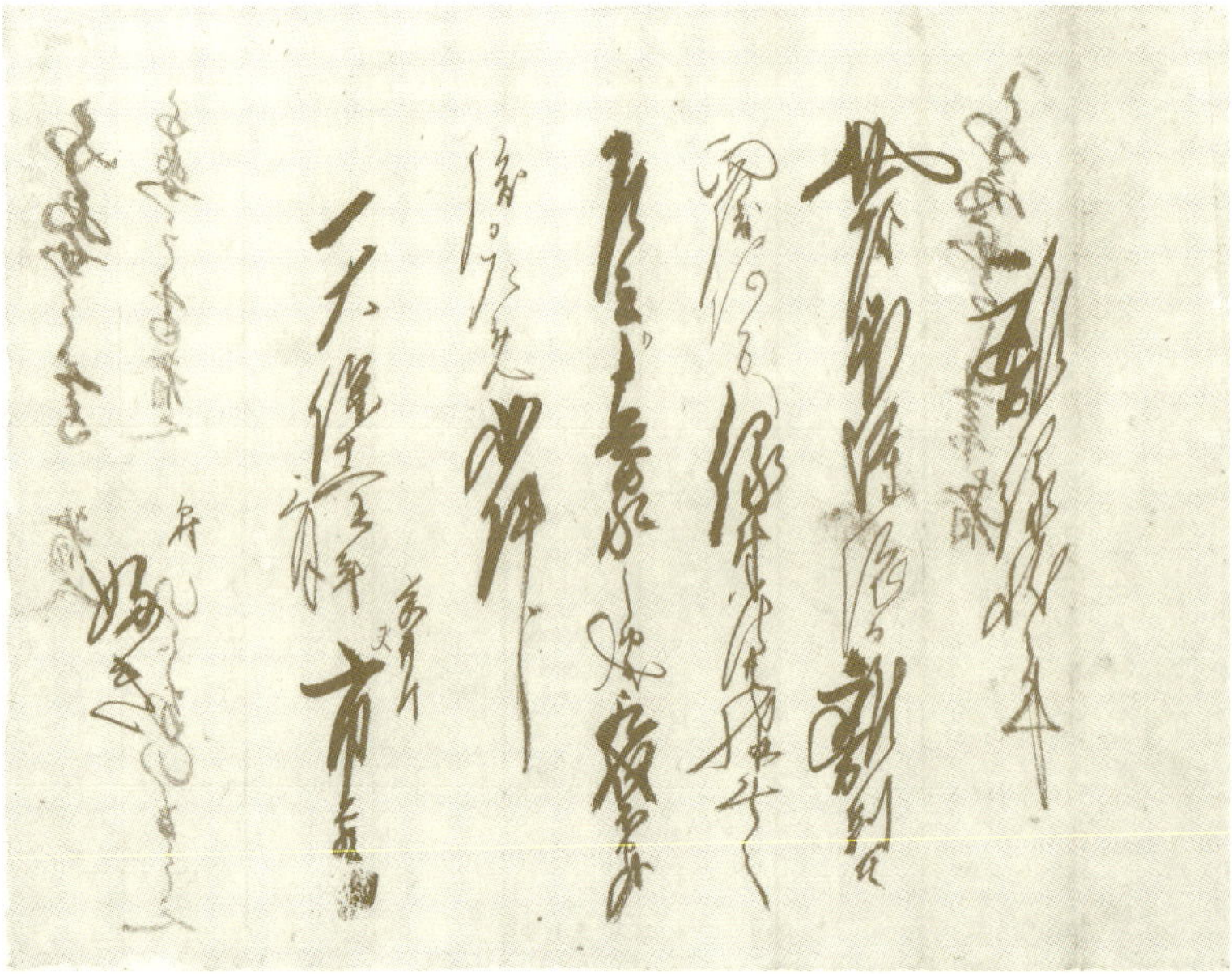

親戚との再婚禁止

離縁状之事

此度不埒依而離別仕、
向後何方へ縁付候得共構無之、
乍去り壱家之儀、罷成不申候、
後日ため如件

長井村
天保十二丑年　夫　市蔵（拇印）
三月

市村
ふき

（二五・〇×三三・〇）

このたび不埒によって離別つかまつり、こうごいずかたへ縁づき候へども構えこれなし、さりながら一家の儀は、まかりなり申さず候、後日のためくだんのごとし

右の表題は「離縁状之事」で、天保一二（一八四一）年三月、夫市蔵から妻「ふさ」に渡された離縁状であるが、離婚理由として妻の「不埒」を明記し、あげつらうのは異例で、あまりみられない。相変わらず固有名詞としての村名の読解に悩まされた。私は妻方住所を市村、夫の住所を長井村と読んだ。当時「長」は右のようなくずし方はしなかったが、ともに信濃国水内郡の村で、現在は長野市である。文書の裏に落書きがみられる。

これは購入した文書で、解読に苦労していたところ、かつて収集した活字資料のなかに同文の離縁状を見いだした。すなわち『信州新町史　上巻』（昭和五四年刊行）九〇五頁である。ただし、夫妻双方の村名はなく、再婚許可文言は「乍去り其家之儀、取成不申候」と二文字が違う。これでは不埒をはたらいた妻への制裁としては、意味が判然としない。妻は離婚後、一家《いっけ》（夫の同族・親戚）との再婚を禁止したものと、私は解釈した。不埒の相手は夫方の関係者だったのであろうか。

妻の不埒で、その相手との再婚を禁止した離縁状をはじめて紹介したのは石井良助である。「尤飯田村源蔵殿は故障の筋有之候」や「中福岡村伝右衛門之外」と、それぞれ不埒の相手、源蔵・伝右衛門との再婚を禁止した例を紹介した。*

ほかに先述した婿の例も当初「風聞男貫候節ハ故障も可申」と、風聞の男、実は駆け落ちを繰り返した下男との再婚は禁止する旨が書かれていた。** また「隣家は格別」と隣家との再婚だけは禁止する事例もあった。***

*『江戸の離婚』七八頁。
**本書九五頁。
***拙著『縁切寺』五六頁。

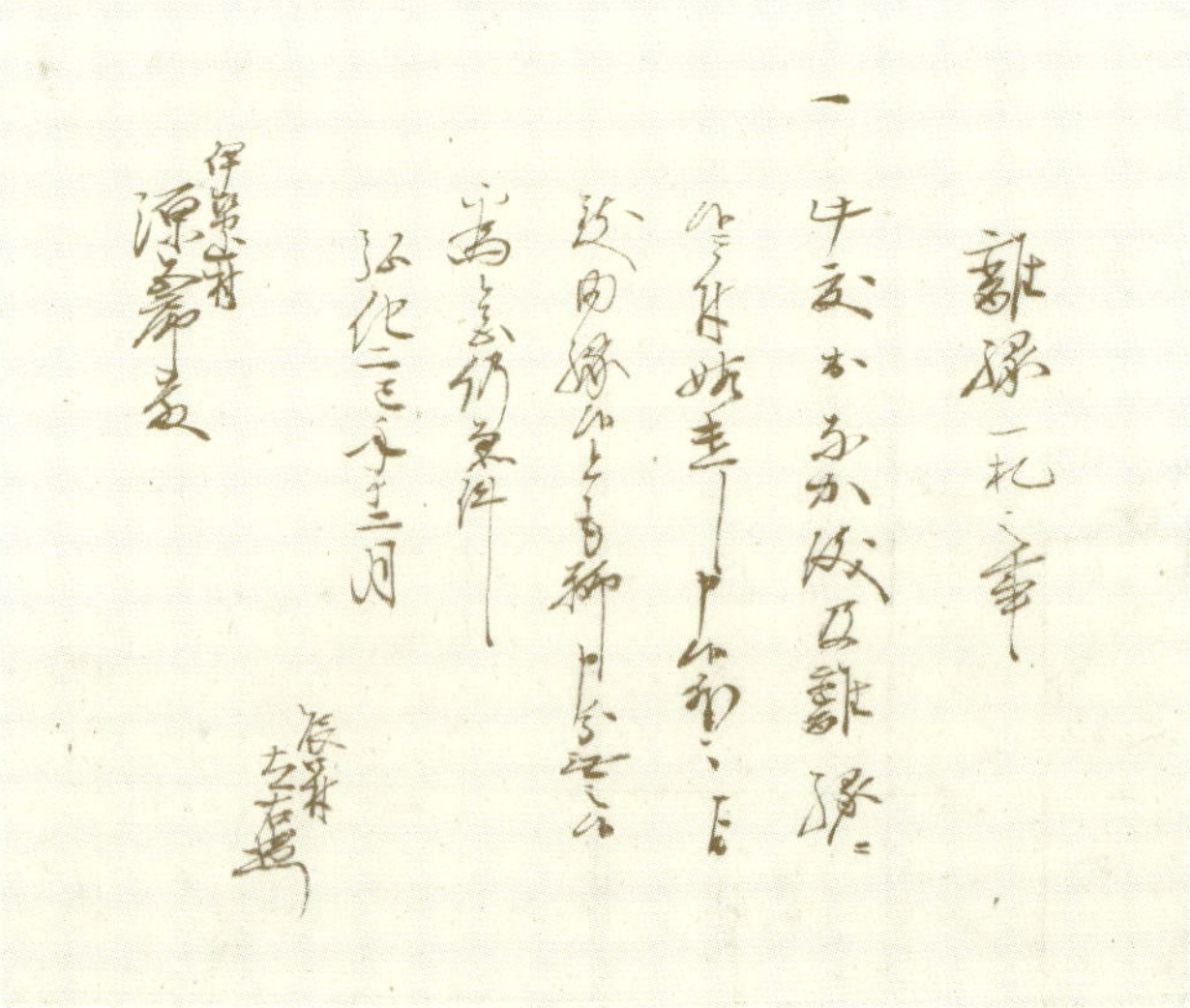

三くだり半にみる「内縁」の多義性

（上包）

「　離縁一札之事　」

離縁一札之事

一此度おなか儀、及離縁ニ
候ニ付、暇遣し申候、外々ゟ
致内縁候とも、聊申分無之候、
為念仍而如件

弘化二巳年十二月

辰口村
太右衛門

伊勢山村
源五郎殿

（二五・七×三一・三）

このたびおなか儀、離縁におよび候につき、暇遣わし申し候、外々より内縁いたし候とも、いささか申し分これなく候、念のためよってくだんのごとし

通常の文書ではよほど注意しないと気がつかないことが、三くだり半の短い文章のなかで注目させられ、学ぶことがある。ここで取り上げる「内縁」がそれである。

内縁は、①「内々の縁故。内々の関係」もしくは②「事実上は同居して婚姻関係にあり、夫婦としての生活をしているが、まだ婚姻届を出していないために法律上の夫婦とは認められない男女の関係」とされる。②は、今日法律上のみならず一般的にもそのように理解されているが、徳川時代の三くだり半を対象とするので、この語義には触れない。

内縁の用語がかなりみられる関西の離縁状、たとえば隙状のなかに、当時の「内縁」が縁組（婚姻）そのものを意味するものがある。* とはいえ、内縁が婚姻を予定しない私通（情交）をともなう男女関係まで、その語義はきわめて多様に用いられたが、私が所蔵・収集した関西の離縁状の内縁は、いずれも縁組（結婚）そのものを意味している。

一方東日本から見いだした内縁記載の唯一の離縁状は甲斐国都留郡与縄村（山梨県都留市）のもので「元より内縁も有之、其元方へ一向御無心申入貰請」** とあり、離縁状のなかにみられる内縁の用語としては唯一「内々の縁故」の意味である。右離縁状は東日本の二例目の内縁である。夫が妻を離縁したうえで外から内縁してもよいということは、ここでの内縁は再婚の意で、東日本でも内縁が縁組（結婚）を意味したことの証左である。*** また「外々より」とあるのは、夫太右衛門が婿であったことをも意味している。

離縁状からさまざまなことがらを学ぶことのささやかな一例である。

*拙著『泣いて』二四頁。

**隈崎渡「近世末婚姻・養子縁組文書考」七一頁。

***本書九一頁拙稿。

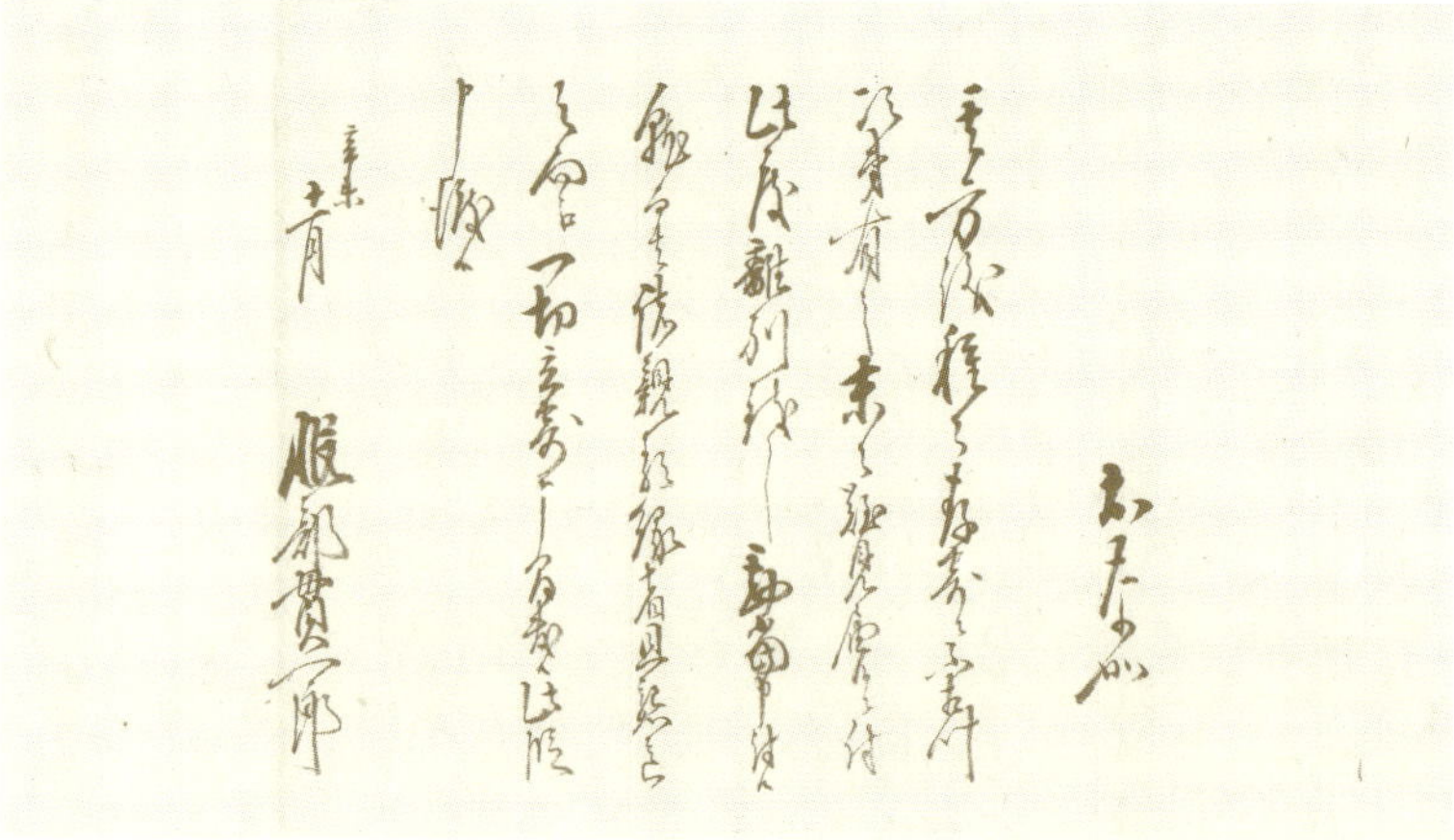

武士の離縁状——服部貫一郎一件①

おなか

其方義、種々存寄ニ不相叶
次第有之、末々難見届候ニ付、
此度離別致し勘当申付候、
就而者諸親類縁者、且懇意
之向江一切立寄申間敷候、此段
申　渡　候

辛未十一月　　服部　貫一郎

（一六・二×三〇・五）

そのほう義、種々存じ寄りにあいかなわざる次第これあり、末々見届けがたく候につき、このたび離別いたし勘当申しつけ候、ついては諸親類・縁者、かつ懇意のむきへ一切立ち寄り申すまじく候、このだん申し渡し候

武士は主君による身分支配が徹底していたので、結婚するときは主君（幕府）に願い出（届出）て、その許可を受けたが、離婚も同様に夫婦両家の当主から「双方熟談の上」なされた旨を記載した離縁届を主君（実際は組頭、家老あて）に差し出すことで成立した。とはいえ、主君への正式な手続きの前に、慣習的に離縁状の授受を行っていた場合がある。武士の離縁状について実例が見出されたのは六例あり、実例はないが尾張藩（愛知県）・土佐藩（高知県）でも離縁状の授受が行われていたという記録がある。

右は武士の離縁状で、明治四（一八七一）年一一月、御家人服部貫一郎（五四歳）が妻「なか」に交付したものである。裁決の「申渡書」のような記述で、三行半ではなく、五行半である。差出人・服部貫一郎は上総国市原郡妙香村（千葉県市原市）郷士若菜起太夫の悴で、弘化四（一八四七）年一一月、服部家に婿入りした。このとき持参金二〇〇両のうち半分の一〇〇両を納め、残金は文久三（一八六三）年三月、養父の家督現米八〇石を相続したときであった。御先手与力、後に御鉄砲玉薬奉行手付などを勤めた。維新後、一時帰農したものの明治三（一八七〇）年に召し返され、駿河国（静岡県）に転居するが、禄は大幅に下げられ、六人扶持であった。

江戸からの移住の間、妻なかに「種々心得違」があったという。親類方に滞在の妻を呼び戻し、「存分ニ成敗」すると関係文書にあるので、不義をはたらいたものと思われるが、離婚で決着した。これには返り一札があり、次頁に掲げた。

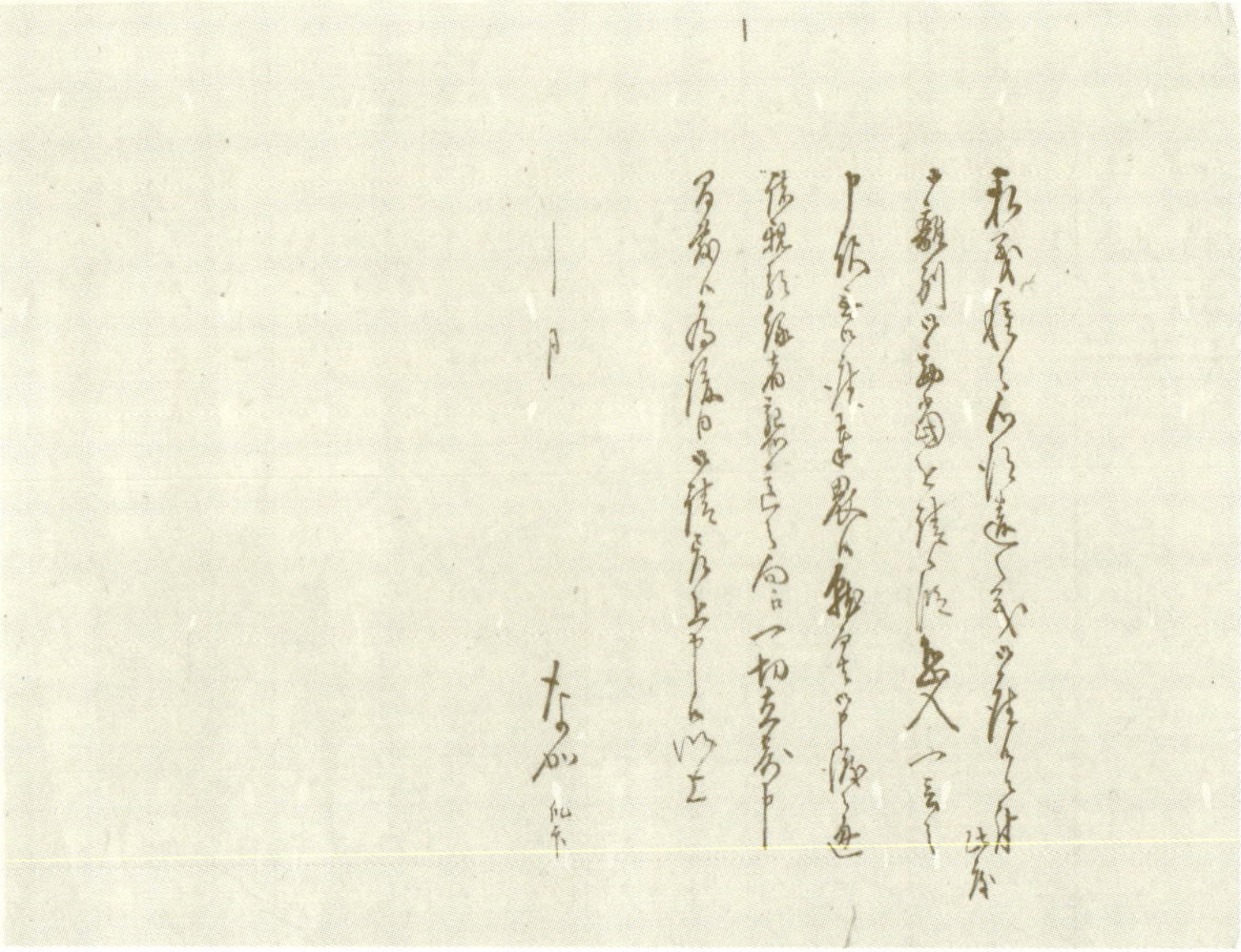

武士の離縁状返り一札——服部貫一郎一件②

私義、種々心得違之義御座候ニ付、此度
御離別御勘当を請候段恐入、一言之
申訳無御座奉畏候、就而者御申渡之通、
諸親類縁者、懇意之向江一切立寄申
間敷候、為後日御請差上申候、以上

——月　　　な　　か爪印

（二三・三×三一・〇）

わたし義、種々心得違いの義ござ候につき、このたび御離別、御勘当をうけ候だんおそれいり、一言の申し訳ござなくかしこみたてまつり候、ついては御申し渡しの通り、諸親類・縁者、懇意の向きへ一切立ち寄り申すまじく候、後日のためおうけさし上げ申し候、以上服部貫一郎が妻なかを離別し、「勘当」とあるのはなぜか。貫一郎は婿入りし、その後家督を継いで当主になったが、離別しただけでは家付き娘のなかは服部家の者として家に留まる。これをよしとしない夫はなかを服部家から離籍する必要から勘当した。以後、親類・縁者、懇意の者との交際も禁止しており、先に述べた再婚禁止の事例でもある。

貫一郎は江戸住まいのときから、別名を使って金貸しを営んでいた。商才にたけた夫を武士らしくないと、なかは嫌ったのかもしれない。とはいえ、貫一郎は明治一〇年代には東京とかわった小石川に戻り、家作を持ち、相変わらず金を貸して生活したようである。

右の返り一札は離縁状と比較してみると、同一人の筆跡である。おそらく筆まめだった夫がこれを書き、この案文の通りにしたためよと、妻方に示したものに違いない。私のみた武士の離縁状六通のうち二通を除いて、返り一札があった。離縁状と返り一札が一緒に見いだされることが稀なことを考えると、武士にあっては、離縁状と同時に返り一札を受理するものと考えられていたといえるのである。

米沢藩上杉家（山形県）の事例*でも、四一六石余の夫安田友弥は、五〇〇石の妻実家福島掃部とともに代々上級家臣である侍組九六家に属していた。天保二（一八三一）年一〇月二五日夫は「悪縁につき」を理由とする離縁状と妻方の離婚を承諾する旨の受取書（返り一札）も書く。離縁状を妻方に渡し、その承諾には持参した返り一札に印だけ捺してもらった。返り一札は案文を提示し、あるいは書いたものを持参したのである。

*拙著『泣いて』一二九・一三〇頁。

武士の離婚手続きと義絶・和順、それに末期離縁

ところで、先の安田友弥が離縁状を渡し、返り一札を受理した後には正式な離婚届が必要である。同日夫は侍組の同僚に組頭への正式な離婚届を依頼した。これら一件の書類袋の表書きには、離縁の知らせは両隣と近類に限定し、組合内は廻状ですませたとあり、また離縁状は状箱に入れ、表書きは様の字、中の本紙は殿の字に使いわけ、小印を用いたとある。

離婚した両家は、その後も通例は同じ藩内で日常生活をおくるわけであるから、多少気まずい思いをともなう。そこで、一部の藩、たとえば松本藩（長野県）と熊本藩では、円満に別れたにせよ、そうでなく遺恨を含んで離婚したときにせよ、両家は「義絶（絶交）」の手続きをとって、感情の治癒につとめ、しばらく後に「和順」の手続きをして通常の関係に復したのである。松本藩の和順願の実例は紹介したことがある。*

熊本藩の『離婚並ニ義絶帳』**には、幕末になると、「末期《まつご》離婚」の制があらわれてくる。これは夫が死期の病床にあって、「存生之内存寄御座候間、及末期離縁」するもので、夫の病気（病死）を理由とする離婚である。とはいえ、夫の病死だけでは、妻は寡婦として夫家へ留まり、実家復籍にはならず、婚姻を明確に解消するには離縁しなければならない。残された妻を夫家に縛りつけておくことをよしとせず、「舅去り」***によることなく、再婚の道を選んで幸せになれとの夫による配慮だったのである。

*拙著『徳川満徳寺』六三頁。
**拙著『徳川満徳寺』六四頁。
***本書一一二頁。

Ⅵ　先渡し離縁状と返り一札

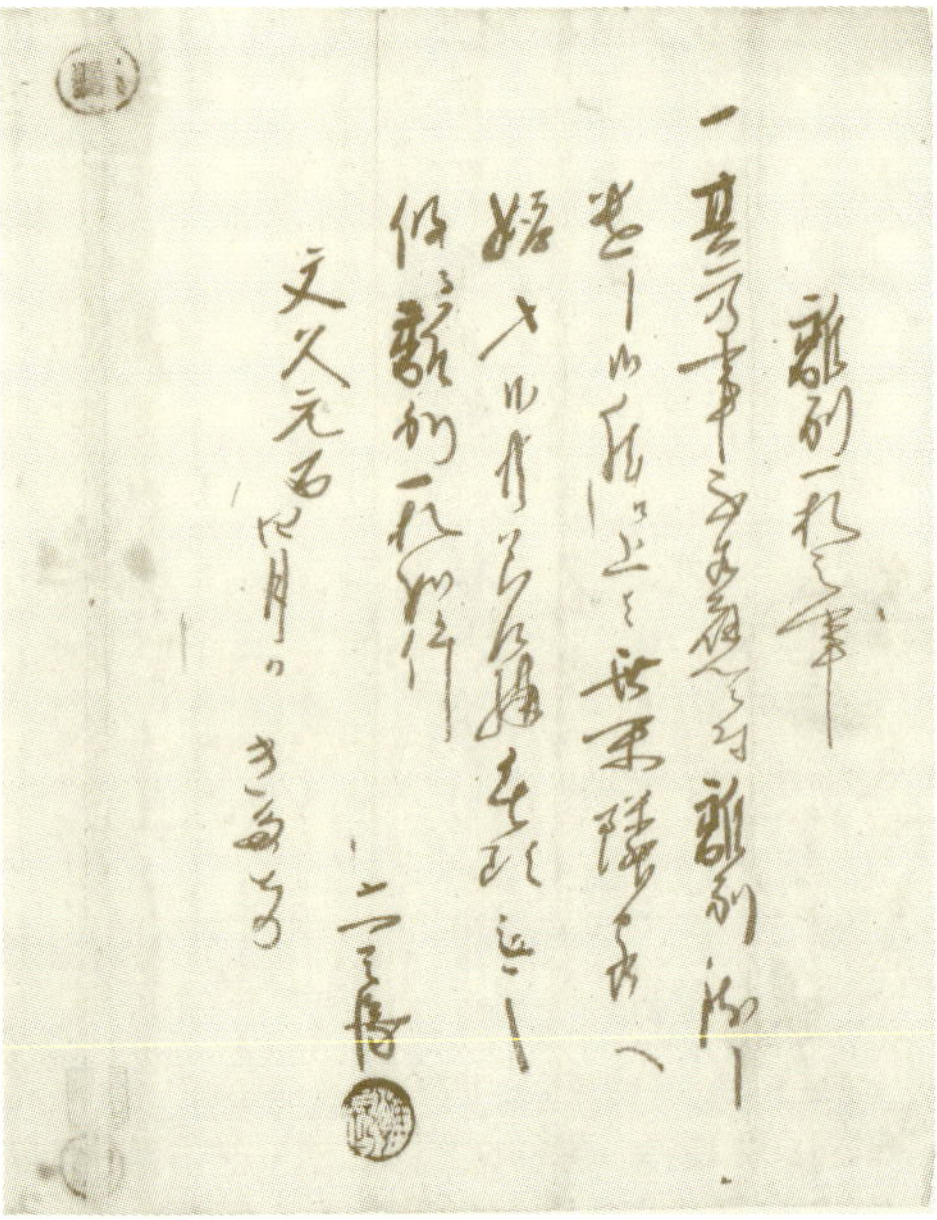

帰縁に際して先渡し離縁状

離別一札之事

一其方事、不相応ニ付、離別致し
遣し候、然ル上者此末隣家へ
嫁入候共、差構毛頭無之、
仍而離別一札如件

文久元酉四月日　六兵衛㊞

きたとの

（別紙糊付け）

前書之通、六兵衛得心、離別状
差出置候間、今般熟縁ニ相成候上ハ、
此後聊不和合之義有之候節者、
少も金談ニ不拘、右書付証拠ニ致シ、
急度縁切可仕候、尤きたどの持参之品
相残り候分ハ、其時々（ニカ）取調相渡可申候、
右相定候上ハ、違変拒（故）障之義毛頭
無御座候、依之為後証一札入置申処、
仍而如件

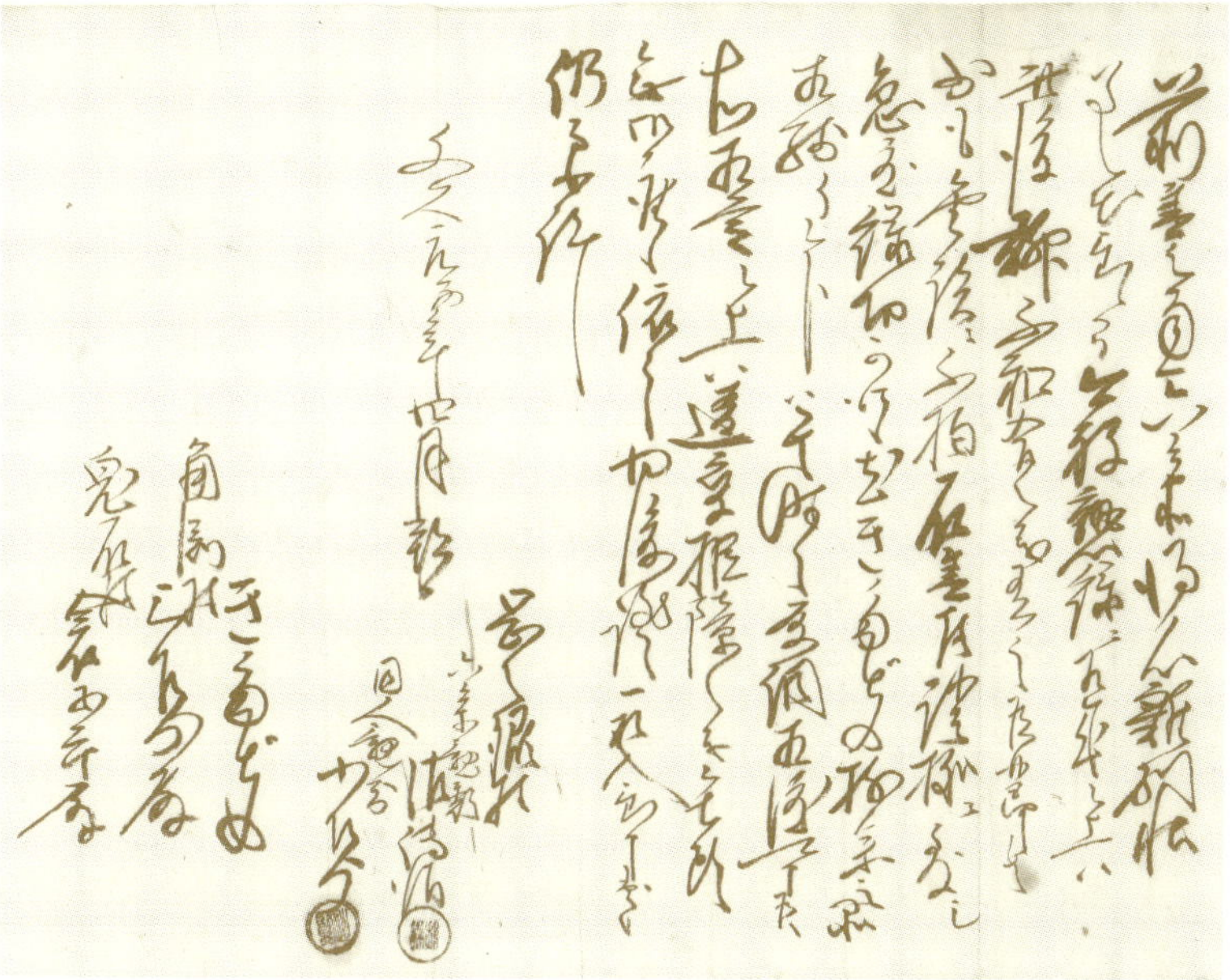

文久元酉年四月朔日

岡之郷村
六兵衛親類
佐　伝　治㊞
同人親分
小左衛門㊞

きたどの

角淵村
三左衛門殿
鬼石村
倉　五　郎殿

〔俳山亭文庫旧蔵〕（二九・〇×六一・〇）
（貼付した部分の読み下し文は略）

そのほう事、不相応につき、離別いたし遣わし候、
しかるうえはこの末隣家へ嫁入り候とも、さし構え
毛頭これなし、よって離別一札くだんのごとし

Ⅲ章の地域性でふれた狭領域、つまり上野国緑野郡岡之郷村（群馬県藤岡市）周辺のみで用いられた「隣家へ娵入り」の書式にのっとって書かれた離縁状である。文久元（一八六一）年酉の四月一日、夫六兵衛から妻「きた」に交付した三行半で、夫の印鑑もみられる。もし離別状一通だけであったら、これをあらかじめ渡された、もしくは妻方から請求されて差し出された「先渡し離縁状」とは気づかない。文中にそのことがしたためられるか（次項参照）、この事例のように別紙に記載された文書がなければならない。

ところで、「先渡し離縁状」とは、「妻方に離婚権を留保して、あらかじめ渡された離縁状」のことを称するが、これは私の造語である。ほとんどは夫婦生活が主として夫の不埒で破綻したときに仲介・立会をえて帰縁（復縁）するとき、妻方では再び不埒を働いたら離縁と「先渡し離縁状」を請求し、受理する。

この事例も復縁にあたって出されたものだが、なかには婚約時に出された事例もある。*上野国緑野郡三本木村（群馬県藤岡市）の喜作と武蔵国秩父郡太田部村（埼玉県秩父市）の重太夫娘「たひ」の縁組の場合で、喜作は結婚を懇願するが、結婚後は借家住まいで商いを始めるという。喜作の将来に不安を抱いた妻父は娘たひが生活に困窮するときは、離婚でも構わないかと糺《ただ》したうえで、喜作から「離別一札」同様としたためた「先渡し離縁状」を差し出させた。暮らしに難渋するとき、妻の実家でたひを引き取り、誰と再婚させても夫は異議を唱えないと約束させた。

*拙著『増補』三三九頁。

婿の場合も家出されたときは、離縁状発行者である婿が不在では困るので、あらかじめ妻方で受理したことがあったことはすでにふれた*。

右の離縁状には「前書之通」以下の別紙が糊付けされてあり、貼付された継ぎ目の裏側に夫の親類・親分の印（黒印）が押され、さらに旧蔵者の角印「俳山亭印」も朱肉で押されているのがかすかにわかる。

きたは「持参之品」を残したとあるので、妻方では持参財産の一部を引き取って離縁を決意したものと思われる。しかし、夫方の親類・親分や妻方の三左衛門・倉五郎両名などの調整もあって、熟談のうえ帰縁することになった。離婚原因は不明であるが、夫方に有責行為があったに相違ない。ついては今後夫に不埒あり、「不和合」（実際はきたが夫を嫌になった）のときは離縁、ということで夫に「得心」させ、離縁状が差し出されている。あらかじめ差し出された右書付（離縁状）を証拠とすると記載されており、まさに典型的な先渡し離縁状といえる。「金談ニ不拘」の意味は、妻方が離婚請求したときは、趣意金（慰謝料）を妻方で支払う必要があるが、事情が事情なので、その趣意金にかかわらず（支払わず）、きたは実家に帰ってよい、としたものと考える。

また、そのとき妻の残余の持参財産が返還されることは当然のことであった。

＊本書四五頁。

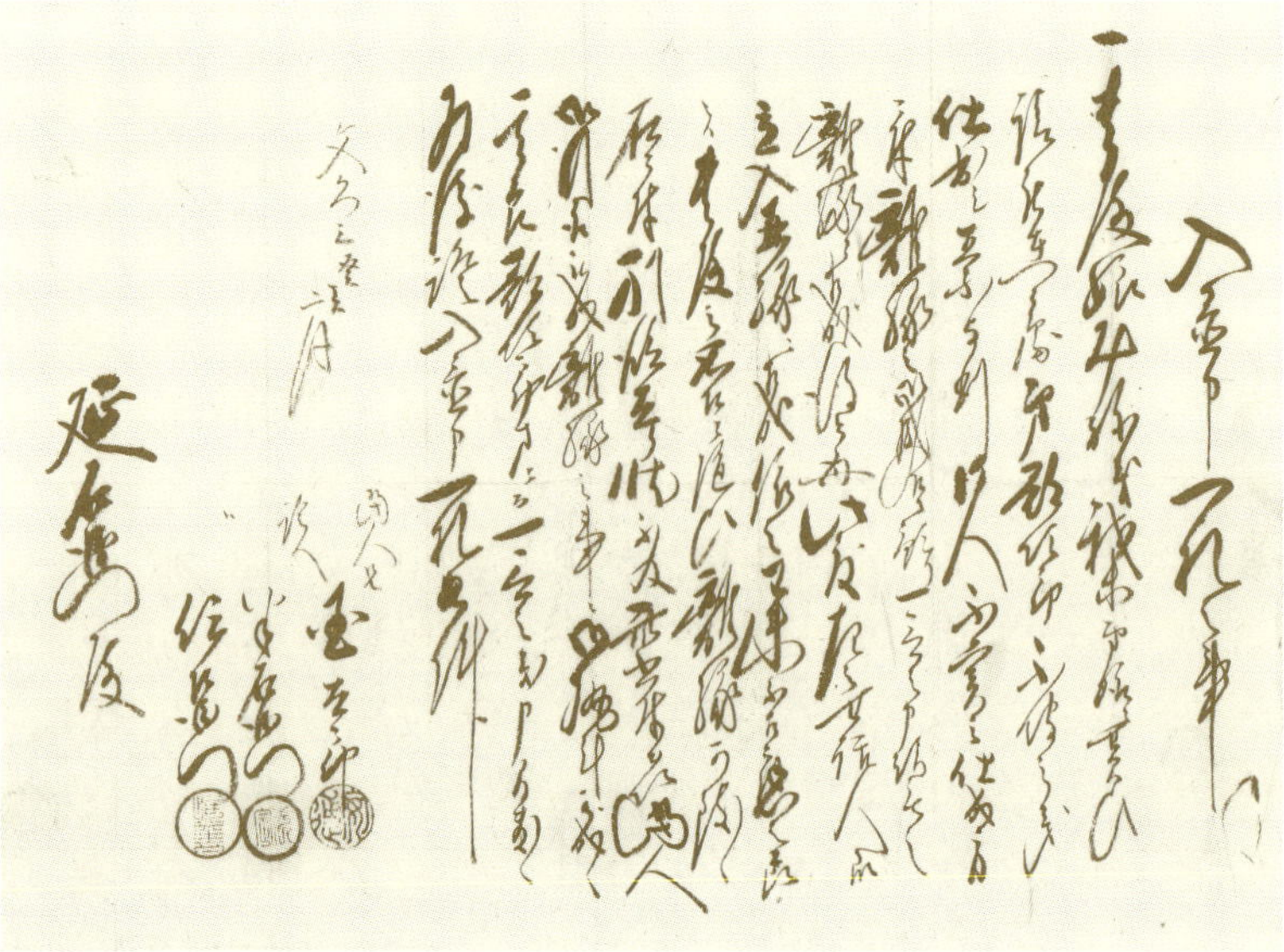

兄代理帰縁証文兼先渡し離縁状

入置申一札之事

一貴殿娘みね義、我等弟娵ニ貰ひ
請罷在候処、弟郡次郎不埒之義
仕出シ、素より同人不実之仕成方
ニ付、離縁之御掛合ニ預り一言之申訳無之、
離縁ニ相成候得とも、此度左之世話人衆
立入、再縁ニ相成、依之已来不相応之節
者貴殿之思召ニ随ひ離縁可致候、
右ニ付別段去り状不及、此書付ヲ以当人
御引取被成、離縁之事ニ御執計可被成候、
其節郡次郎方ニ而一言之義申間敷候、
為後証入置申一札如件

文久三癸亥 二月　当人兄　国太郎㊞
証人　半右衛門㊞
同　伊左衛門㊞

延右衛門殿

〔俳山亭文庫旧蔵〕（二四・〇×三四・三）（読み下し文略）

この離縁状は、別紙がなくとも文中にあらかじめ渡された「先渡し離縁状」である旨が明記された事例である。まず、「みね」を嫁に迎えたが、夫郡次郎が「不埒」をしでかしたとある。具体的にはわからないが、おそらく酒乱・悪所通い（浮気）・博奕《ばくち》などであろう。平素からの夫の「不実」行為は、妻方から離縁の「掛合《かけあい》（交渉）」をうけ、夫方では申し訳なく、離縁になっても仕方ないことであった。しかし、二人の世話人が仲介して再縁（復縁）することになった。

したがって、これからは夫婦仲がうまくゆかない（とりわけ妻が夫を嫌忌した）ときは妻の父の思いのまま離縁することとし、別に「去状」がなくとも、みねを引き取りさえすれば、この書付をもって離縁の取り扱いとする。そのとき夫方では一言も異議を唱えないとしたもので、夫兄が代理し、世話人両名が証人として差し出した「帰縁証文兼先渡し離縁状」である。

この先渡し離縁状が用いられた地域は特定できないが、旧蔵者の住所と調査範囲を考えれば、おそらく元群馬県佐波郡境町、現在の伊勢崎市周辺のものといって差し支えないであろう。

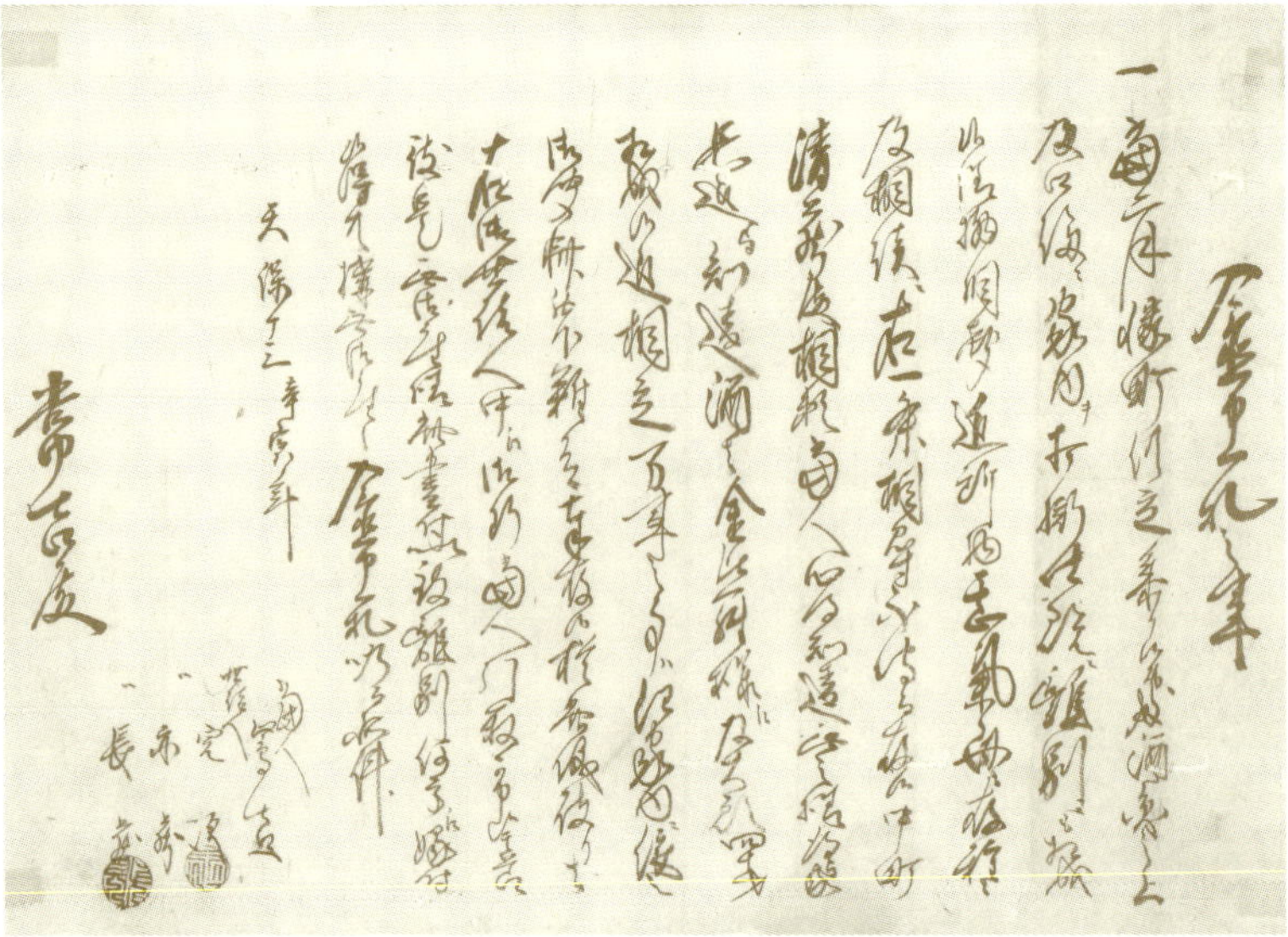

夫の禁酒誓約一札兼先渡し離縁状

入置申一札之事

一当二月、隣町行立参り候処、酒円(宴)之上
及口論ニ、家内ヲ打擲仕、既ニ離別ニも相成
候様□相聞、近所物(者)甚気毒ニ存、種々
及相談ニ、右一条相尋不埒与存候、中町
清蔵殿相頼、当人心得知(違)違無之様、得与我
是迄与知違、酒者(断)金比(毘)羅様江及大願、四十才
相成候迄相立、万事之事ハ任家内ニ、依之
御聞済被下難有奉存候、猶此儀破り(ら)者
右御世話人中江御断、当人引取可申候、其節
彼是無御座様此書付以致離別、何方江嫁付
候得共構無御座候、入置申一札仍而如件

天保十三辛寅年　　当人　島　吉（爪印）

世話人（三名略）

常　吉殿

〔俳山亭文庫旧蔵〕（二八・〇×三九・五）

（読み下し文略）

この文書は泥酔の果てに女房を打擲《ちょうちゃく》して離婚になるところ、夫が禁酒を誓約して（もっとも四〇歳までだが）生活は万事女房に任せることで帰縁し、禁酒を破ったら離縁と、世話人の連署をえて、あらかじめ渡された「先渡し離縁状」である。状況が詳述されているので、順をおって述べよう。

天保一三（一八四二）年二月夫島吉は、隣町に出かけ、酒宴の果てに泥酔したものか、口論となり、おそらく迎えに来て止めに入った家内（妻）を打擲してしまった（あるいは口論の相手は家内だったのかもしれない）。このような状況で、夫婦は離別になる模様と聞こえてきた。そこで近所の者たちは気の毒に思って、いろいろ相談にのり事情も訊いたところ、結局、この件は夫の「不埒」ということになる。中町の清蔵殿を頼み、当人に心得違いなきよう念を押したところ、夫はこれまでと違い、所業を改め、金毘羅様へ「禁酒」の大願をなした。すなわち、四〇才までの断酒である。家庭の事は万事家内に任せることで、妻方の了解を取り付け、ありがたいことであるとしている。

ただし、この禁酒を破ったときは三名の御世話人へことわりを入れ、妻を引き取ってもかまわず、「この書付をもって離別し、誰と再婚してもかまわない」としている。また、文書の名宛人は家内（妻）の親族であろう。

なお、旧蔵者の住所と調査・収集範囲を考慮すると、右の中町は伊勢崎城下（群馬県伊勢崎市）と推測される。

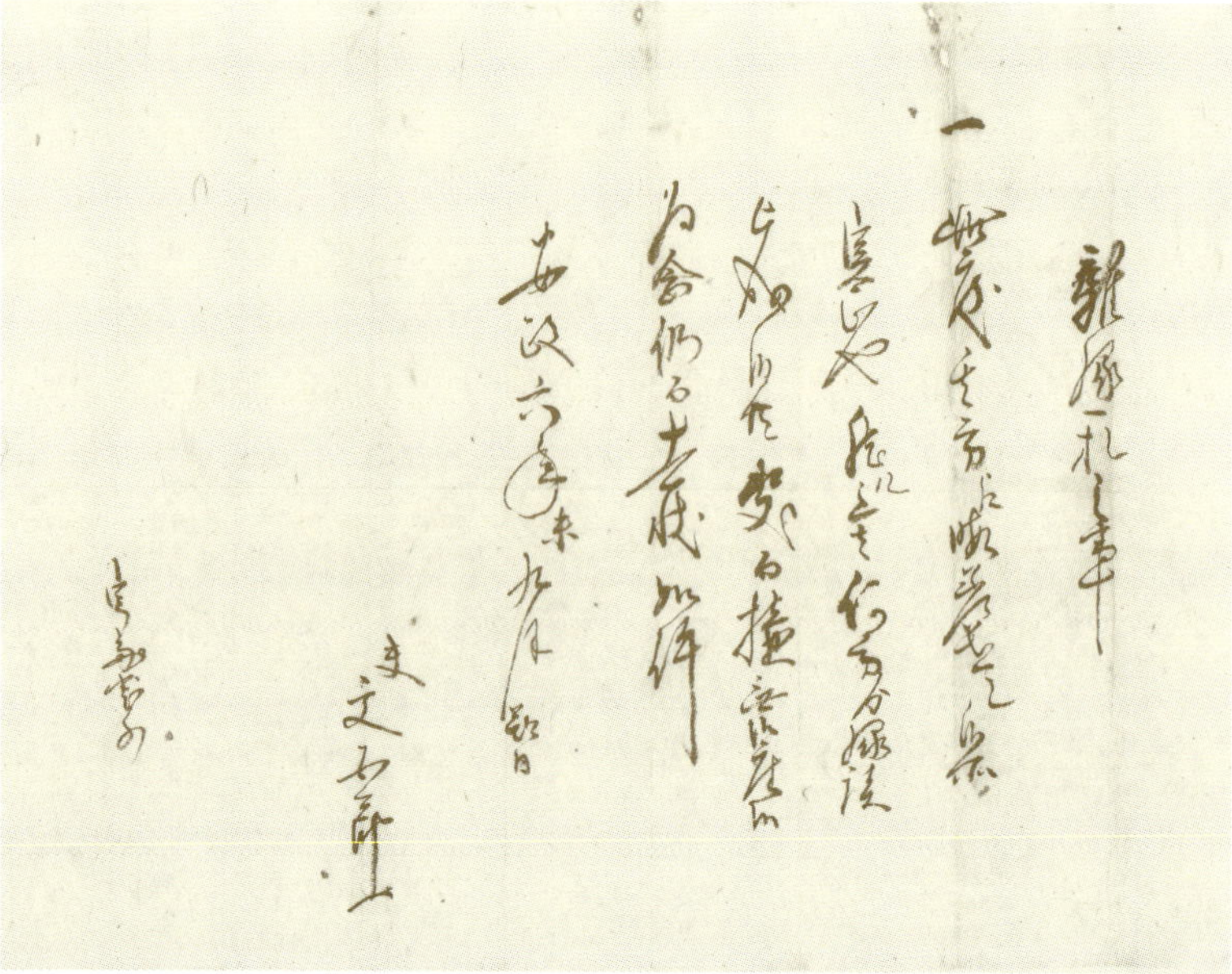

「婿文五郎－うた」離縁状

離縁一札之事

一此度其方江暇差遣し候所
実正也、然ル上者何方ゟ縁談
被成候共、決而構無御座候、
為念仍而去状如件

安政六年未九月朔日

夫
文五郎（爪印）

うたとの

（二五・〇×三三・〇）

このたびそのほうへ暇さし遣わし候ところ実正なり、しかるうえはいずかたより縁談なられ候とも、決して構えござなく候、念のためよって去状くだんのごとし

安政六（一八五九）年九月一日に夫文五郎が爪印を加えて妻「うた」へ差し出した、ごく当たり前の婿の離縁状で、三行半にしたためている。

これには婿の兄から差し出された「返り一札」がある（次頁）。それによれば、婿の実家は武蔵国榛沢郡大谷村（埼玉県深谷市）、妻の住居は同国男衾郡立原村（同県大里郡寄居町）で、その間は地図上直線距離にしておおよそ八キロメートルである。

当時の離縁状で夫は「当人」や「屋号」を肩書にすることは散見されるが、文五郎が自分の肩書に婿ではなく、「夫」としたためているのはやや特異である。また、婿は呼称として「聟（養子）」「養子」「入夫」などと称し、ときに混用され、かつ多義的に用いられていた。*

なお、明治時代の離縁状や離婚証書に「元夫」や「旧夫」**と肩書きを付したものがあったことを付言しておきたい。

*拙著『増補』三八二頁。
**拙著『増補』四一一頁。

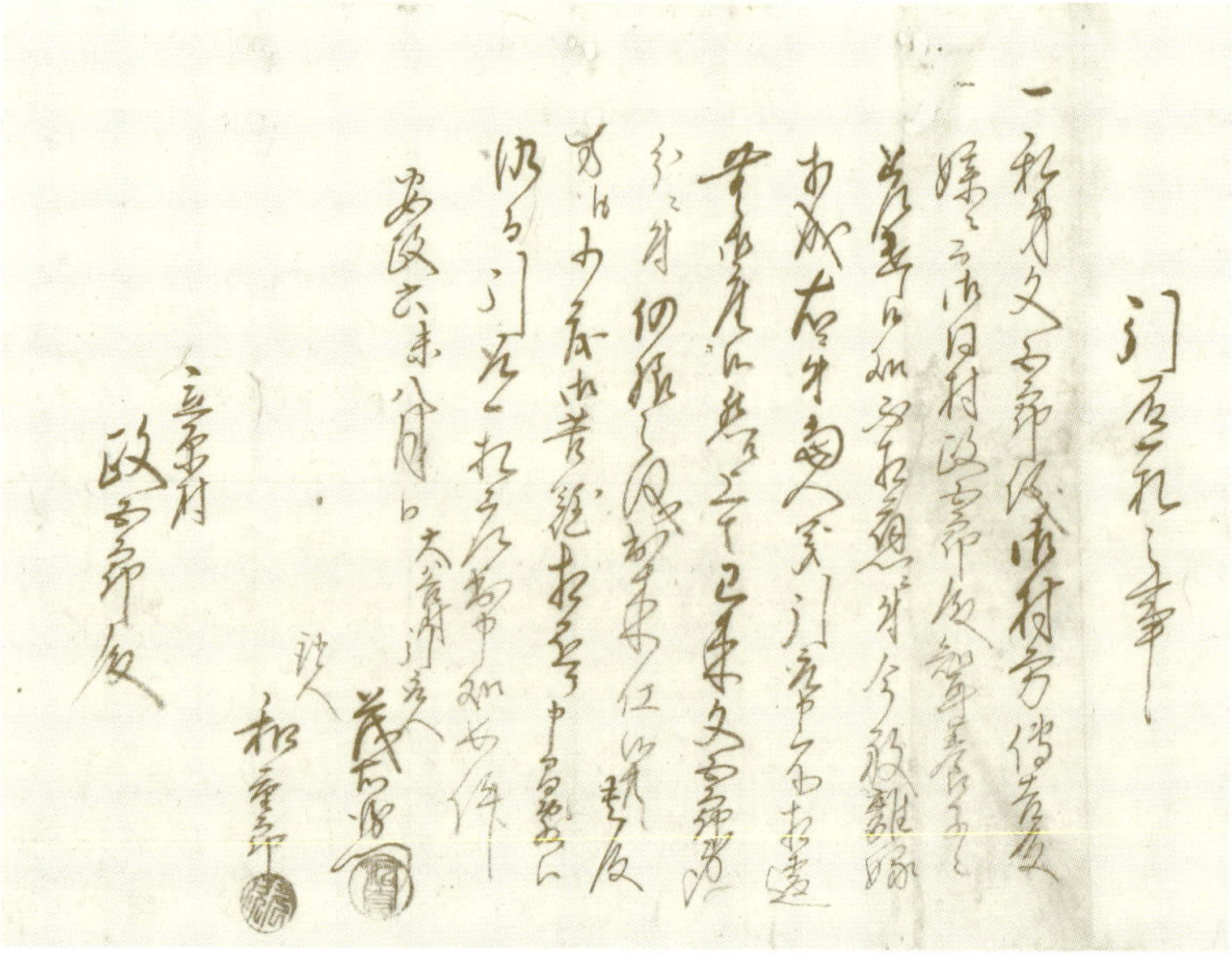

婿方離縁状返り一札

引取一札之事

一私弟文五郎儀、御村方傳吉殿
媒ニ而御同村政五郎殿聟養子ニ
差遣し候処、不相応ニ付、今般離縁
相成、右ニ付当人義引取申所相違
無御座候、然ル上者已来文五郎身
分ニ付、何様之儀出来仕候共、貴殿
方江少茂御苦難相懸ケ申間敷候、
仍而引取一札差出申処如件

安政六未八月日　大谷村
引取人　茂右衛門㊞
証　人　和重郎㊞

立原村
政五郎殿

（二六・〇×三三・三）
（読み下し文略）

この返り一札は離縁状を交付した婿（前項）の兄が、婿入りした弟が離縁になったので引き取った旨の文書で、妻の父、養父にあてて出したものである。文五郎は離縁状を渡して夫婦生活の場であった妻の家を立ち退いたわけであるから、まさに川柳の「去状を書くと入聟おん出され」である。離縁状返り一札は、本来夫における「離縁の確証」として、妻方から出されるべきものであるが、この一札は養父の離縁権行使に対する承諾として、婿方から差し出された返り一札といえる。

この縁組には妻居住地立原村の傳吉が仲人で、おそらくこの離縁にも介入したものと思われる。離縁状には離婚原因は書かれていないが、この一札にも抽象的に「不相応ニ付」とだけしたためられ、真の原因はわからない。しかし、具体的原因を云々すると、円満に離縁を達成する妨げになるので、こういう書きようがよしとされたのである。

婿のなかには放蕩・不埒なものもいて養父を訴えるものさえいた。* 返り一札にはこのような婿から後難を避けるために一切かかわりを持たず迷惑をかけないことを約束させる意味があった。ここでも「少しも御苦難あい懸け申すまじく候」と約束している。

*拙著『増補』三七七頁。

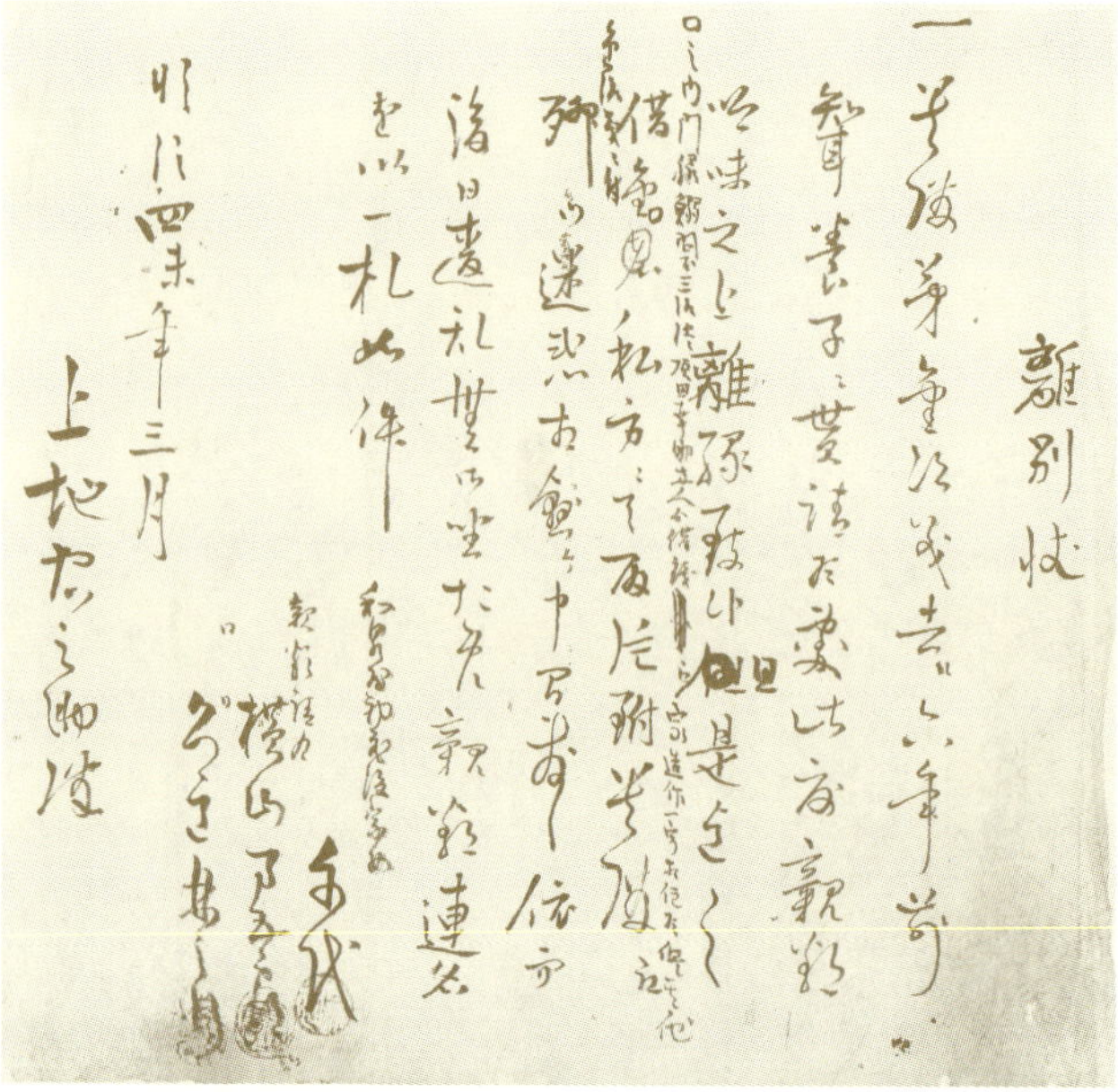

妻母から婿方への離別状――金治一件①

離別状

一貴殿弟金治義、去ル六年前
聟養子ニ貰請候処、此度親類
吟味之上、離縁致候、且是迄之
○「之内、門脇鰯問屋三治□・須田幸助両人ゟ借　銭江家造作一宇相任候、但シ其他
金治義ニ付
借金○私方ニて取片付、貴殿江
聊御迷惑相懸ケ申間敷候、依而
後日違乱無御座ため、親類連名
を以一札如件

和泉屋初蔵後家女
千　代㊞

親類請合
横　山　万五郎㊞

同
同
久　意（ママ）　林之□㊞

明治四未年三月

上　地　忠之助殿

（二七・五×二九・〇）

（読み下し文略）

廃藩置県が断行される四か月前の、明治四（一八七一）年三月、妻の母が婿養子の兄に差し出した六行半の離別状である。差出人の印鑑が押されているので、これが本紙として交付されようとしたことは明らかである。しかし、これには婿金治の借金は「私方ニて取片付」ける旨の文言がある。とはいえ、離縁に際して借金して建てた家を婿にやることにしており、その借金は婿方で引き受ける約束であったから、このままの内容では家の借金まで妻方で負担するように受け取れる。そのため、後日の紛争を避けて、行間の文言を挿入し、書き直したものを交付し、右文書が控えとして妻方の手元に残存したのであろう。

ところで、右の離別状は女性がしたためている。なぜであろうか。婿養子とは男子がいないか、あっても幼少のときに、その実娘（いわゆる家付き娘）と結婚させるために迎える養子をいう。養父母が婿と養子縁組を結ぶと同時に、その実娘と婿は結婚するのである。養子縁組と婚姻とが同時になされ、養父母と婿との養親子関係が婚姻に優先する。つまり婚姻関係よりも養親子関係の方が優先する。妻の親（主に父）が婿との養親子関係を解消すれば、自動的に婚姻関係も解消した。養親子関係の解消は養父母に離縁権があった。

とはいえ、妻を離縁するのは婿で、婿が「何方より」の離縁状を交付した。ただし、養父（妻の父）が婿を離縁するときも、離縁状同様の文書をしたためることはあった。父なきときは母がかわって離縁状をしたためる場合もあり、右「千代」差し出しの離別状がそれである。

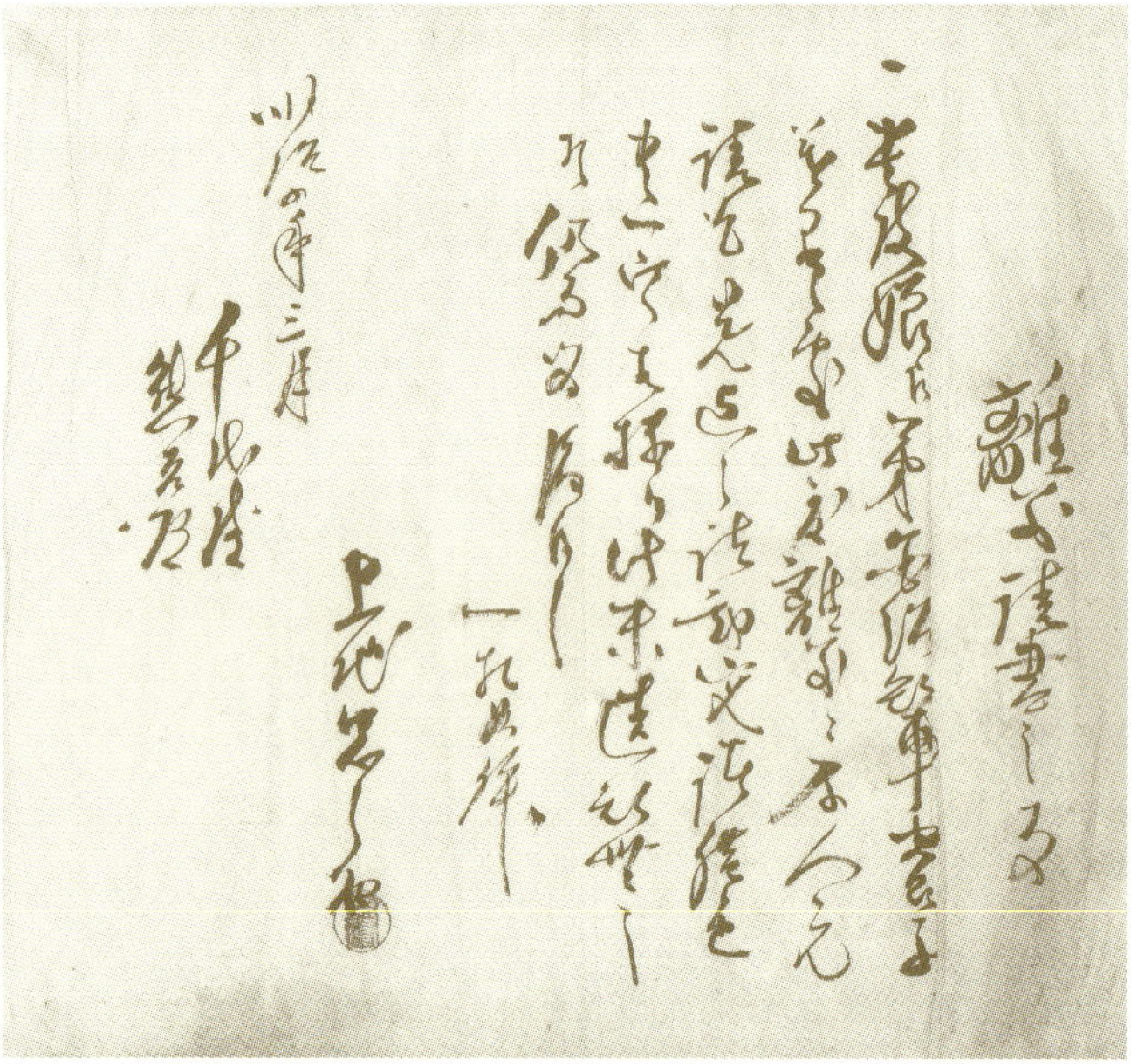

婿兄の離縁状返り一札——金治一件②

離別請書之事

一貴殿娘江弟金治聟養子ニ
差遣候処、此度離別ニ及、人元
請取、是迄之諸勘定・諸借金
共一宇相操（カ）り、此末違乱無之
候、仍而為後日之
一札如件

明治四年三月
上地忠之助㊞

千代殿
熊吉殿

（二七・五×三〇・五）

貴殿の娘へ弟金治を婿養子にさし遣わし候ところ、このたび離別に及び、人元請け取り、是迄の諸勘定・諸借金とも一宇あいくり、このすえ違乱これなく候、よって後日のため一札くだんのごとし

結婚生活は六年、離婚原因は不明であるが、親類吟味のうえで離縁になった。これは婿方からの返り一札（離婚承諾書）である。これまで離縁状と返り一札がともに残存している例は一二例しかなく、その意味でも貴重なものといえる。

人元請け取るとあるのは、金治を引き取ったことと思われるが、あるいは人別送りを受け取ったということなのか、判然としない。ここにもこれまでの諸勘定・諸借金・一宇（家屋）のことにつき、違乱のないことを表明している。さらに、念のため、勘定については一切出入りがましいことはしないと誓約した「覚」が、上地屋忠之助から千代と仲人と思われる熊吉両名にあてて差し出されている。三行にしたためられた本文には「右勘定ニ付、此末出入無御座、仍而為後日之一札如件」とある。結局、離婚問題は「感情に始まり勘定に終わる」*、つまり銭勘定を明確にして決着をみるということなのである。

離縁状と返り一札・覚の三通は、一緒に出てきた文書から現在の千葉県木更津市域のものと考えられ、なかに差出人和泉屋・覚の差出人上地屋・鰯問屋などの名がみえる。大正二（一九一三）年発行の『木更津案内』には、和泉屋という菓子商が南片町にあったというが、これが千代の店か否かは定かでない。

*堀内節「離婚手続」二一五頁。

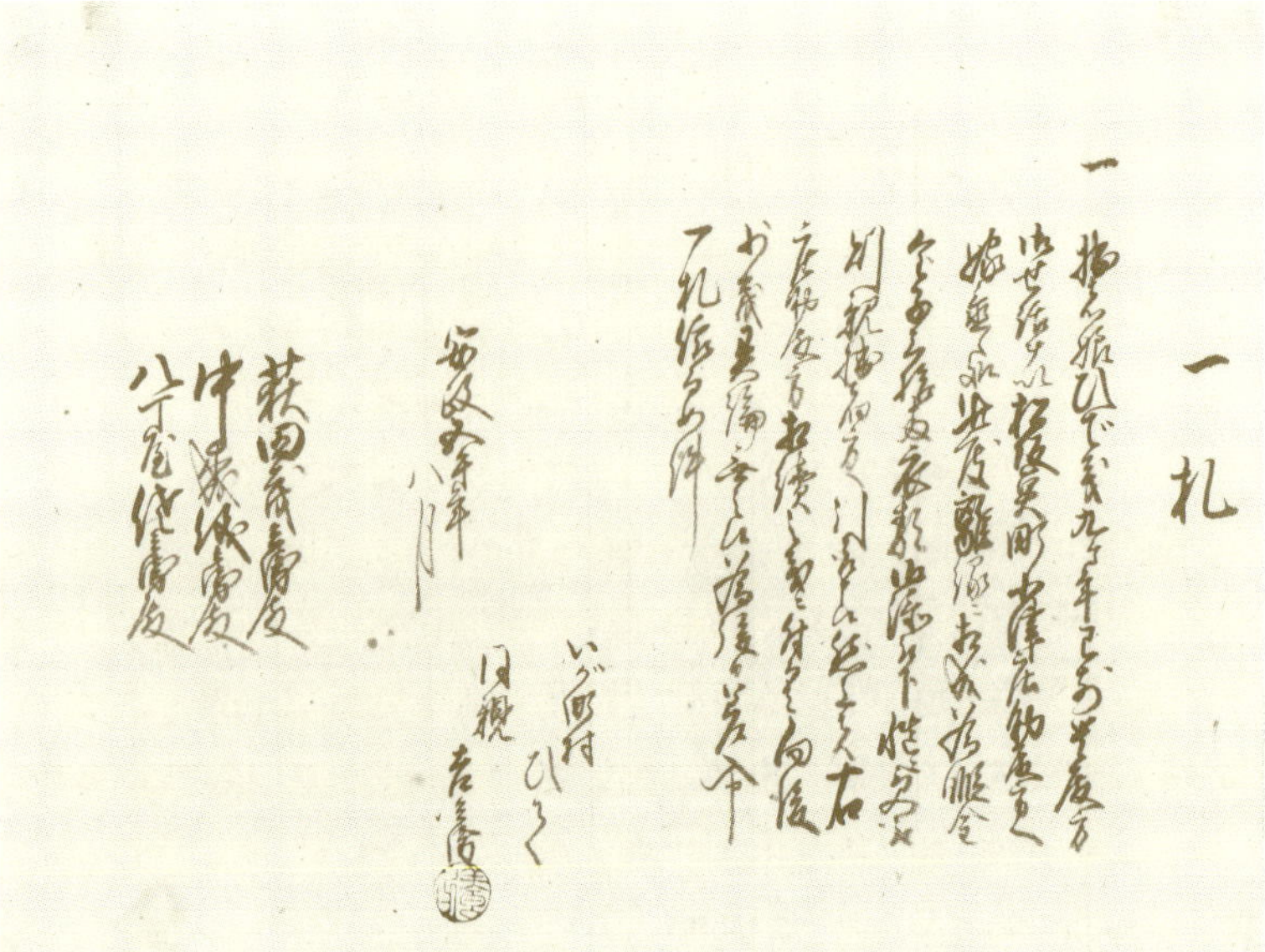

妻方より世話人あて離縁状返り一札

一札

一拙者娘ひで義、九ケ年已前貴殿方御世話ヲ以松坂魚町小津庄助殿方へ嫁置候処、此度離縁ニ相成、為暇金金子三拾両、衣類御添被下、慥ニ受取則親拙者方へ引取申候、然上者右庄助殿方相続之義ニ付而者、向後少茂異論無之候、為後日差入申一札依而如件

安政五午年八月

いが(伊賀)町村　ひ　て

同親　吉　兵　衛㊞

荻田　茂兵衛殿

中森　儀兵衛殿

八丁屋　佐兵衛殿

（二七・〇×三六・五）

（読み下し文略）

右文書は三くだり半ではなく、その受取書（領収書）で、法制史ではこれを「離縁状返り一札」という。離縁状ではないので行数にこだわる必要はないが、七行半である。松坂魚町も伊賀町村も、伊勢国松坂城下の町と村（三重県松阪市）である。結婚生活九か年の後に離婚した妻がその父親と連名で、離婚に介入してくれた世話人三名にあてたものである。まず、離縁になって暇金（離婚慰謝料）三〇両に添えられた衣類を受理したこと、そのうえで、先夫庄助の相続（再婚の意）には少しも異論はない旨をしたためている。

あらためて、ここで「返り一札」について説明をしておきたい。

幕府法である『公事方御定書』の離婚と離縁状に関する規定には、離縁状なく再婚した妻は髪を剃り、親元に帰されたとある。このことから、従来女性には離縁状が必要であったことが強調されてきたけれども、夫もまた離縁状を交付せずに再婚すると、「所払」の刑罰が科されたことは看過されてきたことは前述した。*

このことは離縁状が授受されるとき、離縁された妻には離縁状という離婚の証拠があるが、交付した夫にはない。もし妻がこれを隠して「離縁状をもらっていない」と訴え出ると、夫は離縁状を渡したことを立証しないと処罰されたことを意味する。そこで、妻に離縁状を渡すとともにその返り一札を受理しておく必要があった。返り一札を受理しておかないと、離婚（とその後の再婚）に妻方から異議を唱えられかねなかったからである。返り一札は妻方における離縁の承諾が第一義であるが、妻からの離縁状の受取書（離婚の承

*本書一一五頁。

諸書）は、同時に夫にとっては「離婚の確証」の意味を持った。離縁状の上包の裏に返り一札の下案が書かれていた実例もある。[*] これは離縁状とその返り一札とが同時に授受さるべきものと観念されていたためである。

返り一札には「向後少茂異論無之候」[**]・「貴殿方江少茂御苦難相懸ケ申間敷候」[***]などと、先夫もしくは先妻方に一切関係をたち、再婚に異議を唱えることや、苦難をかけたりしないことを約束することが多い。別れた配偶者からの後難を回避する役割も担ったことが返り一札のもう一つの意義である。

ところで、先渡し離縁状は離婚権が妻方に留保され、離縁状返り一札は妻方の承諾なしに受理することはできない。結局、夫が理由もなく一方的に妻を離婚できたわけではないのである。

*拙著『増補』五七頁。拙著『泣いて』四四〜四七頁。
**本書一五四頁。
***同右一四八頁。

Ⅶ　明治の三くだり半

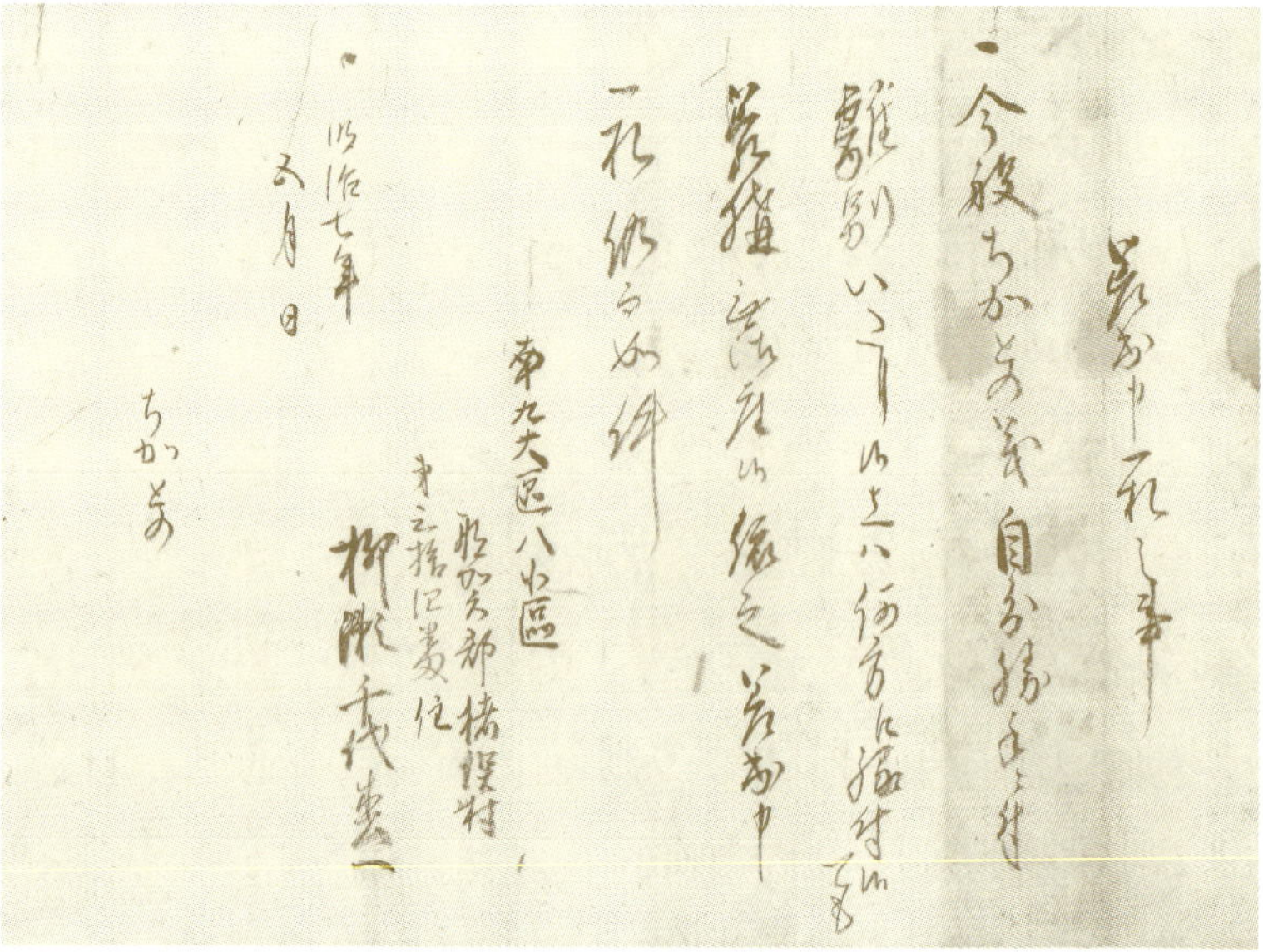

住所に大区・小区を記した離縁状

差出申一札之事
一今般ちかとの義、自分勝手ニ付、
離別いたし候上ハ、何方江縁付候ても
差構無御座候、依之差出申
一札仍而如件

南九大区八小区
那賀郡猪股村
第三拾四番住

明治七年
五月日
柳瀬　千代松（爪印）

ちかとの

（二四・三×三三・一）

今般ちかどの義、自分勝手につき、離別いたし候うえは、いずかたへ縁づき候てもさし構えござなく候、これによりさし出し申す一札よってくだんのごとし

離縁状に住所を明記したものは散見されるが、右の埼玉県那賀郡猪股村（児玉郡美里町）のものには大区・小区が書かれている。明治四（一八七一）年四月、明治政府によって戸籍法が公布されて以降、同年七月新しく定められた地方行政制度としての大区小区制が施行された。戸籍事務遂行のため新しく「区」を設け、戸籍吏として戸長・副戸長を置くことを命じた。戸長・副戸長には旧町村役人（名主・庄屋など）が任ぜられることもあったが、戸長・副戸長と旧町村役人との間における軋轢《あつれき》を避けるため、旧町村役人を廃止し、区制による統一が命じられ、大区・小区制が整えられた。道府県を現今の郵便番号のように住所を統一的に番号化するもので、おおむね数か町村で小区をつくり、数か小区を合わせて大区とした。通例、大区には区長、小区には戸長が置かれた。町村の伝統的な自治慣行や機能が無視された、人為的かつ早急な行政区づくりであった結果、新政府への反抗・反感が激化し、七年後の同一一年七月に廃止された。

この七か年の間だけ、住所に大区・小区が用いられたのである。私は大区・小区を記載した離縁状は右の一通しか所蔵しておらず、すでに紹介したが、*あえて採録したものである。また、夫は明治の特徴の一つである苗字を称している。

なお、離婚理由「自分勝手」は珍しく、ほかに一通みられるだけである。

*拙著『泣いて』一〇六頁。

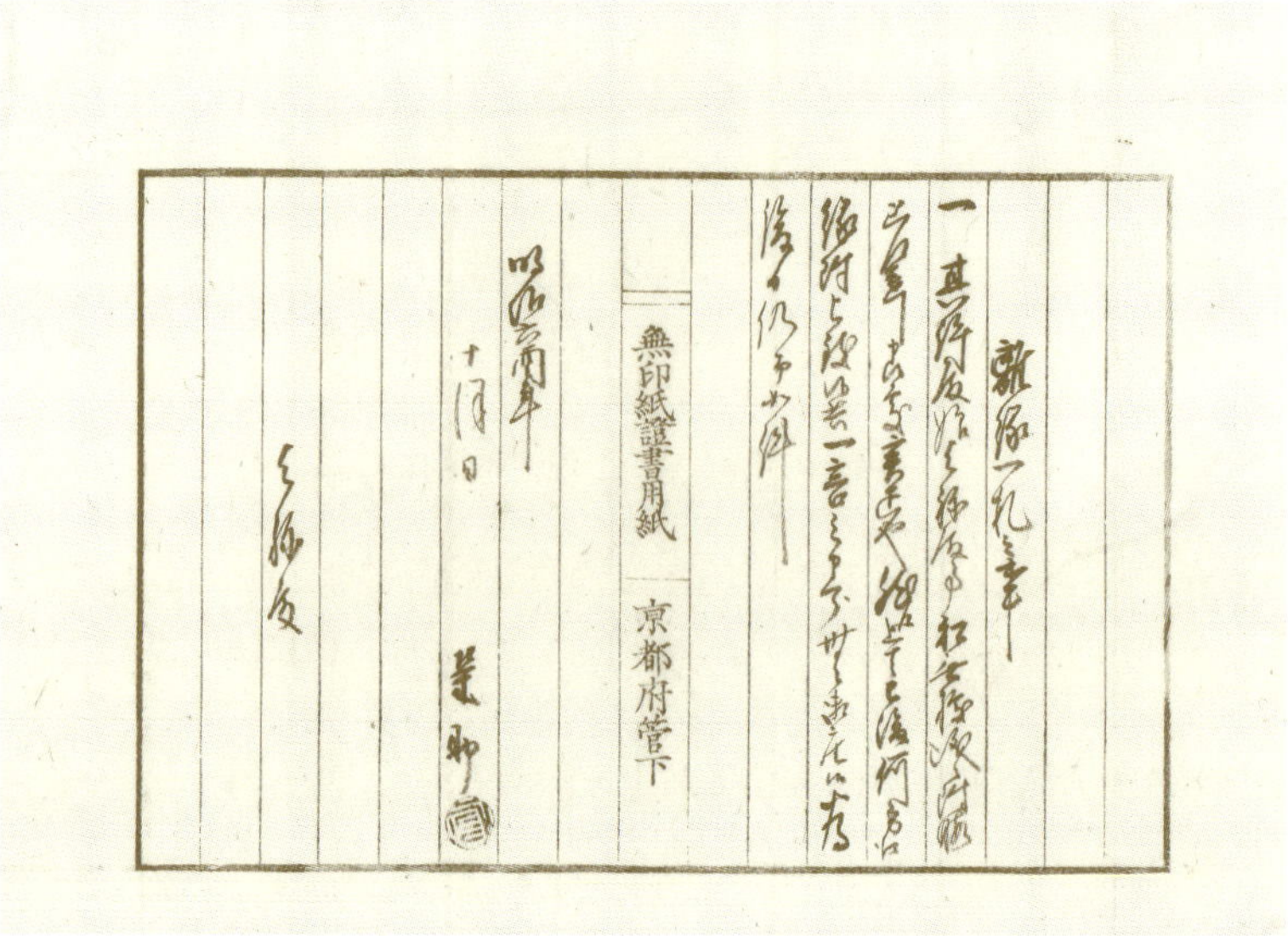

界紙を用いた離縁状――契約証書としての意識①

離縁一札之事

一其許殿娘よね殿事、私無拠儀ニ付、暇差遣し申候処実正也、然ル上者已後何方江縁付被致候共、一言之申分無御座候、為後日仍而如件

明治六酉年

十月日

栄　助㊞

よ　ね殿

（二八・〇×三九・〇）

そこもと殿娘よね殿こと、私よんどころなき儀につき、暇さし遣わし申し候ところ実正なり、しかるうえは以後いずかたへ縁づきいたされ候とも、一言の申し分ござなく候、後日のためよってくだんのごとし

右は表題「離縁一札之事」で、内容は離婚文言・再婚許可文言が書かれ、離婚原因は抽象的に「無拠」とあり、三行半で、夫から妻に渡されたものである。栄助は印章を押しているが、徳川期と異なり朱肉が使用できたにもかかわらず、あいかわらず黒印である。

これには離縁状と同じ日付の関連文書が二通あり、一つは「夫方着類料受理証文兼誓約証」、もう一つは妻「米《よね》入用覚」である。紙幅の関係で参考にするのみで、引用はしないが、夫栄助は辻井姓で、木屋町万寿寺橋下ルが住居、離婚の二年前に結婚した。入用覚には離婚時に一子常次郎へ着類料《ちゃくるい》三両（円）のほか、結婚時、離婚前よね引取時、離婚時の三度「海老新」内室へ挨拶をしており、その折の礼金と合わせて総計五両一歩がかかったと記載されている。海老新とは料亭のような響きがあるが定かでない。離婚にあたって、夫婦の一子常治郎は夫栄助方で引き取ることで決着し、そのとき「着類料」、実は養育手当として「金三円」が夫方に支払われ、以後妻方には一切迷惑をかけないとの誓約証が差し入れられている。

この離縁状の特徴は「界紙《かいし》」が用いられていることである。「界紙」とは今日における印紙の機能をもった罫紙である。右「界紙」は一六行黒色罫紙で、中央部分に「無印紙証書用紙　京都府管下」とある。当初このように各府県が木版刷りのものを販売し、これがのちの印紙に代替したのである。これは一〇円以下の証文・手形などに用いることとなっていたので、離縁状が契約証書として意識されるようになったことを証している。

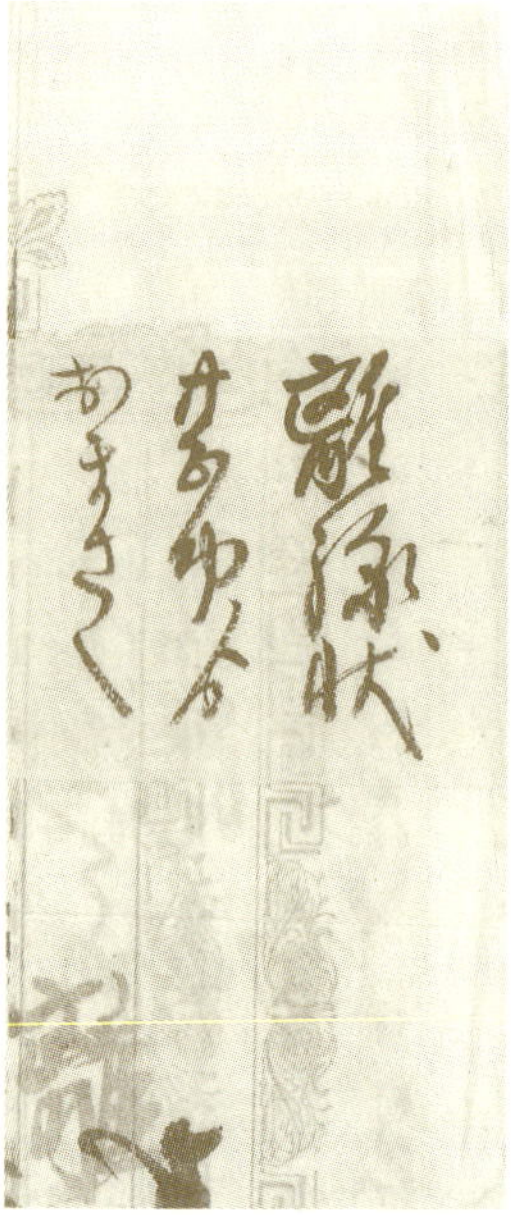

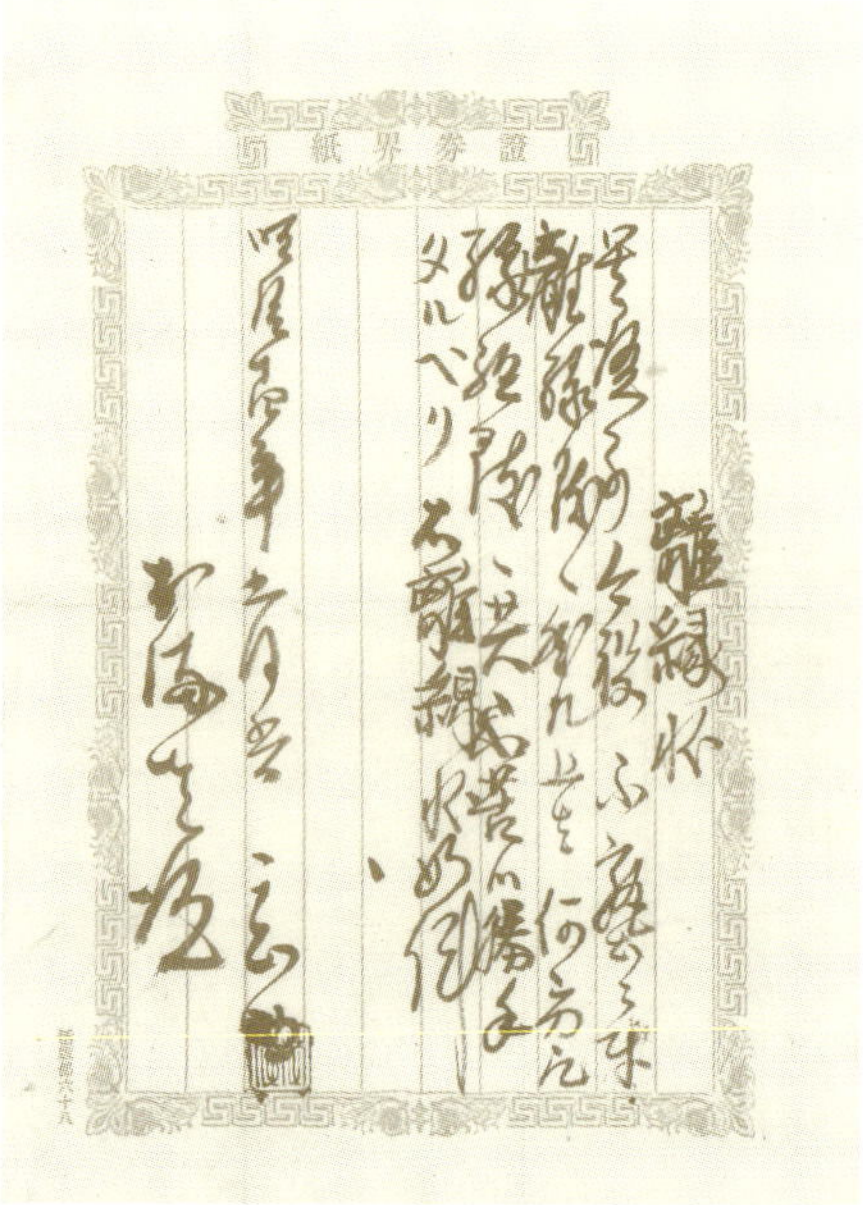

証券界紙を用いた離縁状

——契約証書としての意識②

（帯封表）

「離縁状甚助ゟおまさへ」

離縁状

貴殿事、今般不塾(熟)ニ付、
離縁致候、然ル上者何方江
縁組致候共不苦候、勝手
タルベク、右離縁状如件

明治十四年五月五日　甚　助印

おまさ殿

（二七・五×二〇・〇）

貴殿こと、今般不熟につき、離縁いたし候、しかるうえはいずかたへ縁組いたし候とも苦しからず候、勝手たるべく、みぎ離縁状くだんのごとし

帯封の裏には、離縁状を渡した日付として「十四年五月六日」がある。おそらく明治一四（一八八一）年五月五日に離縁状をしたため、翌六日に渡したものであろう。

表題の「離縁状」は書式には多くみられるが、実例ではやや少ない方で、離婚理由は「不熟ニ付」、夫甚助は朱肉ではなく墨を用いた印鑑で、三行半にしたため、妻「まさ」に差し出している。別の文書によれば、夫甚助は福嶋姓で（苗字を称しているのも明治の特徴）、嘉永六（一八五三）年二月生まれ、明治一〇（一八七七）年三月に結婚したが、当時夫は二四歳、妻まさは二一歳であった。陸前国宮城郡仙台新伝馬町（宮城県仙台市）に住み、分家し養父の屋敷内に借宅したが、結婚生活四年で離婚することになった。

この離縁状の特徴は一〇行橙色の「証券界紙」が用いられていることである。「証券界紙」と称する前は単に「界紙」といい、今日の印紙の機能をもった罫紙であった。前項で「界紙」を用いた離縁状を紹介したが、その後明治八年には、大蔵省が印刷することとなり、三種の「証券界紙」、すなわち、大判七厘、中判五厘、小判三厘で販売された。写真のものは小判である。以後、上の欄外に印刷されているように「証券界紙」と称した。さらに明治一七年印紙規則が改正され、証券界紙は廃止されて、印紙を貼付することに統一されるのである。

なお、わざわざ証券界紙の裏側に書いている場合があり、* それは「裏返す」ことで、離縁して妻を実家へ返すことを意味する洒落である。

*拙著『泣いて』一〇八頁。

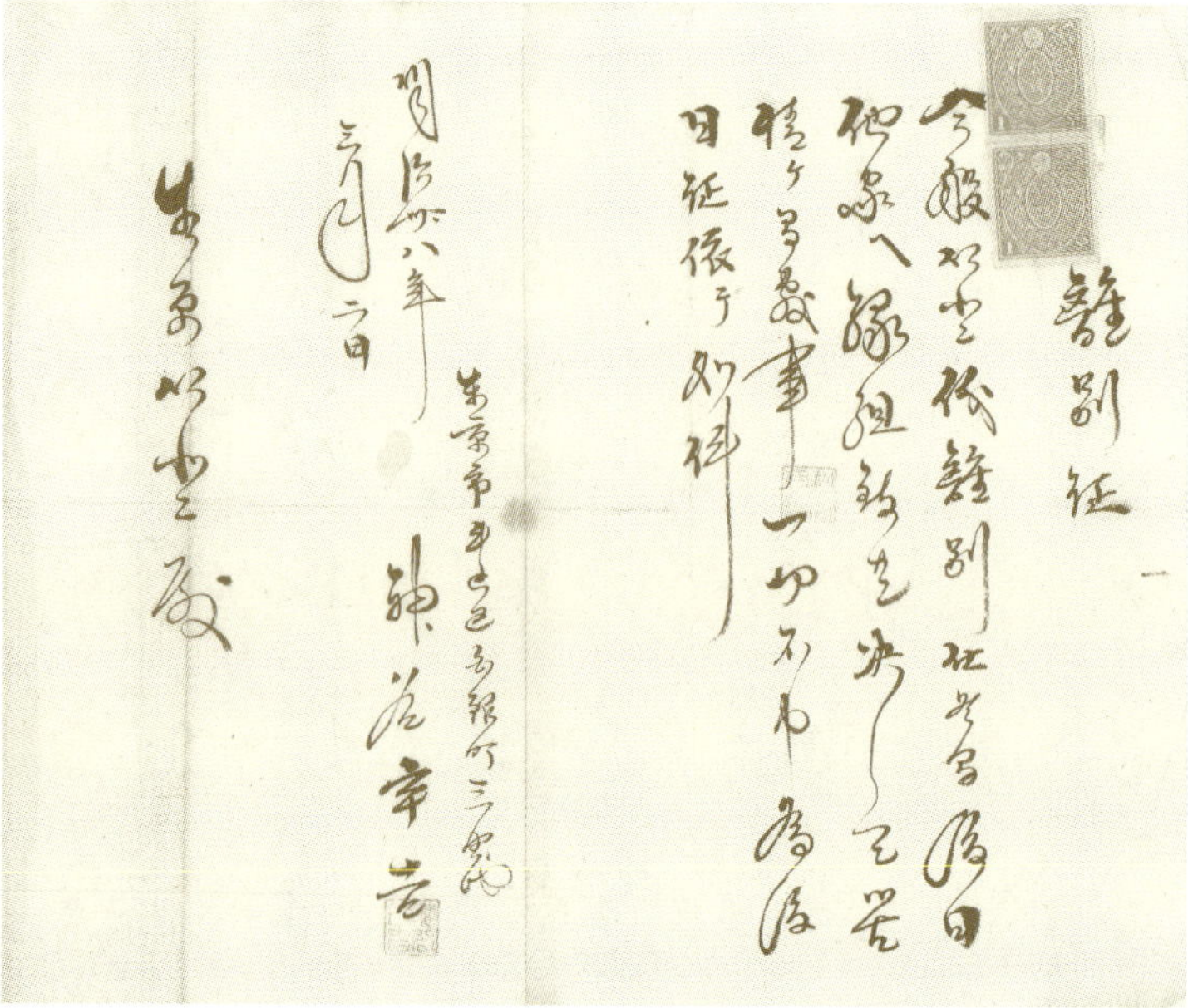

収入印紙貼付の離別証――明治民法施行後

離別証

□□（壱銭印紙二枚貼付、割印）

一今般いと儀、離別仕候間、後日他家へ縁組致共、決して苦情ケ間敷事一切不申、為後日証依テ如件

明治卅八年

三月二日

東京市牛込区白銀町三番地

神谷宇吉印（朱）

生原いと殿

（二四・六×二九・〇）

今般いと儀、離別つかまつり候あいだ、後日他家へ縁組いたすとも、決して苦情がましきこと一切申さず、後日のため証よってくだんのごとし

夫婦ともに苗字を称しており、表題は「離別証」と契約証書の色彩を帯びている。一銭の収入印紙が二枚貼られ、割印が捺されている。明治民法施行（明治三一〔一八九八〕年）後の、三八年三月の離縁状で、三行半である。住所の東京市が明治の雰囲気を醸し出しており、角印の印文は氏名「神谷卯吉」が刻され、当然のこと朱肉で押捺されている。

『官民必携　書式文例大成』（明治一二年刊、小泉吉永氏所蔵）の頭書にみられた「離縁届」には、書式に続けて「届が済なければ、もし姦事等あれば有夫姦とて間男になるなり」と注記して、戸籍法施行後の届出の必要性を説いている。法律上は離縁届が出されてはじめて離縁が成立したことになるからである。いいかえれば、旧来の慣習、つまり夫婦両当事者間の離縁状授受だけで足りるとする意識があり、それだけ離縁状慣行が残存したことを示している。また一方で、明治一〇年代以降の用文章に離縁状の書式が載せられたことは、離縁状慣行の有用性を立証するとともに、反面その慣行をいまだに助長したことも否めない。

なお、明治の用文章でもっとも後まで離縁状書式が載せられていたのは、明治二五年刊『明治実益用文　全』（九州大学法学部蔵）である。表題は「妻離縁之証」、離婚理由は「何々之儀ニ付」、日付は「年月日」、行数は三行半であった。

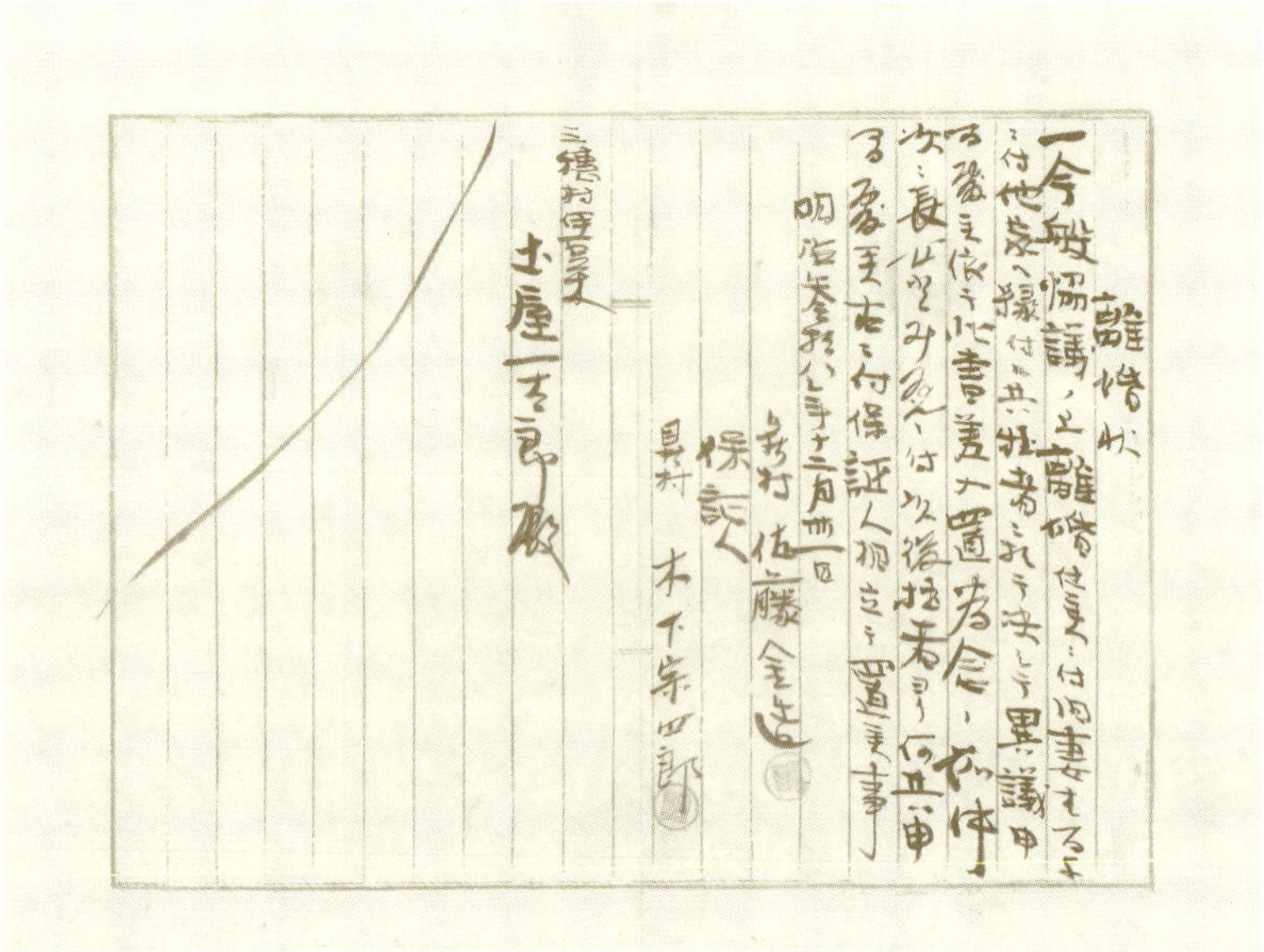

明治三八年大晦日の協議離婚の離婚状

離婚状

一今般協議ノ上離婚仕候ニ付、旧妻はるよ
ニ付、他家へ縁付候共、拙者ニ於テ決シテ異議申
間敷候、依テ此書差入置、為念ノ如件
次ニ長女とみゑニ付、以後拙者ヨリ何共申
間敷候、右ニ付保証人相立テ置候事

明治参拾八年十二月卅一日

鼎村 佐藤 金 造㊞(朱)

保証人

鼎村 木下 宗四郎㊞(朱)

三穂村伊豆木

土屋 一太郎殿

(二三・五×三二・〇)

(読み下し文略)

明治民法八〇九条には「夫婦ハ其協議ヲ以テ離婚ヲ為スコトヲ得」と定められた。民法施行後、作成された離縁状（ここでは「離婚状」）と、離縁・離別ではなく用語として「離婚」が用いられていて、新時代を感じさせる。さらに、離婚にいたる経緯は「協議」によったと明記されている。徳川から明治時代を通して相対・相談・熟談・示談などと用いられたが、「協議」が用いられた離縁状はこれまで収集した離縁状のなかで、これ一通である。明治民法の影響と考えられる。

離婚状は二〇行罫紙が使用され、離婚のうえ、他家へ縁付くことに異議を唱えないと、大晦日に差し入れたものである。なお、大晦日の日付が明記されたものはこれ一通だけである。さらに夫婦間の長女についても何も申さないと、夫は保証人とともに連署加印している。ということは、長女は妻方で引き取ったのである。左側の余白に斜めの曲線は、余白に書きいれられることを回避するためのものであろうか。なお、別れた妻を「旧妻」と称している。

これには明治三九（一九〇六）年とある「離婚届」が残っている。それによれば、妻はるよの復籍すべき家の戸主土屋一太郎ははるよの兄であったこと、離婚時、金造は三二歳、はるよは二一歳であったことがわかる。鼎村・三穂村はともに長野県下伊那郡内の村、現在の同県飯田市で、地図上直線距離にして、およそ四キロメートルの距離である。

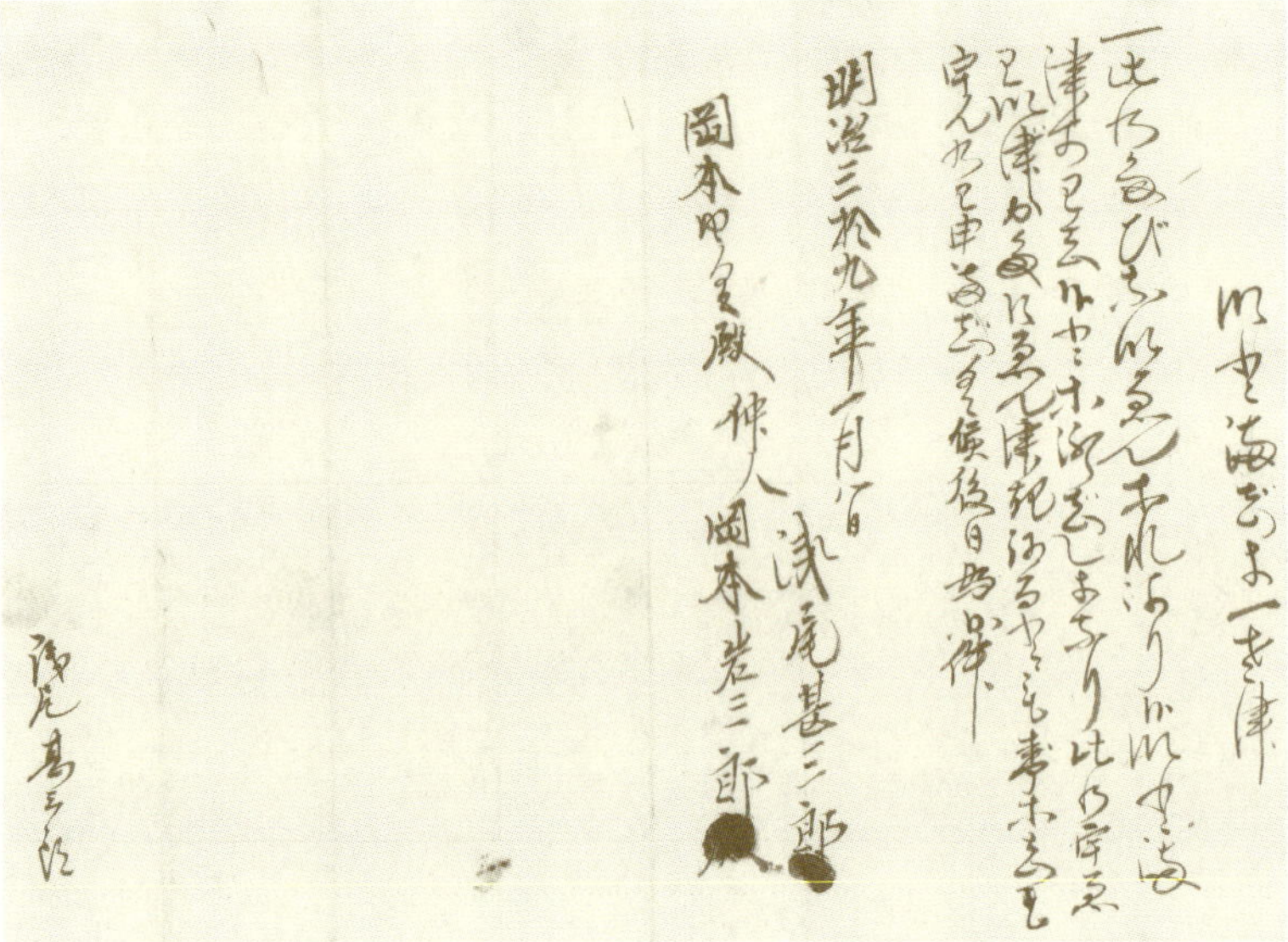

明治三九年の全文ひらがなの暇状

いとまじよ《暇状》一さつ《札》
一此のたび《度》ない《内》ゑん《縁》これあり候、いとま《暇》
つかわし候ところじしよ《実正也》なり、此のうゑ
わいずかた《何方》にゑんつき《縁付》あるともすこしも
うん《ママ》のわ申まじく候、後日為如件
明治三拾九年一月八日
浅尾　甚三郎（爪印）
仲人
岡本　岩三郎（爪印）
岡本ゆく殿

（端裏）
「浅尾甚三郎」
（三四・五×二五・〇）
（読み下し文略）

内縁とは、「当事者が婚姻する意思をもって夫婦共同生活をしているが、婚姻の届出をしていないために、法律上の婚姻ではない関係」とされる。また内縁は「婚姻意思をともなう共同生活が存在する点で、私通関係や妾関係と異なるし、実質上の婚姻生活に入っている点で、将来の婚姻締結を約するにとどまる婚約とも異なる」というものである。

内縁の発生は、明治民法が届出婚主義を採用し、届けられた婚姻だけに法的保護を加える法律婚としたことに始まる。内縁の法的問題は明治民法以降のことになるが、用語としての内縁は古くから存在する。

右の暇状では冒頭に「内縁」とみえている。徳川時代の「内縁」は、主として西国で用いられたが、私は縁組（結婚）そのものを意味するものと考える。当時でも多義的に用いられたが、とくに民法施行後にあっては、いわゆる「内縁の妻」問題が、明治三九（一九〇六）年の民法教科書に登場するので、右暇状の「内縁」は今日の「事実上は同居して婚姻関係にあり、夫婦としての生活をしているが、まだ婚姻届を出していないために法律上の夫婦とは認められない男女の関係」をいったものである。

夫と仲人が連署し、ともに爪印を押している（仲人は爪の字を書いた上に爪印を押した稀有な事例である）。ほぼ全文「ひらがな」で書かれている。妻が「ひらがな」しか理解できなかったとすれば、夫の気配りといえよう。末尾の浅尾甚三郎は普通に巻くと隠れるが、これは右から折りたたんであり、「端裏」のつもりだったのであろう。

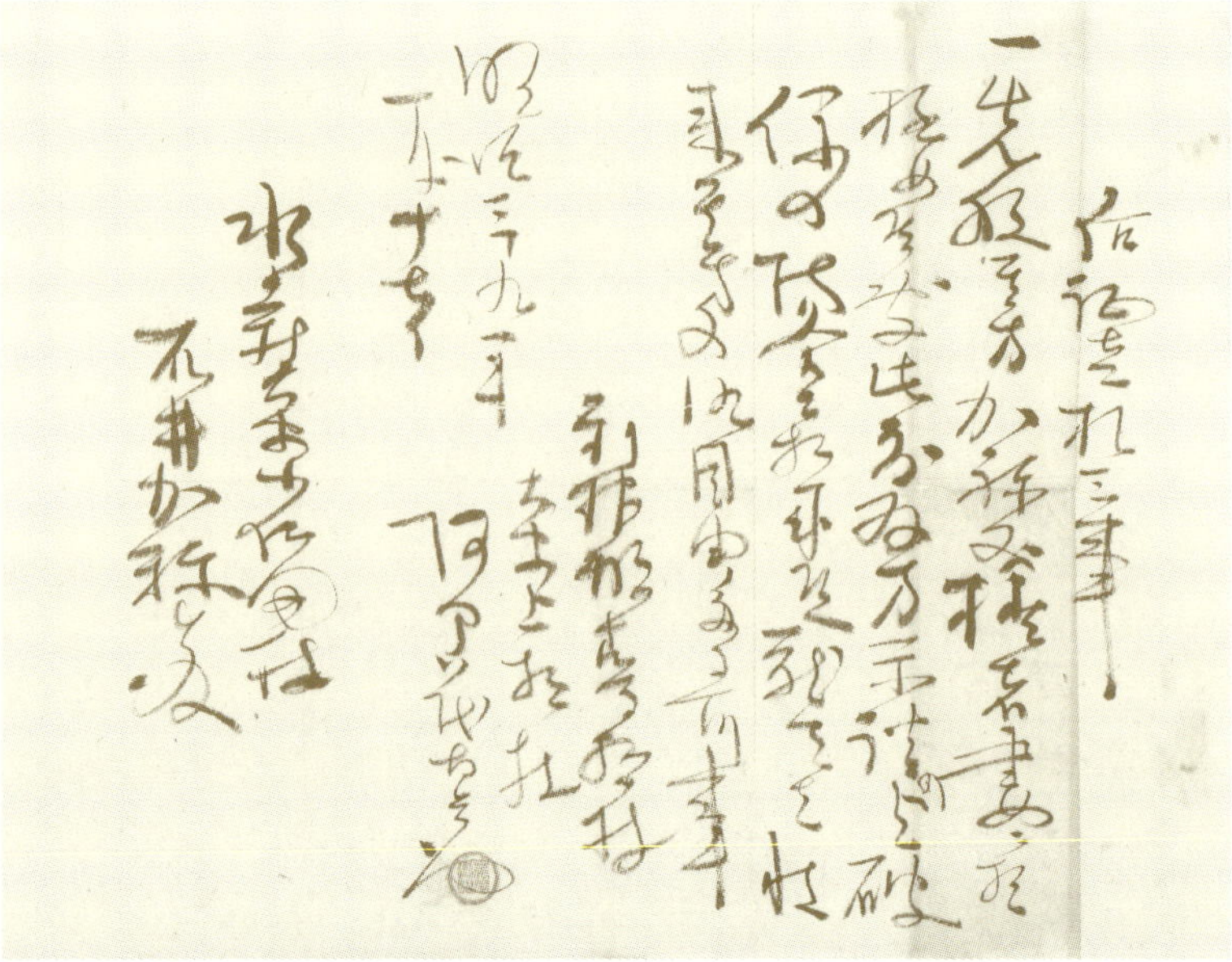

再婚後は自由――難読の明治文書

后証壱札之事

一先般其方かね義、拙者妻ニ相
極め候処、此度双方示談の上、破
縁の場合ニ相成候、就て者将
来其方の御自由たる可事

利根郡古馬牧村

明治三十九年　　大字上牧村

一月十七日　　阿部　茂右衛門㊞(朱)

水上村大字小仁田村

石井かねとの

(二四・三×三二・六)

先般そのほうかね義、拙者妻にあいきめ候ところ、このたび双方示談のうえ、破縁の場合にあいなり候、ついては将来そのほうの御自由たるべきこと

この「后証一札之事」はきわめて難解な文字でしたためられている。一行目最後の「相極」や四行目最後の「将来」は私の独断と偏見で読んだものである。また、難読で煩わされるのは固有名詞であるが、これも同様である。群馬県利根郡の村名は私が同県に居住していて、県史の調査などで歩いたところなので、かろうじて読解することができたという体のものである。小仁田・上牧の両村は群馬県利根郡内の村（同郡みなかみ町）で、明治二二（一八八九）年まで存在し、前者は水上村の大字となり、後者は周辺と合併して古馬牧村の大字となる。地図上直線距離にしておおよそ四キロメートルである。

破縁（離縁）の後は、妻石井かねは「御自由」たるべきことと明記され、明治らしい新時代を感じさせる。夫の印鑑は朱肉で捺されているが、印文は氏名ではないことはわかるが、文字は判然としない。

明治も時代を下るにしたがって、離縁状慣行はしだいに「先細り現象」をきたし、その内容は「離婚契約証書」へと推移することとなる。さらに明治民法の施行によって、法律婚主義のもと、離婚も戸籍を通じて公示されたのであるから、離縁状慣行は消滅する運命であったにもかかわらず、なお存続したのである。

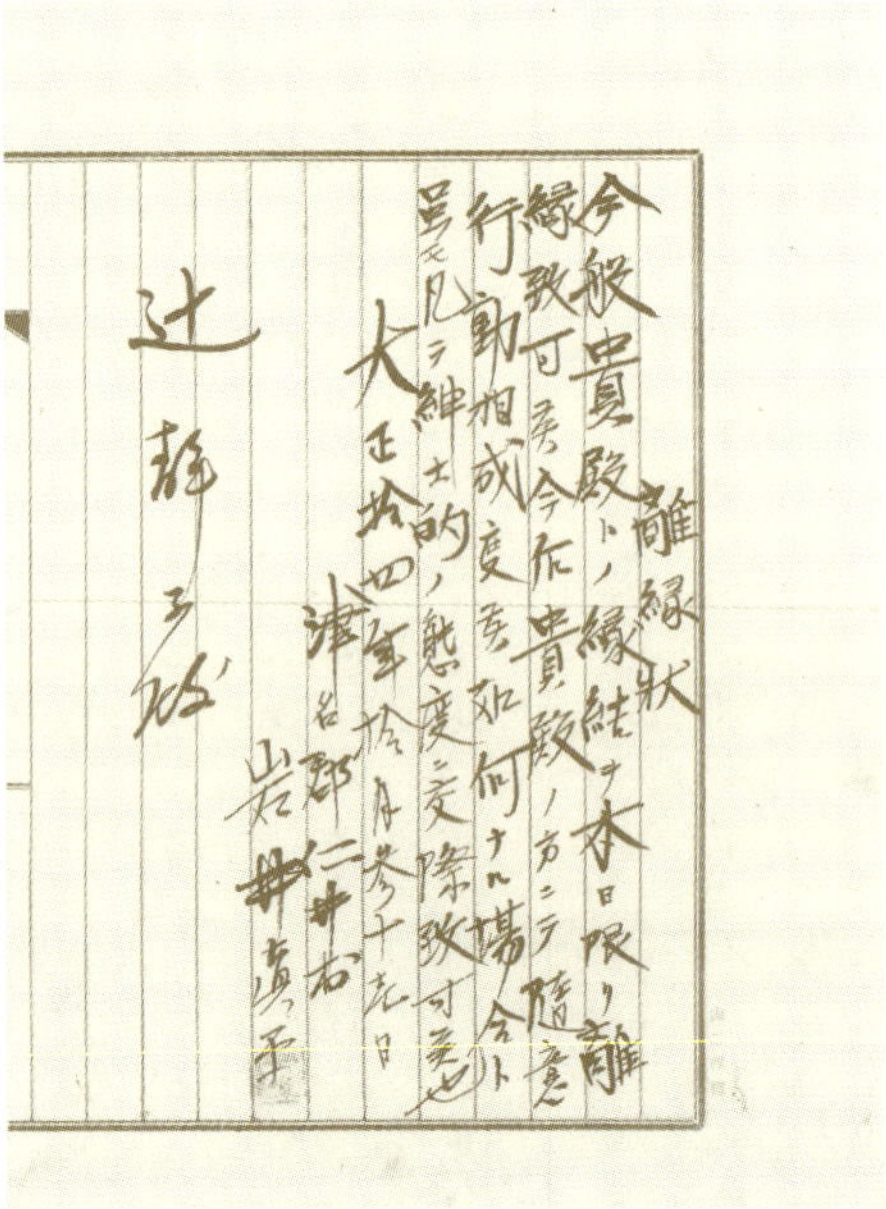

離縁状
今般貴殿トノ縁結ヲ本日限リ離
縁致可候今后貴殿ノ方ニテ随意
行動相成度候如何ナル場合ト
雖モ凡テ紳士的ノ態度ニ交際致可候也
大正拾四年拾月参十壱日
津名郡仁井村
岩井真平
辻静子殿

大正一四年の離縁状

離縁状
今般貴殿トノ縁結ヲ本日限リ離
縁致可候、今后貴殿ノ方ニテ随意
行動相成度候、如何ナル場合ト
雖モ凡テ紳士的ノ態度ニ交際致可候也
大正拾四年拾月参十壱日
津名郡仁井村
岩　井　真　平印（朱）
辻　静　子殿

（二七・三×四〇・〇）

今般貴殿との縁結びを本日かぎり離縁いたすべく候、今后貴殿の方にて随意に行動あいなりたく候、いかなる場合といえどもすべて紳士的の態度に交際いたすべく候なり大正一四（一九二五）年の離縁状で、二四行罫紙が使用され、兵庫県津名郡仁井村（淡路市）の三行半である。「本日限り」離婚するが、その後も夫は「凡テ紳士的ノ態度ニ交際致可候也」と記している。「紳士的態度」という表現は、夫の知性と教養を物語るものであろう。

先細りになったとはいえ、離縁状慣行が存続したことについて、届け出のない婚姻には、離縁状慣行を存続させる社会的背景がなお存在した。しかし、かりに届出ある夫婦間でも、明治民法施行後のみならず今日まで、離縁状の授受はありうることで、それは夫の「追い出し離婚」を証するものでなく、夫からの後難を避けるために妻側から請求されたものである。とすれば、旧来の離縁状と同様な意味の「断縁の一筆書き*」が夫婦間で授受されることは、当然考えられる。なにより夫（ときには妻）自身の手によって、縁を切ったと書かれることに意味があるからである。

*拙著『増補』四一七頁。

離縁状はいつまで夫婦間で授受されたのであろうか。これまで大正六（一九一七）年の離縁状**がもっとも新しいものとされていたが、右大正一四年のほか、最近、昭和一五（一九四〇）年の離縁状を入手した。二四行薄葉罫紙の片面に書かれた二行半のもので、昭和であるから朱肉で捺された印章の印文には当然のこと姓名が刻してある。

**拙著『泣いて』一一二頁。

すでに紹介したが***、もっとも新しい離縁状として、写真と釈文（解読文）のみ、次頁に掲げておいた。

***拙著『縁切寺』二四二頁。

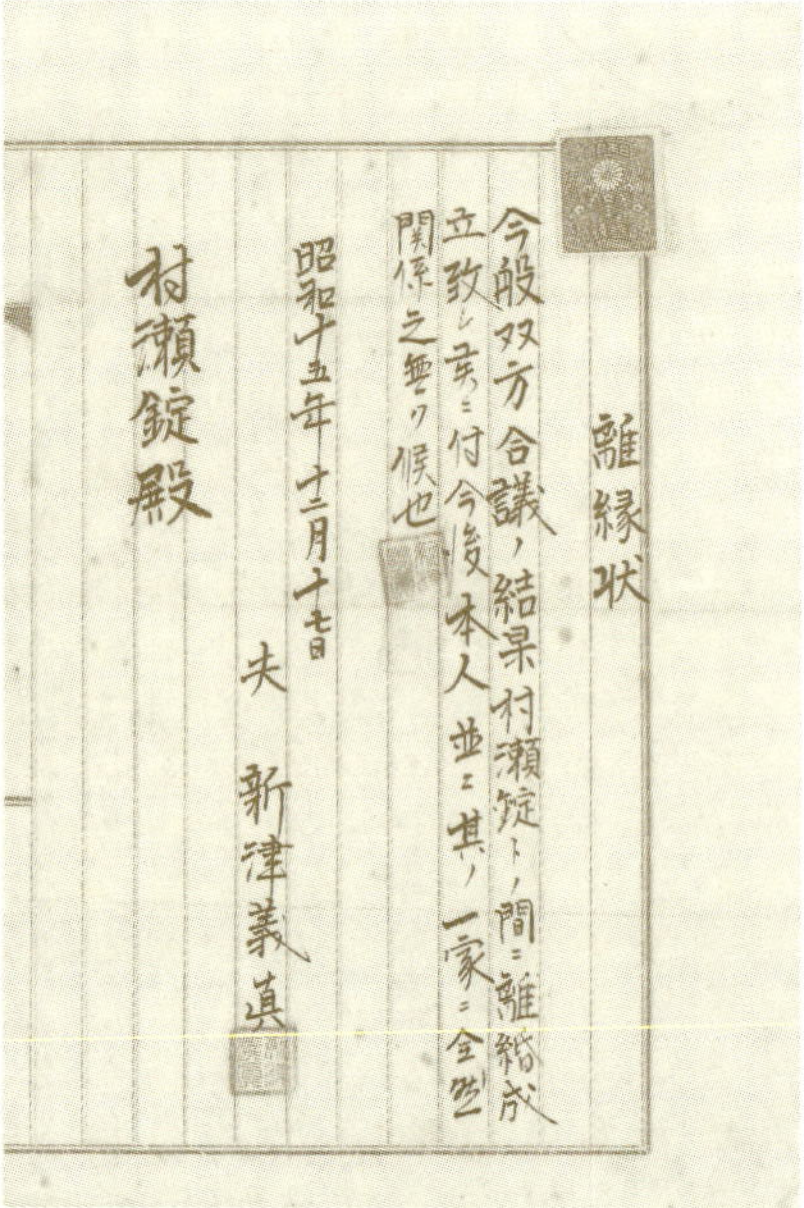

離縁状
今般双方合議ノ結果村瀬錠トノ間ニ離婚成立致シ候ニ付今後本人並ニ其ノ一家ニ全然関係之無ク候也
昭和十五年十二月十七日
夫 新津義真
村瀬錠殿

昭和一五年の離縁状

□（三銭収入印紙貼付）

離縁状

今般双方合議ノ結果、村瀬錠トノ間ニ離婚成
立致シ候ニ付、今後本人並ニ其ノ一家ニ全然
関係之無ク候也

昭和十五年十二月十七日

夫 新津義真 印（朱）

村瀬錠殿

Ⅷ　縁切寺の三くだり半

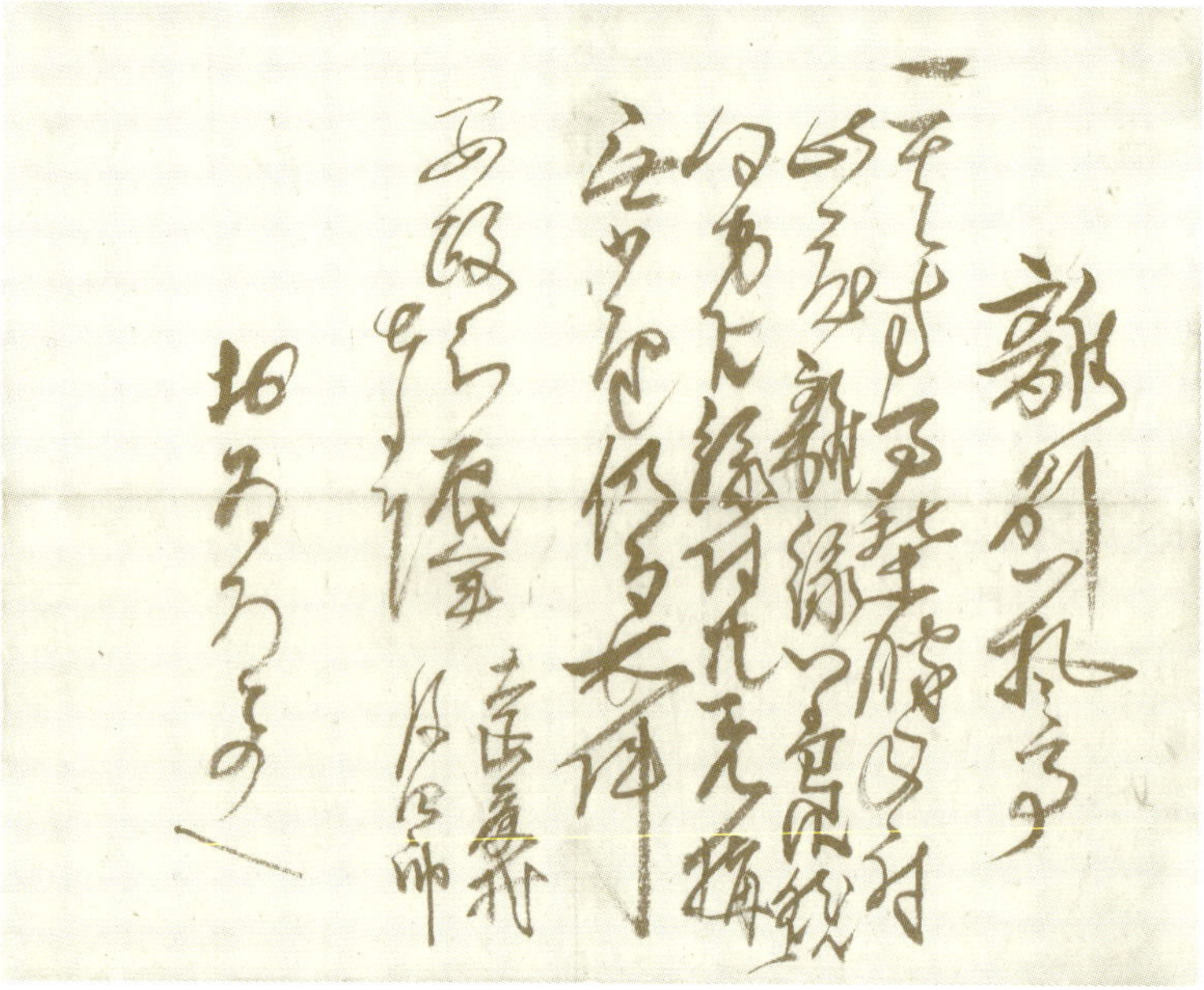

東慶寺の内済離縁状

離別一札之事

一其方事、我等勝手ニ付、
此度離縁いたし候、然ル上
何方江縁付共、差構
無御座候、仍而如件

安政三辰年　　遠藤村
七月八日　　弥四郎

おゐろとのへ

（二六・二×三三・〇）

そのほう事、われら勝手につき、このたび離縁いたし候、しかるうえ（は）、いずかたへ縁づくとも、さしかまえござなく候、よってくだんのごとし

徳川時代を通して、縁切寺（駆け込み寺ともいう）として知られ、その縁切りの特権を行使したのは、鎌倉の東慶寺と上州の徳川満徳寺の二か寺のみであった。その縁切寺での離縁取り扱いは大別すると、足掛け三年の在寺を必要とする「寺法離縁」と、駆け込み後夫婦間で示談が成立し、在寺を必要としないで、そのまま離縁のうえ、実家に引き取られる「内済離縁」とがあった。東慶寺の縁切り寺法手続きを左に図解した。*

*拙著『縁切寺』一一九頁。

寺法離縁と内済離縁は「出役（寺役人の夫方への出張）」の有無によって決まる。寺法離縁のとき、ここではふれないが、夫は寺宛の特殊な内容の寺法離縁状を差し出した。寺法離縁成立後夫は直ちに再婚できたが、妻は二四か月在寺禁足後に、別途寺役人が発行した寺法離縁証明書を受理して下山した。その証明書は寺法離縁状の写しの末尾に「本書先

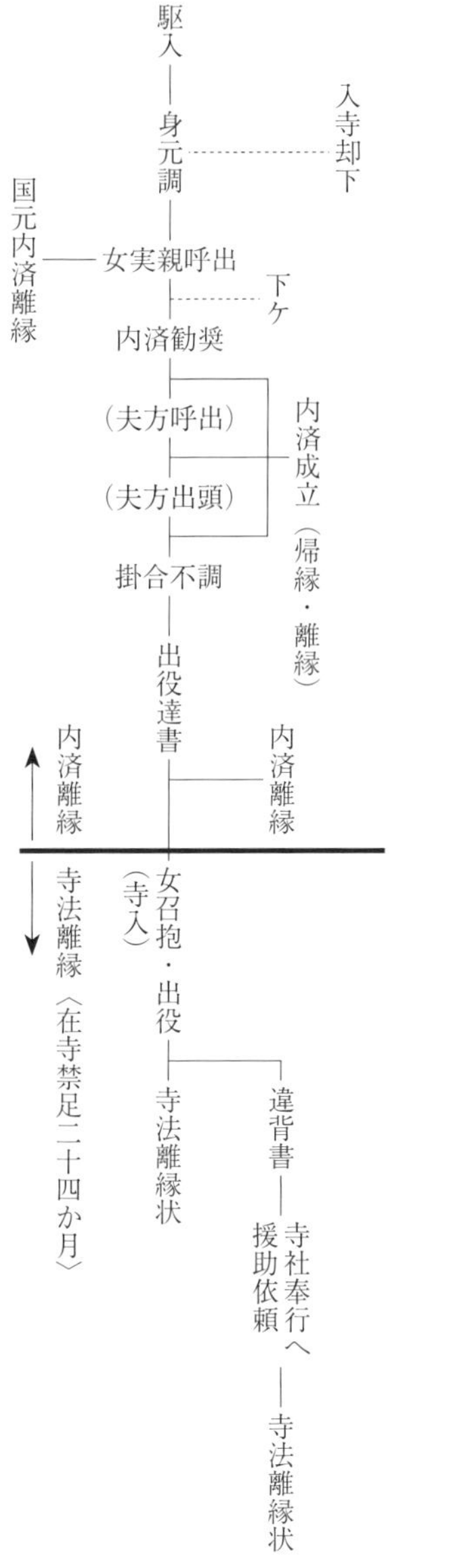

図　東慶寺の縁切寺法手続き図解

例之通り当山江取置、写書相渡し申候」として、寺役人が署名・捺印したものである。*

　ここに取り上げる弥四郎と「ゐろ」の離縁事例には、関連文書が三通ある。すなわち妻方呼出状請書・内済離縁状写・内済離縁引取状**である。いずれも小丸文書（東慶寺旧蔵文書）であるから、内済離縁状写も寺に残存したものであることは明白である。右に掲げたものは私が平成元（一九八九）年に古書入札会で入手したもので、夫弥四郎から妻ゐろに渡された離縁状本紙ということになる。入手の顛末は別に述べた***。

　安政三（一八五六）年七月相模国高座郡遠藤村（神奈川県藤沢市）百姓源左衛門娘「ゐろ」が東慶寺へ駆け込んだ。名主が呼状の請書を七月七日付けで差し出しているので、ゐろはおそらく七日かその前日に駆け込んだものであろう。妻方は日延べをして同じ村内の夫弥四郎方と離縁の掛け合いをする。その結果、八日には内済離縁が成立した（妻方で呼出後日延べをして、直ちに夫方と交渉をして離縁を成立させるのを「国元内済離縁」といい、満徳寺にはない東慶寺独特の手続きである）。夫はここで妻あての離縁状（本紙）と寺に差し出す離縁状とを二通作成した。妻方では写としての離縁状を持参し、かつ松ヶ岡御所様御役所あての内済離縁引取証文を父親・親類・下宿（御用宿）主人連署のうえ、寺に提出したのは、七月九日のことであった。駆け込みからわずか三日ないし四日で離縁成立して、ゐろは滞在していた御用宿松本屋から引き取られ（入寺したわけではない）、帰村したのである。

*拙編著『縁切寺東慶寺史料』口絵六頁。
**拙編著『縁切寺東慶寺史料』五二五〜六頁。
***拙稿「私の〈三くだり半〉」一一六頁以下。

東慶寺の内済離縁状は、寺法離縁状と異なり、特別な書式があるわけではなく、普通の離縁状が用いられた。もっとも、寺に残存する書式集『御寺法写（石井本）』によれば、内済離縁状の文面として、「一此度其方望ニ付、離縁致候、然上者何方江嫁候共、一切構無之、為後日離縁状、依而如件」とある。

たしかに妻の駆け込みによる離婚請求なのであるから、「其方（妻）望ニ付」は言い得て妙である。ここでは代表的な「我等勝手ニ付」の離婚理由で、本紙は四行に、写しもほぼ四行に書かれている。* 本紙と写しの内容の相違は、「然ル上ハ」の「ハ」の有無だけで、字配りは同一である。書き手は同一人であるが、寺へ提出した離縁状は縦二四・〇×横二三・二センチメートルで、離縁状本紙の大きさは先に記した。東慶寺の内済離縁にあっては、夫から妻へ交付された離縁状本紙を寺役人に示し、役人が写しを取るのが通例の手続きで、唯一残った一八六六（慶応二）年の東慶寺『日記』三月一五日の条にも「引取書（内済離縁引取状――高木注）為入、…略…尤離縁状写役所へ取置、本紙はつや女へ相渡し」とある。ゐろの場合、国元内済離縁であったがゆえに、あるいは同行した飛脚が写しを寺では取ることを示唆し、夫が二通の離縁状を書いたものと思われる。

妻にあてた離縁状本紙と寺に差し出された離縁状写とが二つながら現存するのは、ゐろの場合以外になく稀有な事例である。

*拙著『縁切寺』一二一頁。

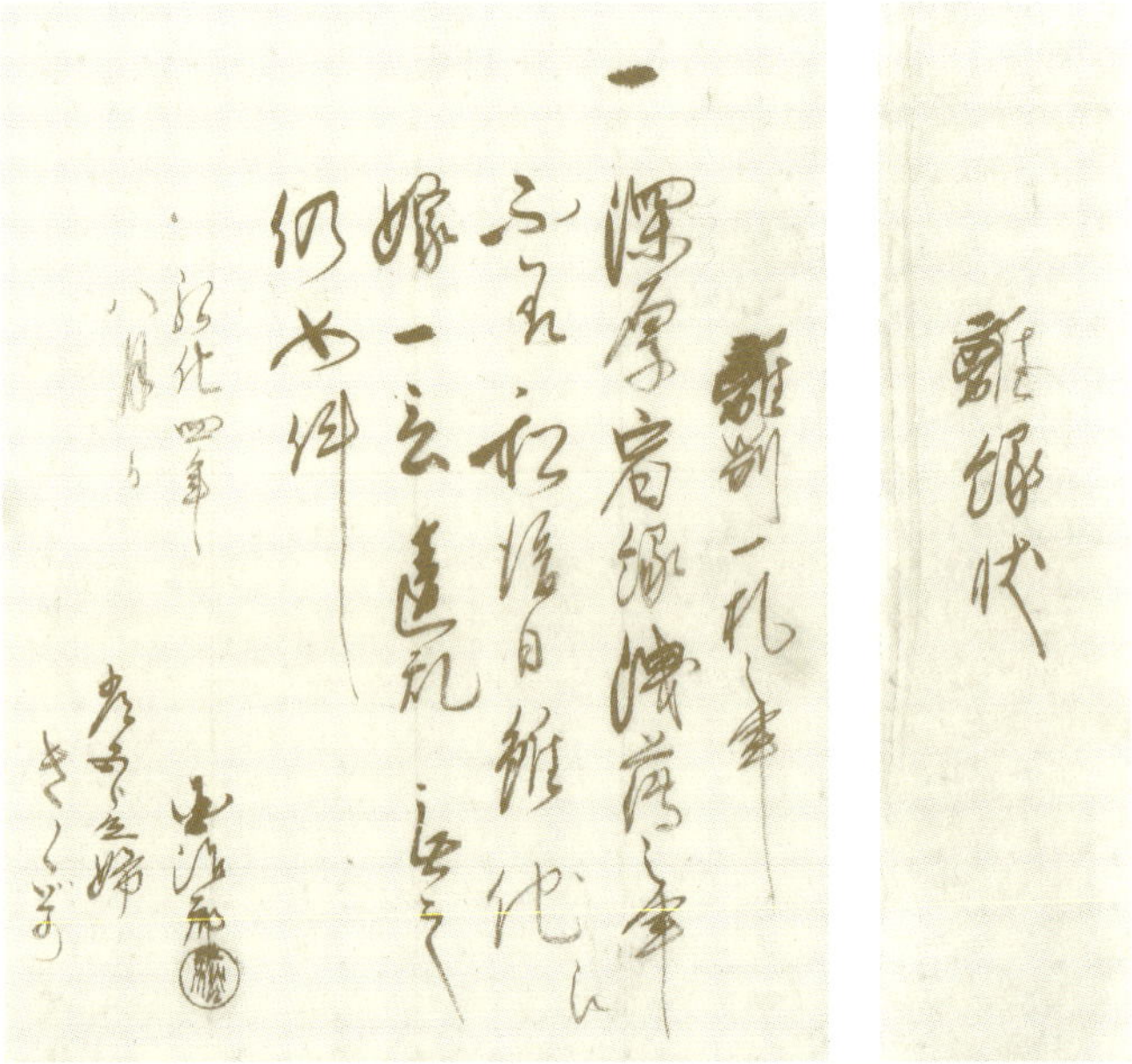

満徳寺の内済離縁状

——身勝手な駆け込み：きく一件①

（上包）

「　離縁状　」

離別一札之事

一深厚宿縁洩（浅）薄之事

不有私、後日雖他江

嫁、一言違乱無之、

仍如件

弘化四年

八月日　　国治郎㊞

常五郎殿姉

きくどの

（二五・三×二〇・三）

深厚の宿縁浅薄の事、わたしにあらず、後日他へ嫁すといえども、一言違乱これなし、よってくだんのごとし

これは上野国勢多郡新田庄徳川郷（群馬県太田市）に所在した縁切寺満徳寺の内済離縁状である。前半の「深厚宿縁浅薄之事不有私」は、尼寺にふさわしい仏教語を配した満徳寺独特の離縁状である。しかも満徳寺への駆け込みによる離縁には、寺法・内済を問わず、必ずこの書式の離縁状を用いたので、私はこれを「満徳寺離縁状」と称する。一方、東慶寺では寺法と内済離縁で離縁状の形式・内容が異なったのである。東慶寺との比較のため、満徳寺についても寺法完成期の縁切り寺法手続きを図解した。*

右は、弘化四（一八四七）年七月下野国足利郡名草村（栃木県足利市）百姓国次（治）郎が、縁切寺満徳寺へ駆け込んだ妻「きく」に与えた三くだり半である。明らかに満徳寺への駆け込みによった離縁状の実物は、満徳寺に残存した一通とこれの二通のみである。

*拙著『縁切寺』一一九頁。

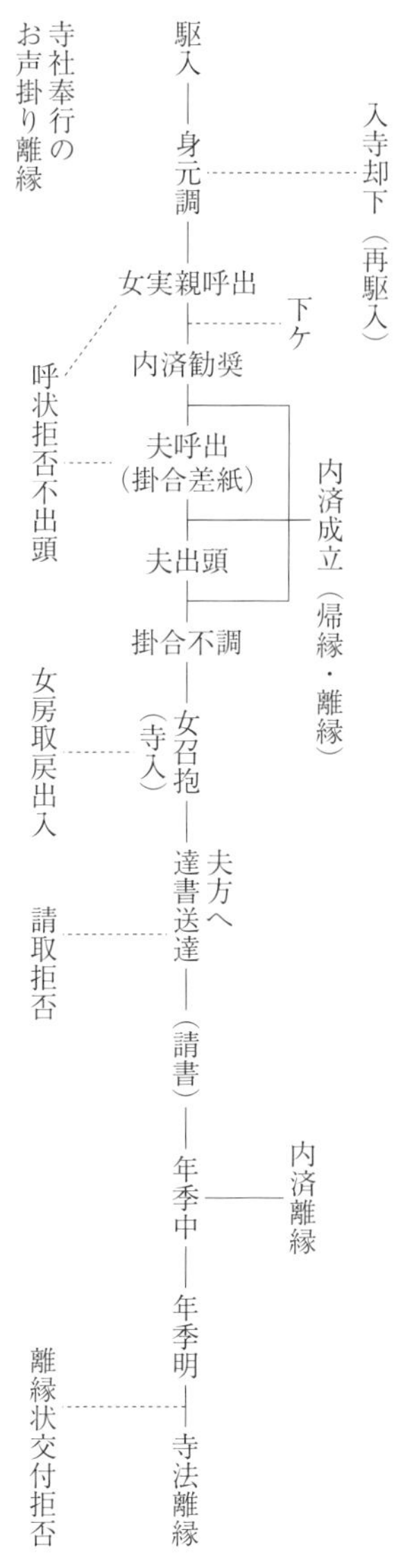

図　満徳寺の縁切寺法手続き図解

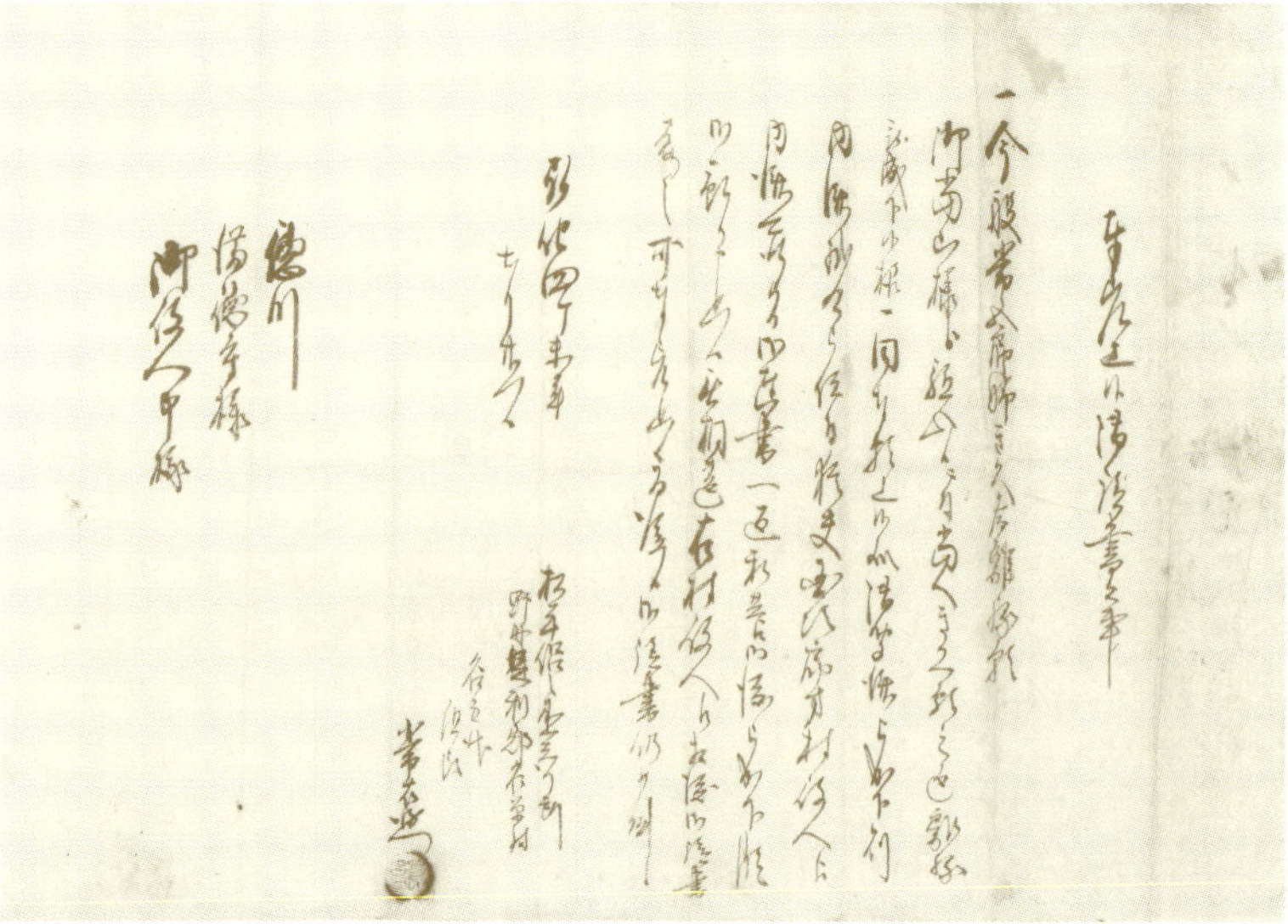

掛合差紙預り請書——きく一件②

奉差上候御請書之事

一今般常五郎姉きく為離縁願、
御当山様江駈入候ニ付、当人きく願之通離縁
被成下候様一同奉願上候処、御聞済被成下、則
内済掛合被仰付、猶夫国次郎方村役人江
内済可仕旨御達書一通、私共江御渡被成下段、
御預り申上候、無相違右村役人江相渡、御請書
取之可奉差上候、為後日御請書仍如件

弘化四丁未年　　松平侶之丞知行所
七月廿一日　　野州足利郡名草村
名主代組頭
常右衛門㊞

徳川
満徳寺様
御役人中様

（読み下し文略）

きくの三くだり半には関連文書が五通ある。[*] それらのうちの二通を引用しながらこの駆け込み一件を述べよう。弘化四（一八四七）年七月きくは満徳寺へ駆け込んだ（日時は明らかでない）。駆け入り後、寺ではきくから事情を糺《ただ》し、出生親元へ呼状が差し遣わされたが、早速出頭すべきところ、きく実家はもともと極貧だったので、寺へ出頭のための路銀の調達に若干の日時を要したが、きく弟・親類兼組合・名主代組頭が寺へ出頭する。寺ではまずきくに対して夫と熟縁（復縁）するよう申し諭すも納得しない。やむをえず、きくともども離縁を願い出る旨の入寺願を差し出す。これが七月二一日のことであるから、日延べを勘案すると、駆け入りは三、四日ないしは一週間位前と考えられる。寺ではまず妻方へ夫方と交渉して内済離縁を成立させるよう申し渡し、当事者間での解決を優先させる。帰村のうえ少なくとも一、二度は当事者間の示談交渉がなされる（きく事例ではこの手続きは省略）。それでも内済が成立しないときは、夫を召換する呼状を妻方に渡して掛合（交渉）させる。これで示談しなかったら、夫に寺への出頭をちらつかせて内済を迫るので、これを「掛合《かけあい》差紙（呼状）」という。「多分ハ済方ニ相成申候」[**]とあって、ここではとんどの場合内済が成立した。「掛合差紙」のもつ伝家の宝刀的な効果である。

右に掲げた文書は、掛合差紙を夫方村役人へ渡して、その請書を受理して寺へ差出す旨を約している。掛合差紙の記事は、一、二散見するが、確実に受理した旨の請書が明らかになったのは、本文書が初めてである。

＊拙著『縁切寺満徳寺の研究』史料番号一一〇〜五。

＊＊拙著『縁切寺満徳寺の研究』五六六頁。

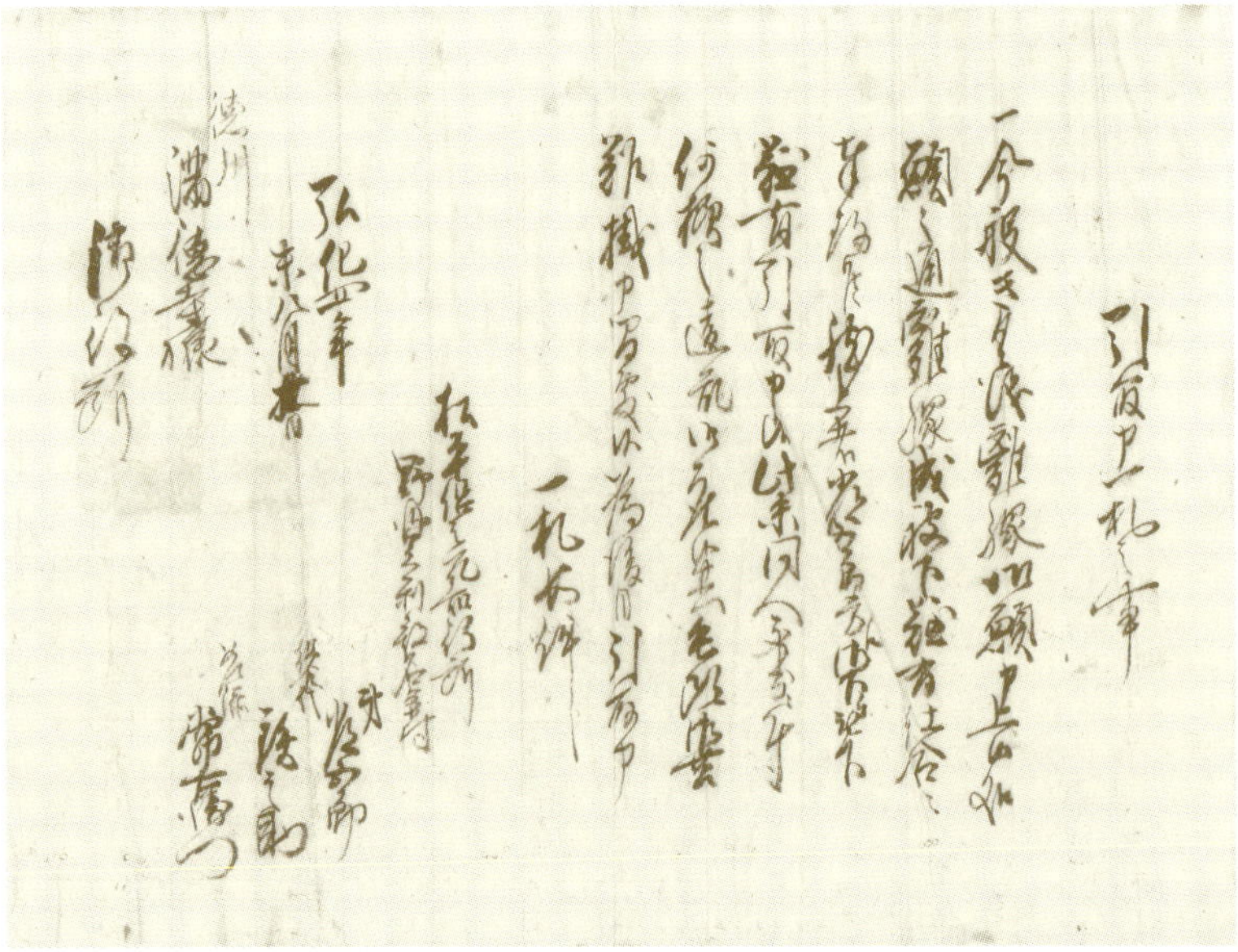

内済離縁引取証文――きく一件③

引取申一札之事

一今般きく儀、離縁御願申上候処、
願之通離縁成被下難有仕合ニ
奉存候、然上者常五郎方江御下ケ被下、
難有引取申候、此末同人身分ニ付、
何様之違乱御座候共、毛頭御苦
難掛申間敷候、為後日引取申

一札如件

弘化四年
未八月十日

松平侶之丞知行所
野州足利郡名草村
弟　常五郎
組合代　鉄之助
差添　常右衛門

徳川
満徳寺様
御役人中様

（読み下し文略）

きくは二〇年前に村内の百姓庄蔵方へ縁付き、長年月を睦まじく暮していた。ところが、駆け入り前年の弘化三（一八四六）年五月、きくは村内の国次（治）郎と馴合《なれあい》（密通）、以後家内が差し縺《もつ》れる。きくは離縁と同時に浮気相手たる国次郎と再婚するが、この離縁・再婚はすべて庄蔵と国次郎との相対（相談）でなされた。再婚後、老衰・乱心の母の介護に実家に帰っていたきくは、そこから満徳寺へ駆け込んだのである。

七月二七日に妻方一同は再び寺へ出頭して、きくの離縁後の問題として「元縁付候庄蔵」方で引き取ってほしい旨嘆願している。さらに妻方に無断の再婚だったことと、なにより当人きくが先夫との復縁を望んでおり、これら複雑な事情から関係者一同のほか、先夫まで呼び出されて寺に出頭している。

現夫国次郎は、きくと庄蔵との情交関係に疑念を抱く。きく弟常五郎は先に嘆願した通り、引取方は先夫庄蔵へ願いたい旨をくり返す。きくは現夫を嫌忌することになったが、それは一九年連れ添った先夫への愛着からであったろうか。しかし、庄蔵ときくとは離縁後は全く関係がなかったことがわかり、国次郎の疑念も晴れ、内済離縁が成立する。八月九日国次郎からきく宛の満徳寺離縁状が授受され、関係者一同からは内済離縁済口証文、常五郎等からは、翌一〇日右の引取証文が寺へ提出され、きくは実家方へ引き取られて結着をみる。駆け入りから二〇日ないし二五日を要した内済離縁であった。浮気相手と再婚したものの、やはり先夫の方がよかったから戻りたいとは身勝手な話ではある。

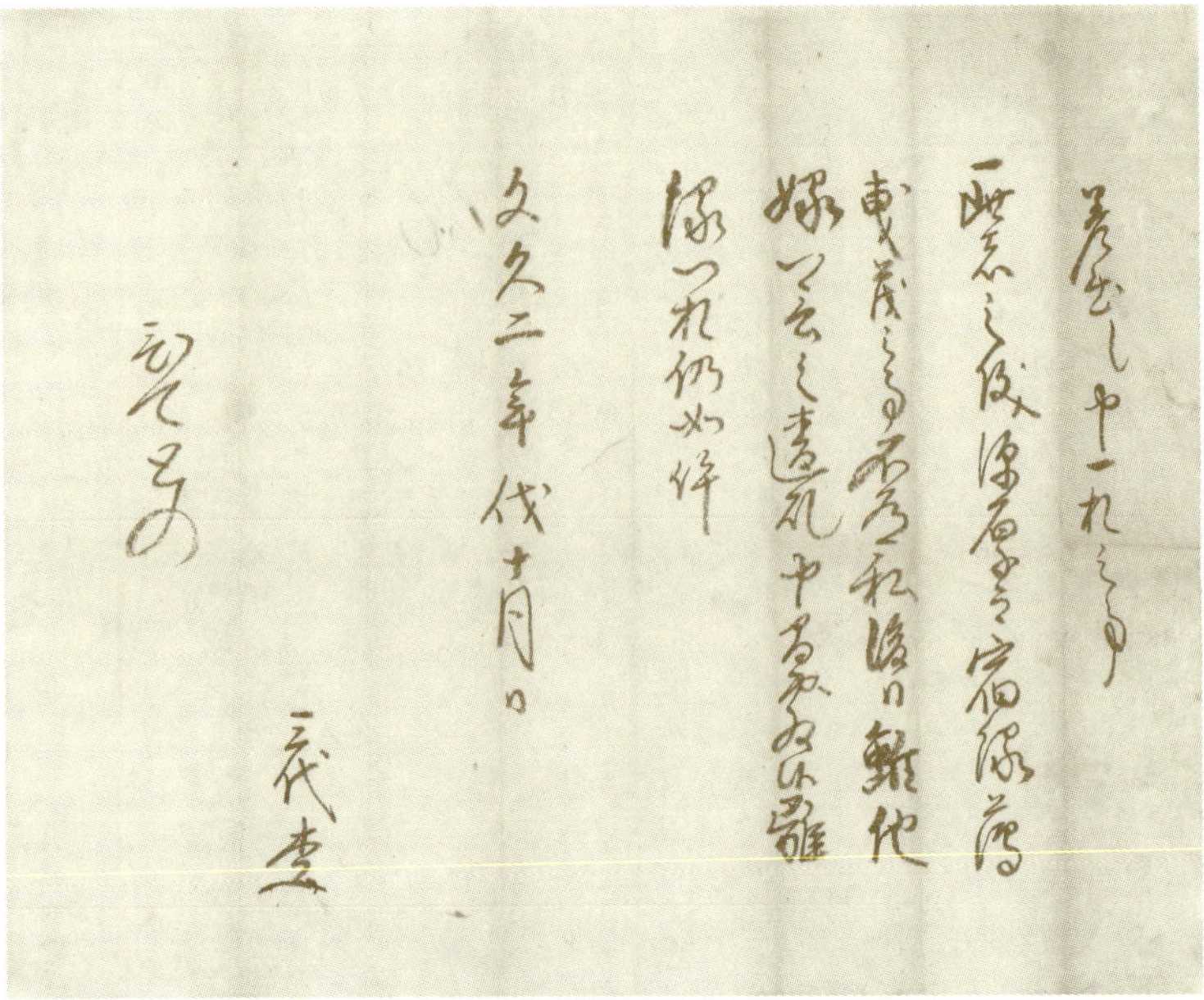

満徳寺酷似離縁状①

差出し申一札之事

一此者之儀、深厚之宿縁薄

曳（マヽ）茂之事不有私、後日雖他

嫁、一言之違乱申間敷候、離

縁一札仍如件

文久二年戌十月日

三代松（爪印）

ひてとの

（二四・七×三〇・〇）

この者の儀、深厚の宿縁薄浅（浅薄）のこと私にあらず、後日他へ嫁すといえども、一言の違乱申すまじく候、離縁一札よってくだんのごとし

これは満徳寺へ駆け込んだ女が受理した三くだり半ではない。満徳寺へ駆け込んだ女ならば書式通りの満徳寺離縁状を受理したからである。深く厚かるべき前世からの宿縁がたまたま浅く薄かったので、離婚になったが、それは私の恨みや利害によるものではない、結局、人知の及ばなかったこととしたのである。離婚原因を夫婦双方の責めに帰さず、とりわけ妻の有責性にはふれなかった。これが離縁状の文句としてふさわしいものと考えられ、満徳寺に駆け込まない離婚でも、周辺のかなり広範囲な地域に流布し、満徳寺離縁状に酷似・模倣されたのである。離縁状の中領域での地域性の事例でもある。*

日付は文久二（一八六二）年戌一〇月、夫本人から妻あてに差し出された三くだり半である。ここに掲載した三くだり半は、離婚文言だけではなく、再婚許可文言まで酷似している。前にふれたが、離婚文言に「深厚・宿縁・浅薄・不有私」の四つのキーワードを含むものを酷似とし、三つの場合は模倣とした。また二行目の「曳」の前には薄があり、浅薄と書くべきところ、前後を入れ違い、しかも「浅」に似た文字「洩」の偏「氵」を落として旁《つくり》の「曳」のみを書いたものと、私は考える。

再婚許可文言「後日雖他嫁、一言之違乱申間敷候」は、他江嫁の「江」が落ち、一言のつぎに「之」が入り、無之が申間敷になったとはいえ、これほど酷似したものはほかにない。文書の旧所蔵者は、上野国群馬郡石原村（群馬県渋川市）で、満徳寺から地図上直線距離でおおよそ三二キロメートルである。

*本書六九頁参照。

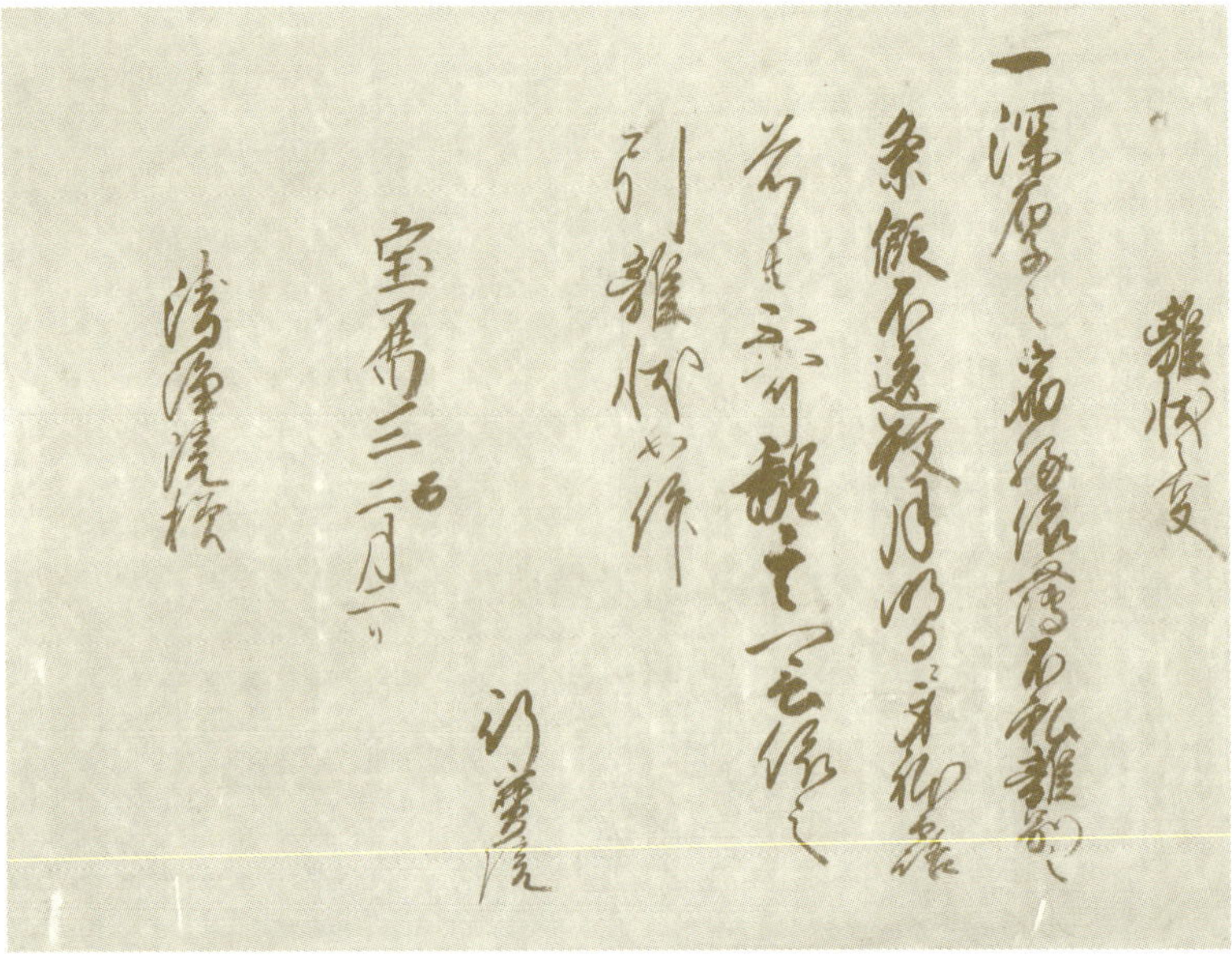

満徳寺酷似離縁状②

離状之事

一深厚之宿縁依薄不私、離別之
条、仮不送数月、明日ニ身体露（落カ）
着候共、不可翻其一言、依之
引離状如件

宝暦三酉二月二日　　　　行宝院

清浄院様

（二八・〇×三七・五）

深厚の宿縁薄きによる（こと）私ならず、離別の条、たとい数月を送らず明日に身体落着候とも、その一言ひるがえすべからず、これにより引離状（離縁状）くだんのごとし

表題は「離状之事」とあり、本文のなかには「引離状」とみえる。これは離引状のつもりでしたためたものと思われ、離縁状のことと考えてよいであろう。本文は離婚文言と再婚許可文言とからなり、三行半である。日付は宝暦三（一七五三）年二月で、私所蔵の三くだり半のなかで四番目に古い。行宝院という寺の僧侶が妻を離縁して、妻の実家の清浄院という寺にあてた三くだり半である。僧侶の三くだり半もないことはないが数少なく、四通しか見いだしていない。*また、本文書は襖の下張り文書である。

清浄院は上野国邑楽郡高島村（群馬県邑楽郡板倉町）の真言宗豊山派の寺と思われるが、行宝院はどこに存在した寺院であるか、現在の段階で判明していない。

再婚許可文言には「仮不送数月、明日ニ身体露（落カ）着候共、不可翻其一言」、離婚後数か月を経なくとも「明日ニ」も再婚しても（構わない）、その事（一言）は翻《ひるがえ》さない。ここで、私は露着を「落着」と、再婚の意に解し、判読不能の一字を「翻」と読んだ。果たしてこれでよいのか、読者のご批正・ご教示を願う。

妻実家の清浄院の群馬県邑楽郡板倉町は、満徳寺から地図上直線距離でおよそ三五キロメートルの距離である。なお、「明日」にも再婚を許可する文言は、下野国（栃木県）足利周辺地域、上野国（群馬県）邑楽・新田両郡から見いだされることはすでにふれた。**狭領域にわたる地域性の一つである。

*一例は拙著『増補』二九一頁。

**本書七五頁

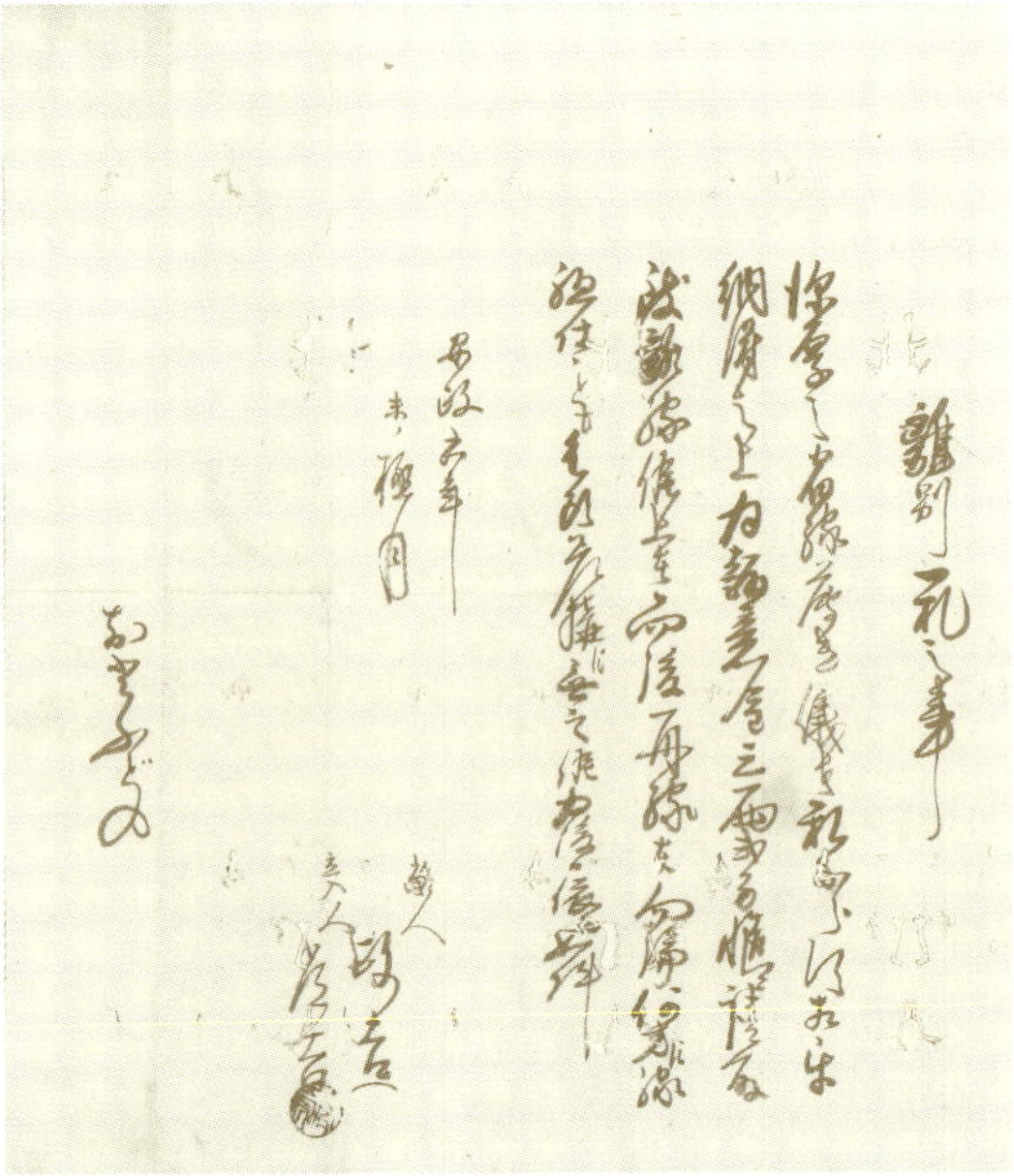

満徳寺酷似離縁状③——婿差し出し

離別一札之事

深厚之宿縁薄き儀者私ならす、相互
納得之上、為趣意金三両弐分慥ニ請取、
致離縁候上者、向後再縁者勿論、何方江縁
組仕候とも毛頭差構江無之候為後日依而如件

安政六年
未ノ極月　　　　当人　政　吉（爪印）
　　　　　　　立入人　常　吉㊞

おとふどの

（三三・五×二九・五）

深厚の宿縁薄き儀は私ならず、相互に納得の上、趣意金として三両弐分たしかにうけ取り、離縁いたし候うえは、こうご再縁はもちろん、いずかたへ縁組つかまつり候とも、もうとうさし構えこれなく候、後日のためよってくだんのごとし

表題は「離別一札之事」、本文は離婚文言と再婚許可文言とからなり、ほぼ四行だが、四行目の末尾に一文字分空白を設けたのは、三行半を意識したものか。日付は安政六（一八五九）年極（一二）月、夫政吉から妻「とふ」にあてたもので、夫は爪印を押しているが、立入人《たちいりにん》は署名し、捺印している。これは購入した文書で、住所の記載がなく、使用された地域が特定できないのが残念である。

満徳寺離縁状に酷似していることの基準は、くり返しになるが、離婚文言の「深厚・宿縁・浅薄・不有私」の四つの用語による。この三くだり半によって、前に引用の「不私」は「私ならず」と読むことがわかる。これには、離婚法上、重要な問題がある。「向後再縁は勿論、何方へ縁組仕候とも」の解釈で、ここでの「再縁」と「何方へ縁組」は、同じことを意味するものではない。後者は他男との再婚を意味するが、「再縁は勿論」とあるのは何を意味するのか。通例は「再縁は勿論如何様之儀有之候共」などと用いられるが、この再縁は「何方へ縁組」のことで、どこへ嫁してもなにが起こっても夫方では構わないことを意味する。しかし、右離縁状の「再縁は勿論」は「何方へ縁組」と同義ではないので、ここでの再縁は婿取りを意味し、再び婿を迎えることは勿論、どこへ嫁しても構わないと解釈すべきで、婿養子が差し出した離縁状だったといえるのである。

また、夫が妻方から「趣意金」、つまり離婚慰謝料として三両二分を受理したのは、妻の方から婿に離婚を請求したからである。

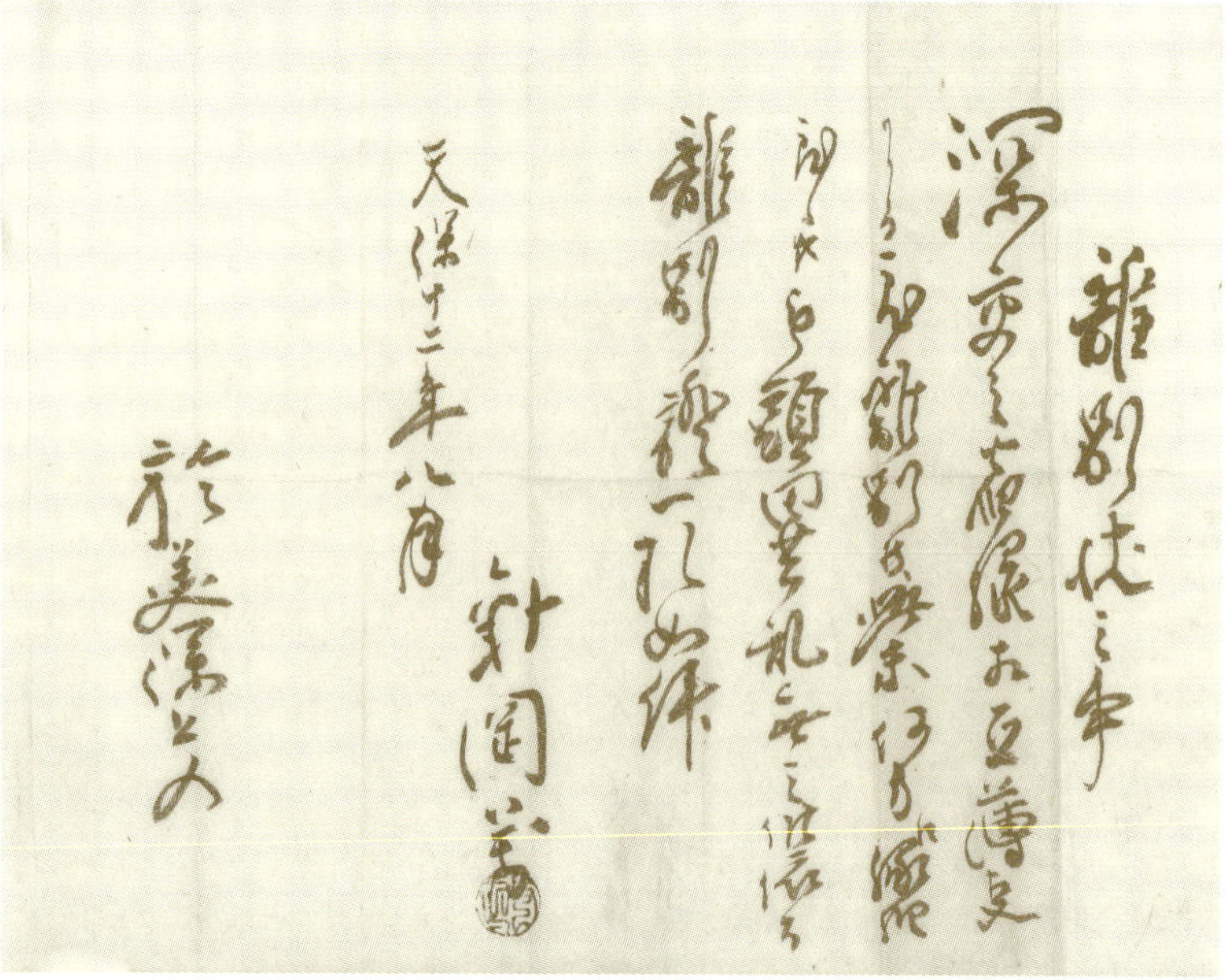

満徳寺模倣離縁状①

離別状之事

深交(厚)之宿縁相互薄事
に而致離別候、此末何方江縁組
致候共、毛頭異乱無之候、依而
離別証一札如件

天保十二年八月　　新岡　萬㊞

おみほとの

(三〇・四×三七・五)

深厚の宿縁相互に薄きことにて離別いたし候、このすえいずかたへ縁組いたし候とも、もうとう異乱これなく候、よって離別証一札くだんのごとし

表題は「離別状之事」で、本文は離婚文言と再婚許可文言からなり、三行半に書かれている。夫から妻本人にあてたもので、年号は天保一二（一八四一）年八月である。用いられた地域は不明であるが、模倣離縁状であることから、満徳寺から六〇キロメートル以内の地域で用いられたものに違いない。

満徳寺離縁状酷似のキーワードは四つあったが、そのうちの一つ「不有私」もしくは「不私」を欠いたもの、酷似とはいえないまでも、この種の模倣した離縁状もかなりみられる。また浅薄の二文字が「薄」一文字になっている。この種の「浅薄」が「薄く」になったものもかなり散見される。離婚文言は「深交之宿縁相互薄事」で、深厚の厚が「交」になっているが、親交を深める意と誤解したのかもしれない。相互に縁が薄かったことで（ここでも妻のせいにしていない）、離婚にいたったという。

また、再婚許可文言のうち、「一言違乱」を「毛頭異乱」と表現している。この違乱・異乱を用いた離縁状は多くないが、満徳寺から地図上で直線六〇キロメートルの遠隔地、下総国豊田郡粟野新田村（茨城県結城郡八千代町）の離縁状*には「一宿縁薄、心底存念不相叶、離別いたし、他雖嫁、一切違乱無之」とあった。前半よりも後半部分が満徳寺離縁状の「雖他江嫁、一言違乱無之」に酷似している稀な事例である。

差出人の苗字は難読であるが、私は「新岡」と読んだ。適切な解読があったら、ご教示いただきたい。

*拙著『泣いて』一五二頁。

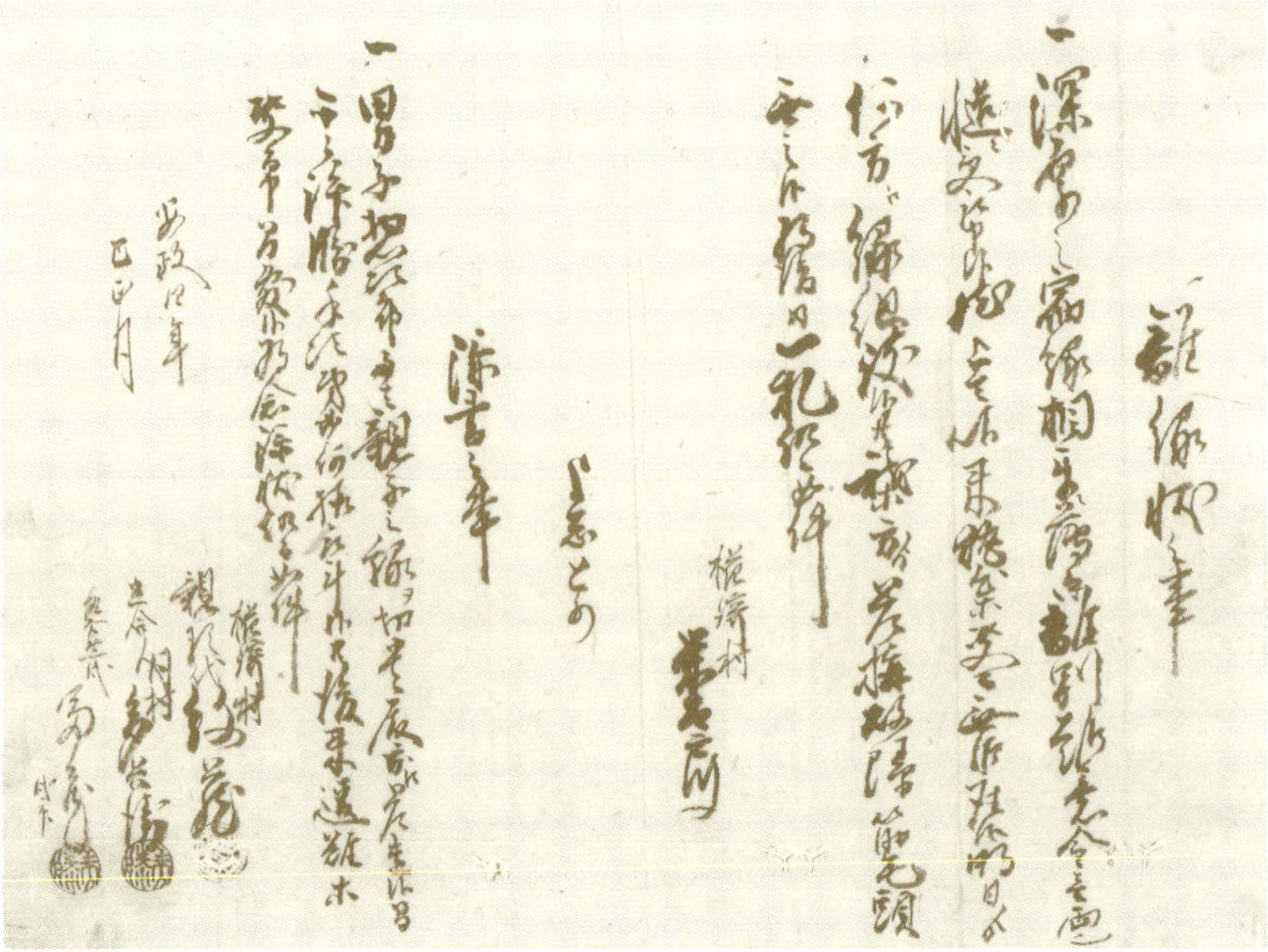

満徳寺模倣離縁状②

離縁状之事

一深厚之宿縁相互ニ薄而離別、趣意金壱両也
慥ニ受取申候、然上者以来執心等決而無御座候、
明日ゟ何方江縁組致候共我等方ゟ差構故障筋毛頭
無之候、為後日一札仍而如件

樺崎村
栄太郎（爪印）

よしとの

添書之事

一男子惣次郎与者親子之縁ヲ切、貴殿方江差遣候間、
其許勝手次第如何様取斗候共、後来違難等
決而申間敷候、為念添状仍而如件

安政四年
巳正月

樺崎村
親類代　紋　蔵㊞
同　村
立合人　多　兵　衛㊞
親類惣代　富　代印蔵㊞

（二四・五×三四・〇）

釈文（解読文）が長くなったので、離縁状の読み下しは省略した（二行目末尾の「明日ゟ」を便宜上次行の頭に移した）。「深厚の宿縁相互に薄くて離別」は縁が薄かったこと、つまり離婚原因を双方の責めを帰さないことを「相互」が強調している。これが三くだり半に相応しいとされて、満徳寺への駆け込みでない離婚でも模倣された。

三くだり半が用いられた下野国足利郡樺崎村（栃木県足利市）は満徳寺から地図上直線距離でおおよそ二一キロメートルである。再婚許可文言の、明日からでも再婚してもよいとの意である「明日より」は足利周辺地域等で用いられた狭領域の地域性の一つである。

また、離婚にあたって、栄太郎は妻方から趣意金（離婚慰謝料）一両を受け取っているので、妻「よし」の方から離婚を請求したものである。当時は離婚請求した方が、慰謝料を支払ったのである。これを私は「離婚請求者支払義務の原則*」という。

この三くだり半に「添書」がある例は珍しいが、夫婦間の子の帰属にふれている。「男子は夫の方へ、女子は妻の方へ引分」けるという慣習がよく知られるが、「添書」に男子を妻方へ差し遣わすとあり、しかも夫（父親）はその男子惣次郎と不通、つまり「親子の縁を切」って往き来をしないことが親類・立会人の連署加印をえて、約束されている。要するに、離縁における子の帰属問題は夫妻間の協議によったのであり、それはときに子の「養育料」にも及び、子への配慮が十分に考えられたのである。

*本書四九頁。

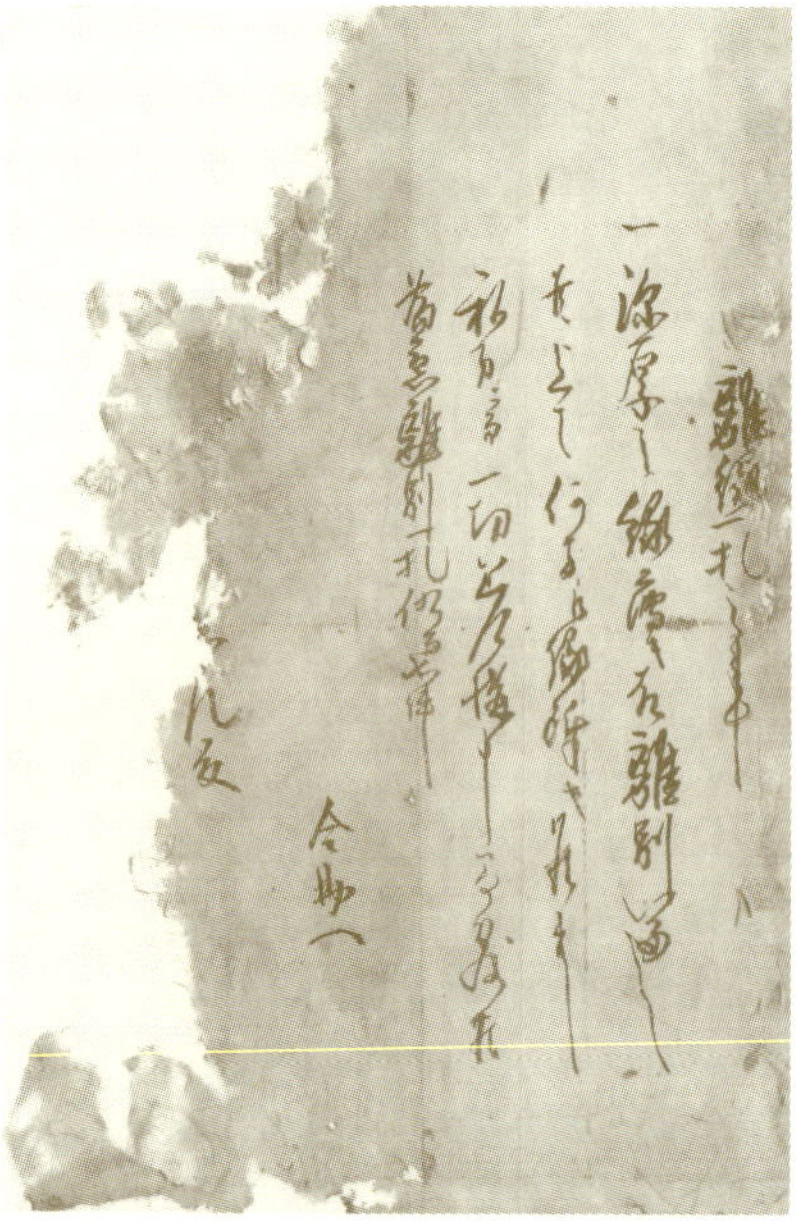

満徳寺模倣離縁状③

離縁一札之事

一深厚之縁薄キ故、離別いたし
候上者、何方江縁付キ候共、
私方ニ而差構申間敷候、
為念離別一札仍而如件

金　助（爪印）

□ん殿

（二八・五×一九・〇）

深厚の縁薄きゆえ、離別いたし候うえは、いずかたへ縁づき候とも、私かたにてさし構え申すまじく候、念のため離別一札よってくだんのごとし

表題「離縁一札之事」で、本文は離婚文言と再婚許可文言の二要素からなっている。離婚文言は「深厚之縁薄キ故」と、「深厚」だけがキーワードとして残り、「縁薄」につきと模倣がやや緩んでいる。年号はなく、夫から妻にあてたもので三行半である。妻の名は判然とせず、夫は爪印を加えている。

これは襖の下張文書である。その旧蔵者は下野国梁田郡上渋垂村（栃木県足利市）で、この地域で用いられた離縁状である。なお、満徳寺からは地図上直線距離おおよそ三〇キロメートルである。

次頁に模倣離縁状④を引用した。これは表題「離別一札之事」で、本文は離婚文言と再婚許可文言の二要素からなっており、三行半にしためられている。右の三くだり半と同様、離婚文言は「深厚之縁薄ニ付」と、「深厚」だけがキーワードとして残り、右と同様「縁薄」きと模倣がやや緩んでいる。年号は天保一五（一八四四）辰年九月日と丁寧な書きようである。夫の名はやや難読であったが、「作」兵衛と読んだ。夫から妻にあてたもので、爪印を押している。

この三くだり半は知人から譲られた文書で、かれも用いられた地域は特定できないという。満徳寺から六〇キロメートル圏内のいずれかの地域であろう。

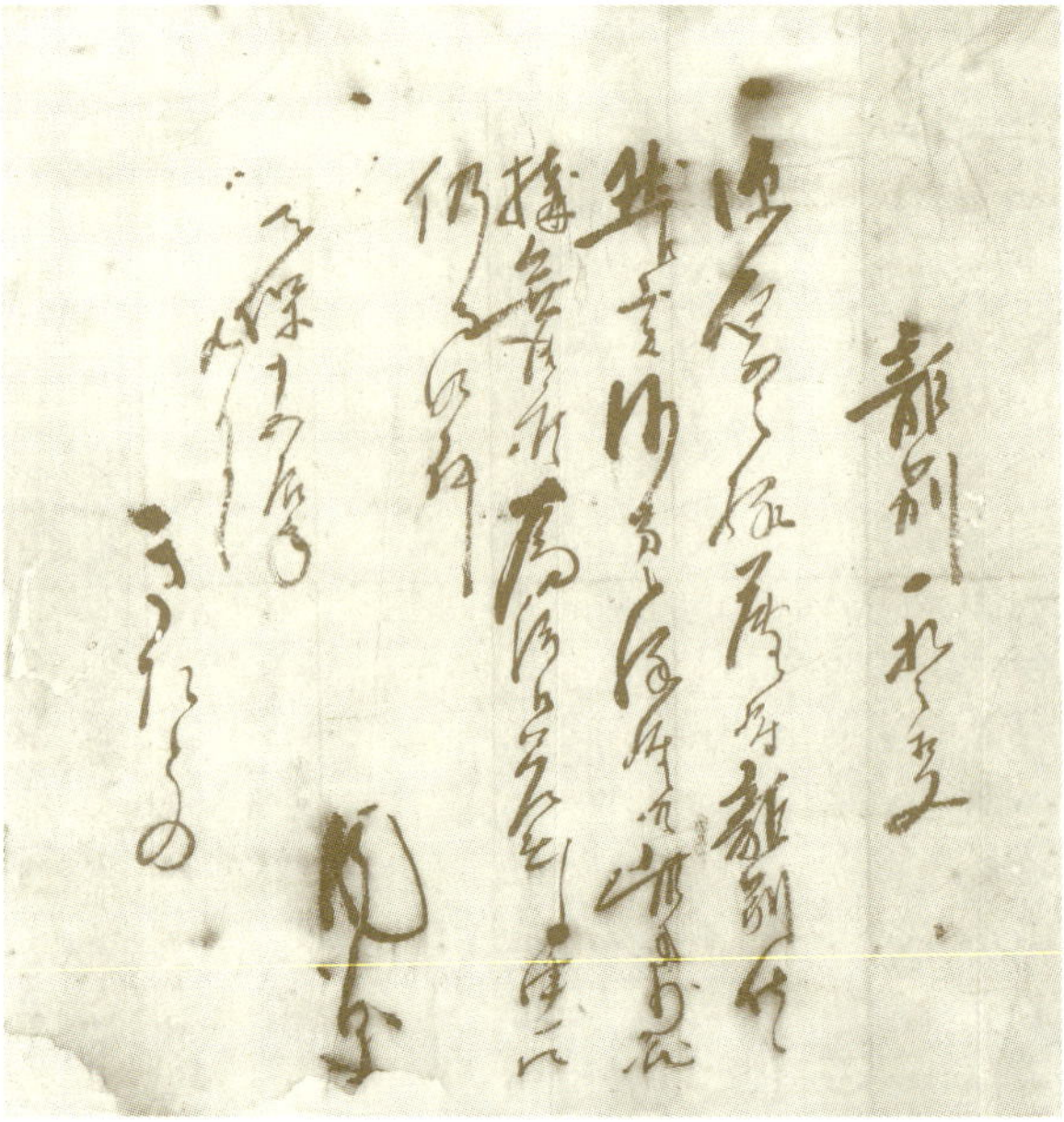

満徳寺模倣離縁状④

離別一札之事

一深厚之縁薄ニ付、離別仕候、
然ル上者何方江縁付候共、此方少茂
構無御座、為後日差出し申一札
仍而如件

天保十五辰年
九月日　作兵衛（爪印）

きたとの

（二三・七×二三・二）

深厚の縁薄につき、離別つかまつり候、しかるうえはいずかたへ縁づき候とも、このほう少しも構えござなく、後日のため、さし出し申す一札よってくだんのごとし

Ⅸ　執心切れ一札

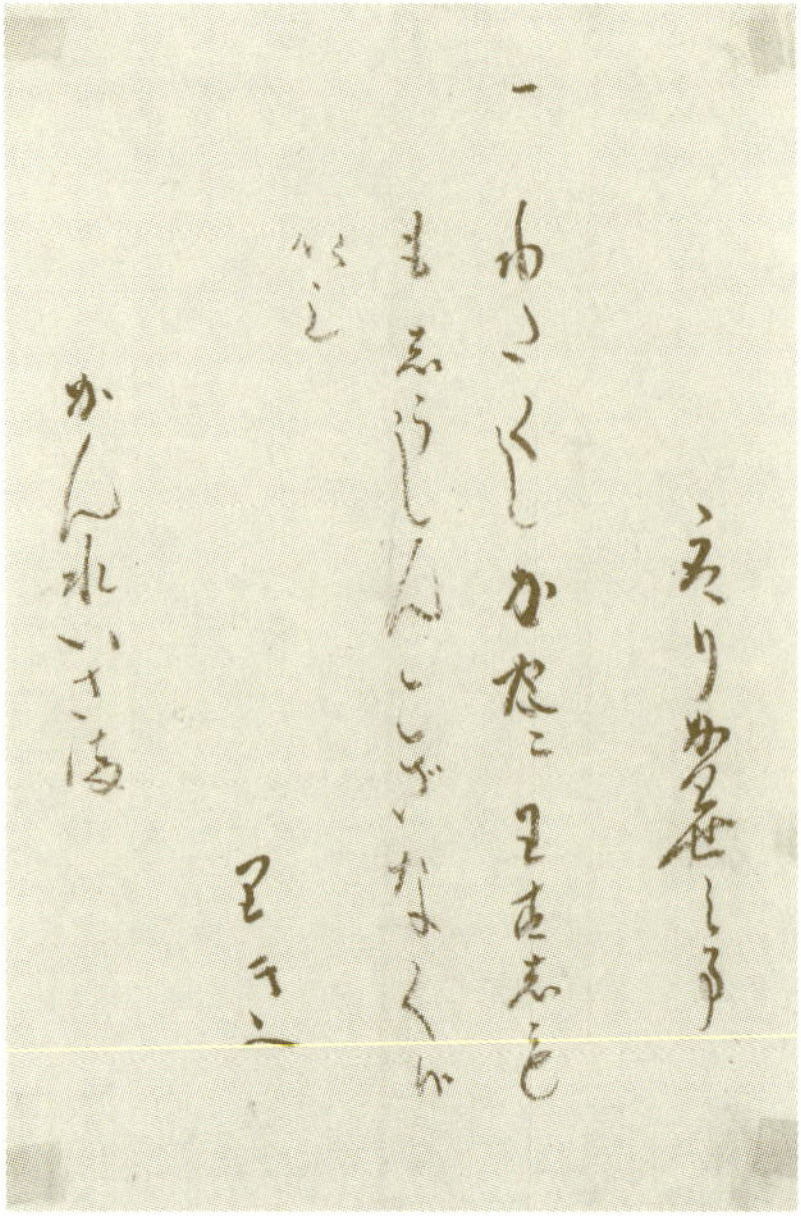

執心切れ一札——未婚男女関係解消

取りかわせ之事

一わたくしかたニわすし（こし）も

も志うしん（執心）こざなく候、

以上

り　き（爪印）

かんれいさま

〔俳山亭文庫旧蔵〕（二五・三×一七・〇）

私方には少しも執心ござなく候、以上

表題は「取りかわせ《為替》之事」。二行半の本文は、私「りき」はあなたに深く思いを懸けたが、今は執心のないことを表明し、爪印を加えたもの。年月日はなく、執心の相手（名宛人）は「かんれい」とあることから、僧侶だったのかもしれない。

この縁切り証文は、前にも述べた俳山亭文庫旧蔵文書で、四五年ほど前に拝見させていただいたものである。この「私方には少しも執心ござなく候」の内容は、男女の関係を解消するものであり、しかも確かに女が書いた縁切り証文であることに違いないが、はたして、妻がしたためたもの、つまり夫婦関係を解消するものなのか否か判断しかねていた。

ところが、その後一〇年ほど経ったころ、俳山亭文庫に別置きされた文書のなかと群馬県史の調査で赴いた群馬県東毛地域（上毛東部の意から東毛という）から、この種の男女関係解消の縁切り証文三〇通余を短時日のうちに見いだした（現在は七〇通余）。その結果、これは未婚の男女関係の解消文書であることがわかった。

以下には未婚男女の縁切り証文を紹介する。多くは双方未婚の場合であるが、一方が未婚で、他方が配偶者を有する場合も少ないながらみられる。

なお、以下の俳山亭文庫旧蔵のこの種の文書、執心切れ一札のほとんどをいまはなき篠木弘明氏から恵与されたものである。特記して深謝の意を表したい。

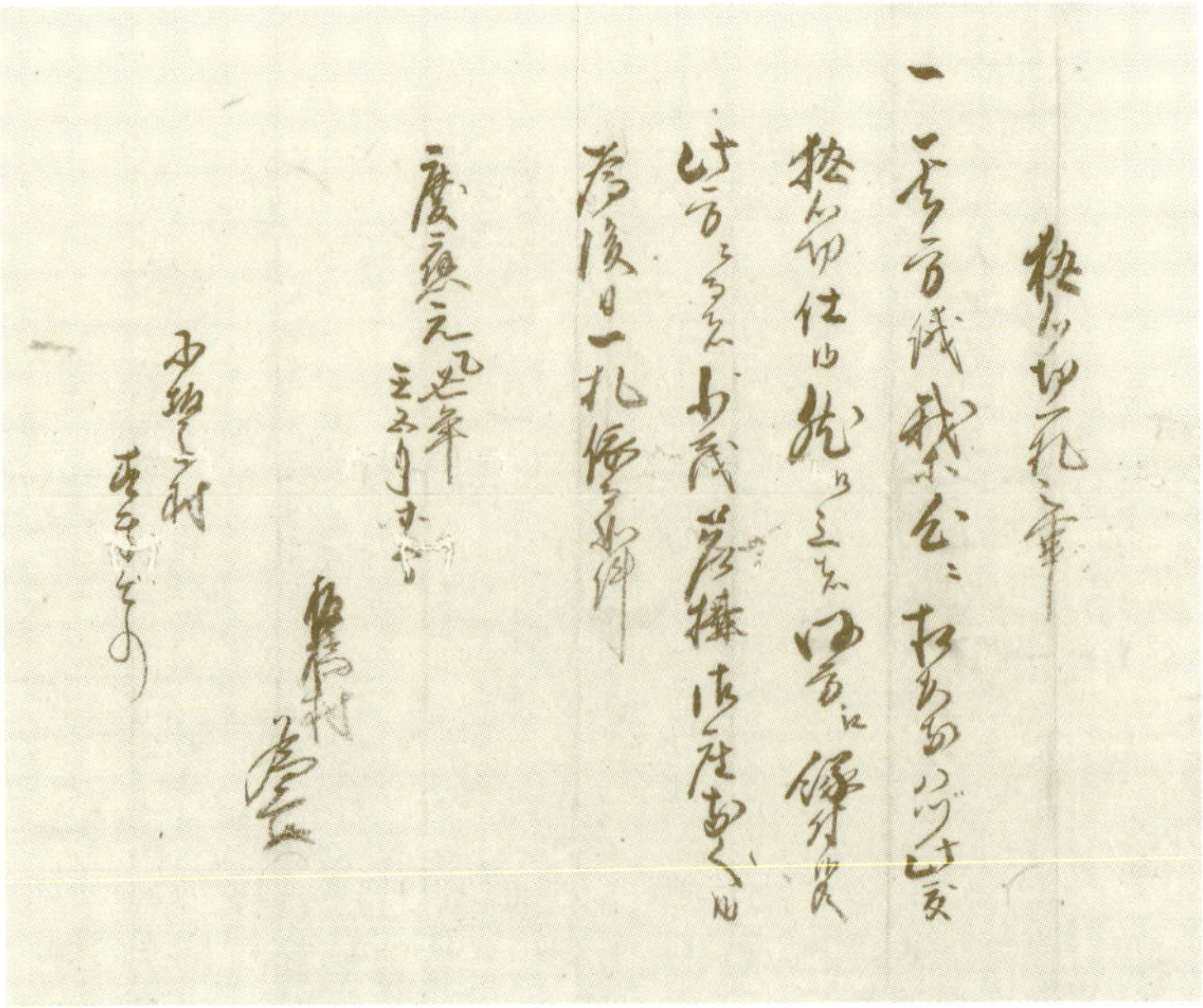

「為吉－すま」執心切れ一札

執心切一札之事

一其方儀、我等心ニ相かなハヅ、此度
執心切仕候、然ル上者何方江縁付候共、
此方ニ而者、少茂差構御座なく候、
為後日一札依而如件

慶応元乙丑年
閏五月廿五日

板橋村
為　吉（爪印）

小坂子村
すまどの

（二五・〇×三〇・七）

そのほう儀、われら心にあいかなわず、このたび執心切れつかまつり候、しかるうえはいずかたへ縁づき候とも、このほうにては、少しもさし構えござなく候、後日のため一札よってくだんのごとし

文書の表題には、ほかにもみられる「執心切《しゅうしんぎれ》一札之事」とあるので、私はこの種の未婚男女関係の解消文書を「執心切れ一札*」と称する。

本文の前半部分は、心に相かなわず「執心切れ」をしたという。文字通り読めば、男の気持ちにかなわず、別れることになったとあるが、はたして実態はどうだったのであろうか。

後半部分は、ついてはどこへ縁付いても構わないと、離縁状の再婚許可文言とまったく同じで、しかも本文を三行半に書いており、離縁状を意識している。男性為吉から女性「すま」に差し出し、為吉は爪印を加えている。日付は慶応元（一八六五）年閏五月二五日で、年号と干支、月日までしたためている。

板橋村は上野国勢多郡で、現在の群馬県桐生市内であり、小坂子村は同国同郡で、現在の前橋市内である。両村は地図上直線距離で、おおよそ一〇キロメートルの距離にある。

*拙著『増補』十八参照。

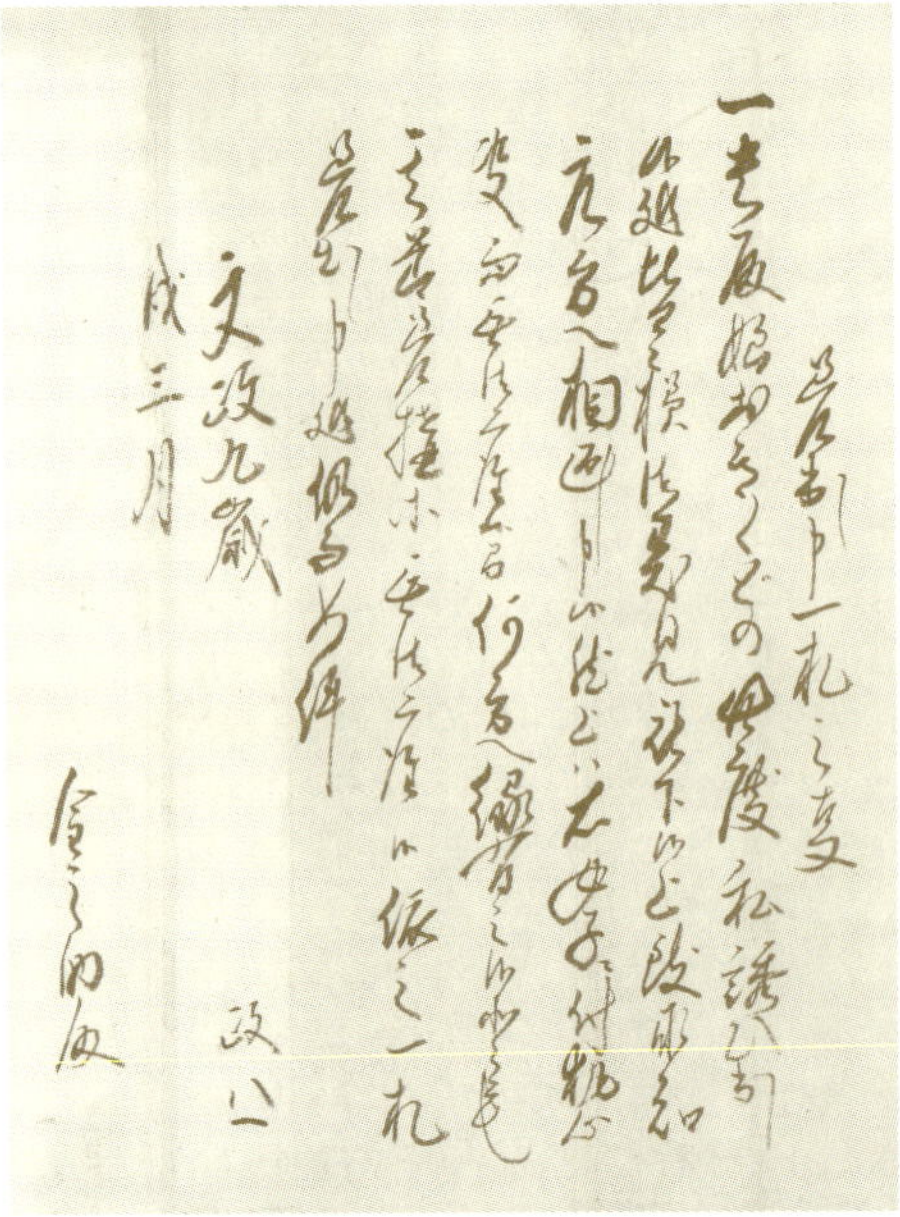

「政八－きく」執心切れ一札

差出し申一札之事

一貴殿娘おきくどの、此度私誘ひ出し候処、皆々様御異見被下候上、致承知元方へ相返し申候、然上ハ右女子ニ付、執心決而無御座候間、何方へ縁有之候とも、其節差構等無御座候、依之一札差出し申処、仍而如件

文政九歳　　政　八（爪印）

戌三月　　金　之　助殿

（二六・〇×一九・七）

貴殿娘おきくどの、このたび私誘い出し候ところ、みなみなさま御異見くだされ候うえ、承知いたし、元方へあい返し申し候、しかるうえは右女子につき、執心決してござなく候間、いずかたへ縁これあり候とも、その節さし構えござなく候、これにより一札さし出し申すところ、よってくだんのごとし

表題は「差出し申一札之事」で、これだけでは執心切れ一札とはわからない。政八は金之助娘「きく」を誘い出して後、両人は情交関係をともなったものと推測されるが、皆々様の「異見」に関係解消を納得・承知して、きくを親元に返したという。ここでの「皆々様」は村内の有力者と考えられる。したがって、きくへの執心は決してないので、どこに縁あっても、差し構えないことを約している。

この一札に「異見」とあるが、徳川時代に「意見」を使うことは皆無に近く、当時は「異見」の文字を用いた。これが、明治維新で復古を旨とする方針にしたがい、律令時代に用いられていた「意見」になって、現在まで続くのである。

本文の内容は、執心切れをなしたこと、その後の結婚に文句をいわないことの二つが五行半にしたためられている。執心切れは「執心無御座候」または「執心ケ間敷儀無御座候」と書いて収めるのが通例であるが、前項の再婚許可文言のように「何方へ縁有之候とも」と、その後の結婚に異議を唱えないことを記したのは稀な例である。

日付は文政九（一八二六）年三月、政八は爪印を加えて、きく父親金之助にあてて差し出している。用いられた地域は不明である。

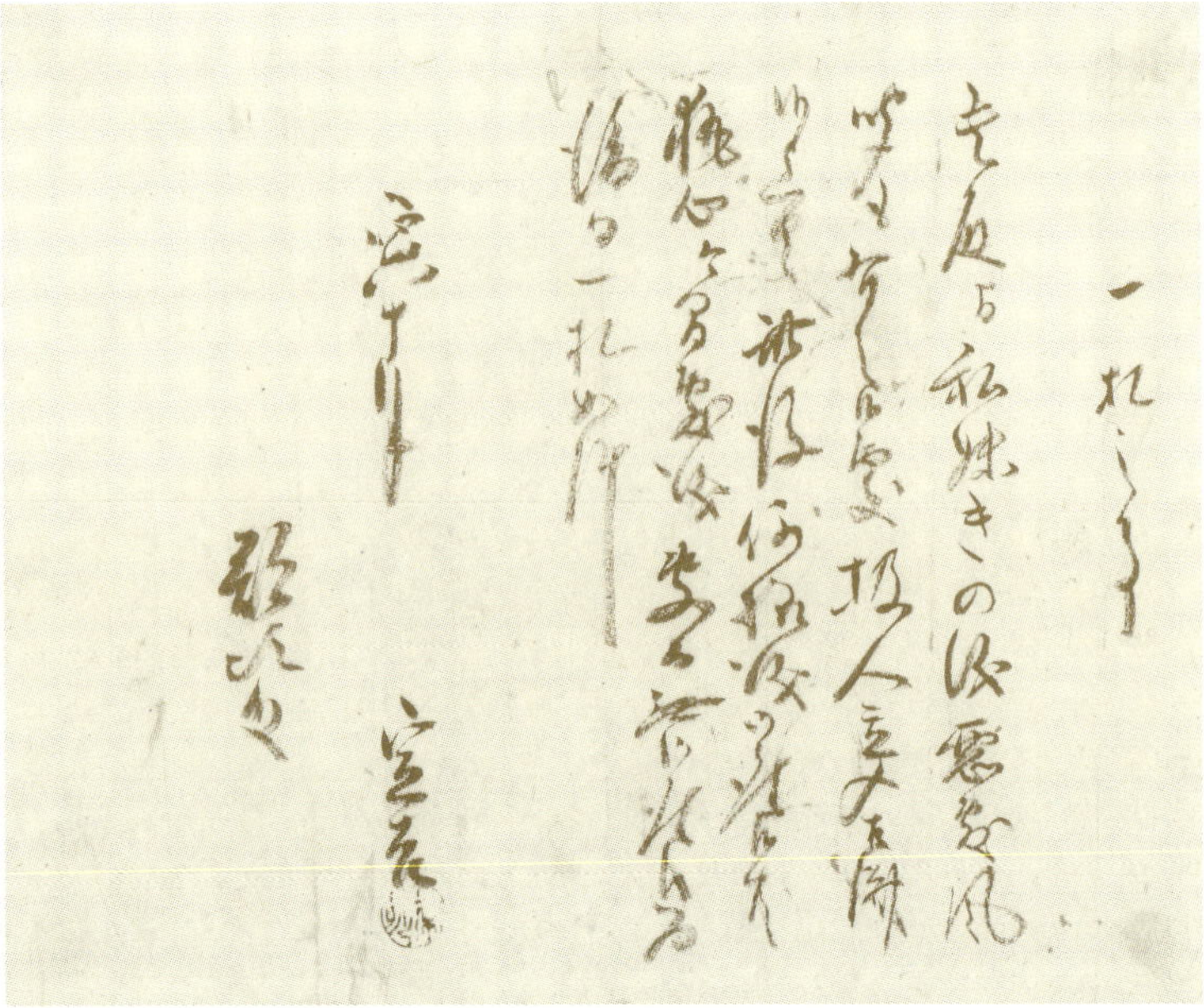

女方差し出し執心切れ一札

一札之事

貴殿と私妹きの儀、悪敷風聞も有之候処、扱人立入、相済候上者、此後何様儀御座候共、執心ケ間敷儀決而御座候、為後日一札如件

寅十月　定　吉㊞

郡　次殿

〔俳山亭文庫旧蔵〕（二五・三×三一・〇）

貴殿と私妹きの儀、悪しき風聞もこれあり候ところ、扱い人立ち入り、あいすみ候うえは、この後なにさまの儀ござ候とも、執心がましき儀決してござなく候、後日のため一札くだんのごとし

表題は普通の証文同様「一札之事」、本文は四行半で、日付は十二支の「寅」とあるのみで、年号は特定できないが徳川時代のものと思われる。

郡次と差出人定吉妹「きの」の両人について「悪敷風聞」、俗な言い方をすれば「あの二人はできている」とのうわさが立ち、扱い人が立ち入って、解決をみる。この後どのようなことがあっても、きのが郡次に執心を抱くことは決してない旨を、兄定吉が約束して差し入れた文書である。男性の方でこの執心切れを要求したとすれば、よほど女性の男性への執着が強く、その執心に危惧を抱いてのことであろう。

これが正式な結婚であれば、仲人などが間に立ち、人別帳にも記載され、周辺に知られ、さらに離婚もまた手続きを踏んでなされ、周辺に知られることになる。しかし、未婚の男女関係は、私的な関係として当事者双方の私的約束（契約）として存在するだけである。それだけに別れにあたっては文書、つまり「契約書としての執心切れ」を受理しておくことが必要とされたのである。

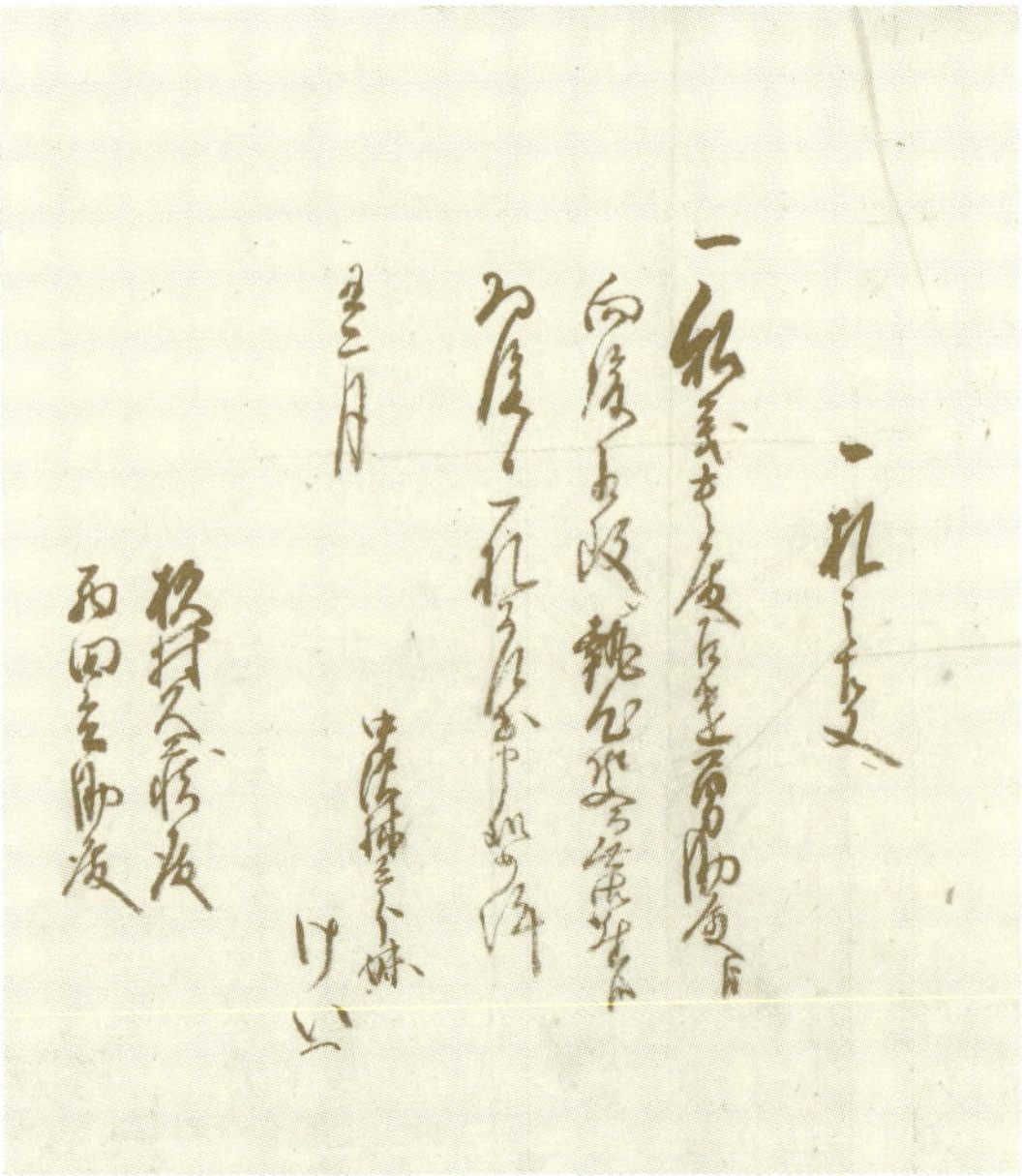

女性本人からの執心切れ一札

一札之事

一私義、貴殿召遣勇助殿江
向後相改メ執心決而無御座候、
為後日一札差出申処如件

丑二月　　中沢林三郎妹
　　　　　けい（爪印）

杉村久蔵殿
西田兵助殿

〔俳山亭文庫旧蔵〕（二八・〇×二四・五）

私義、貴殿召しつかい勇助殿へ、向後あい改め、執心決してござなく候、後日のため一札さし出し申すところくだんのごとし

表題「一札之事」、ほぼ三行でしたためられ、年号は十二支の「丑」とあるのみで、特定できない。関係者が苗字を称していることから、明治時代のものと思われるが、年代も特定できない。「けい」は当主でなかったこともあり、印章を所持していなかったのであろう、爪印を加えている。

前項の執心切れ一札は、男性が将来にわたる執心を懸念して女性側（兄）から受理したものと述べた。もっとも確実な約束事としては、当事者である女性本人が作成した契約書として受理することが、「執心切れ」違背の懸念を払拭するにはより適切と思える。実際、そのような執心切れ一札を当人である女性から差し出したものである。

本文の内容は、中沢林三郎妹けいが杉村久蔵宅の下男勇助と馴染《なじ》んでいたが、これからは心を改めて勇助への執心を絶つとしたためている。女性けいから、勇助の主人と、この関係解消に仲介の労を取ったと思われる西田兵助、両名にあてて差し出された。先の「りき」と同様、女性本人が単独で差し出したものであり、上野国で用いられた文書と思われる。

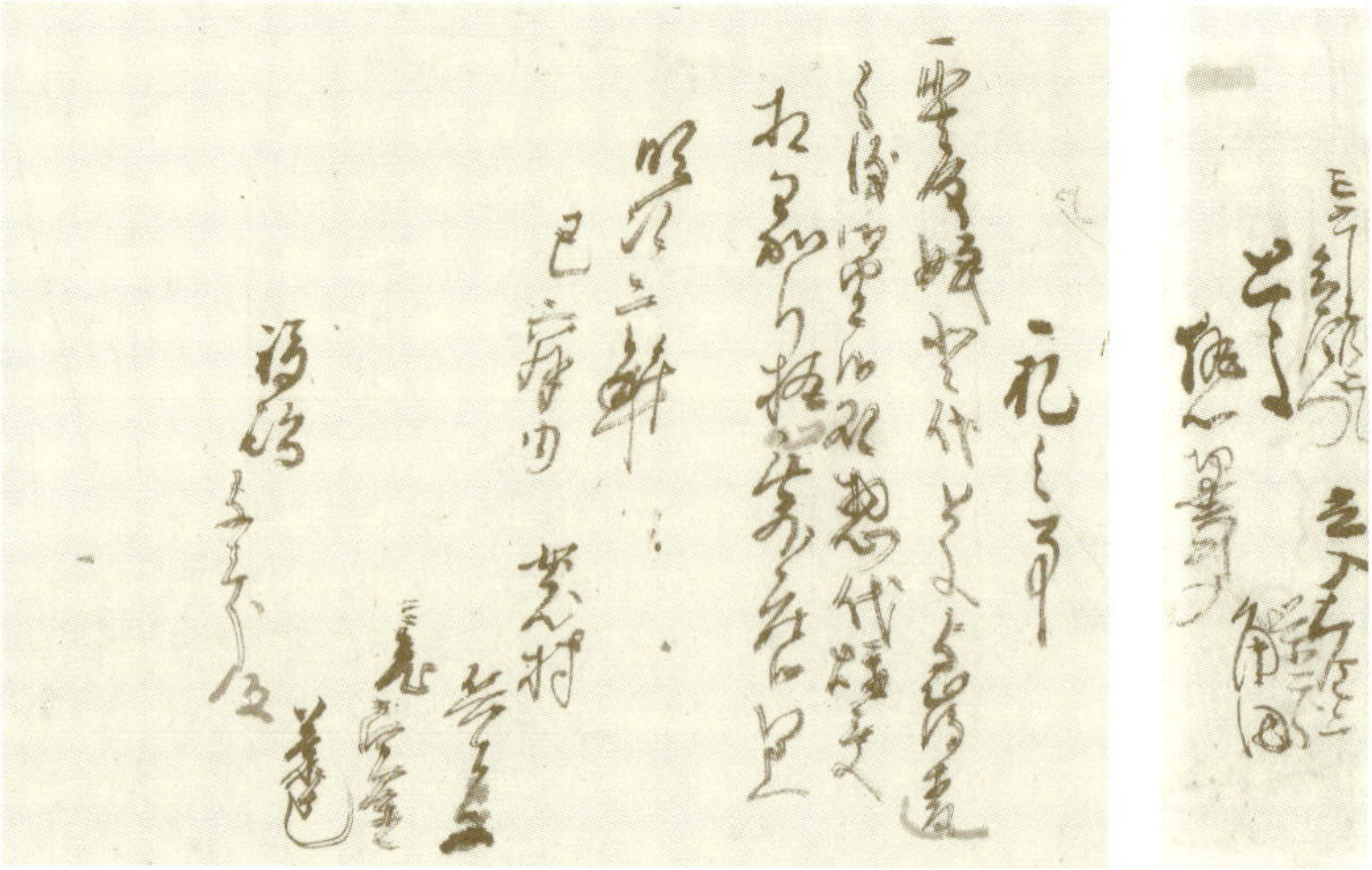

明治二年の執心切れ一札

（上包）
「（巳）ミ六月廿二日　　立入
兵左衛門　　右金二
とよ　　栄二郎
執心切書付入　　角助」

一札之事
一貴殿娘とよとの与心得違之儀御座候処、惣代媒受、相わかり、執心無御座候、以上

明治二年
巳六月日　　女屋村
兵左衛門（爪印）
こ（古）老
葉（□カ□）造

福嶋
与三郎殿

〔俳山亭文庫旧蔵〕（二四・三×三二・五）

まず、みてわかるとおり、兵左衛門本人がたどたどしく自筆でしたためたと思われる。結果として固有名詞の難読文字に悩ませられることになる。心得違の「違」の「辶」が抜けていたこと、同様に三行目の執心の「心」も欠いていたので、やや薄い墨色で、後から書き加えられたことがわかる。これは明治二（一八六九）年の執心切れで、上包から六月二二日のものとわかる。

表題は「一札之事」で、三行にしたためられている。兵左衛門は与三郎の娘「とよ」と「心得違」、おそらくひそかに情交関係をもったものであろう。村の惣代《そうだい》が仲立ちとして介入し、その説得をうけ、「相わかり」、納得して別れることに同意したものであった。この一札は兵左衛門から相手とよの父与三郎にあてて差し出された。

連署の二名の右上の文字は難読ながら、古老と読んでみた。そうなら文中の村の惣代で媒《なかだち》を勤め、この執心切れを実現したものと考えられる。また上包に立入人として名前のみられる三名は、他村との執心もつれでもあり、おそらく兵左衛門と同年齢の若者組の仲間かもしれない。

女屋村は上野国勢多郡で、現在の群馬県前橋市内、福嶋村は同国那波郡で、現在の佐波郡玉村町内である。両村は地図上直線距離で、おおよそ八キロメートルの距離にある。

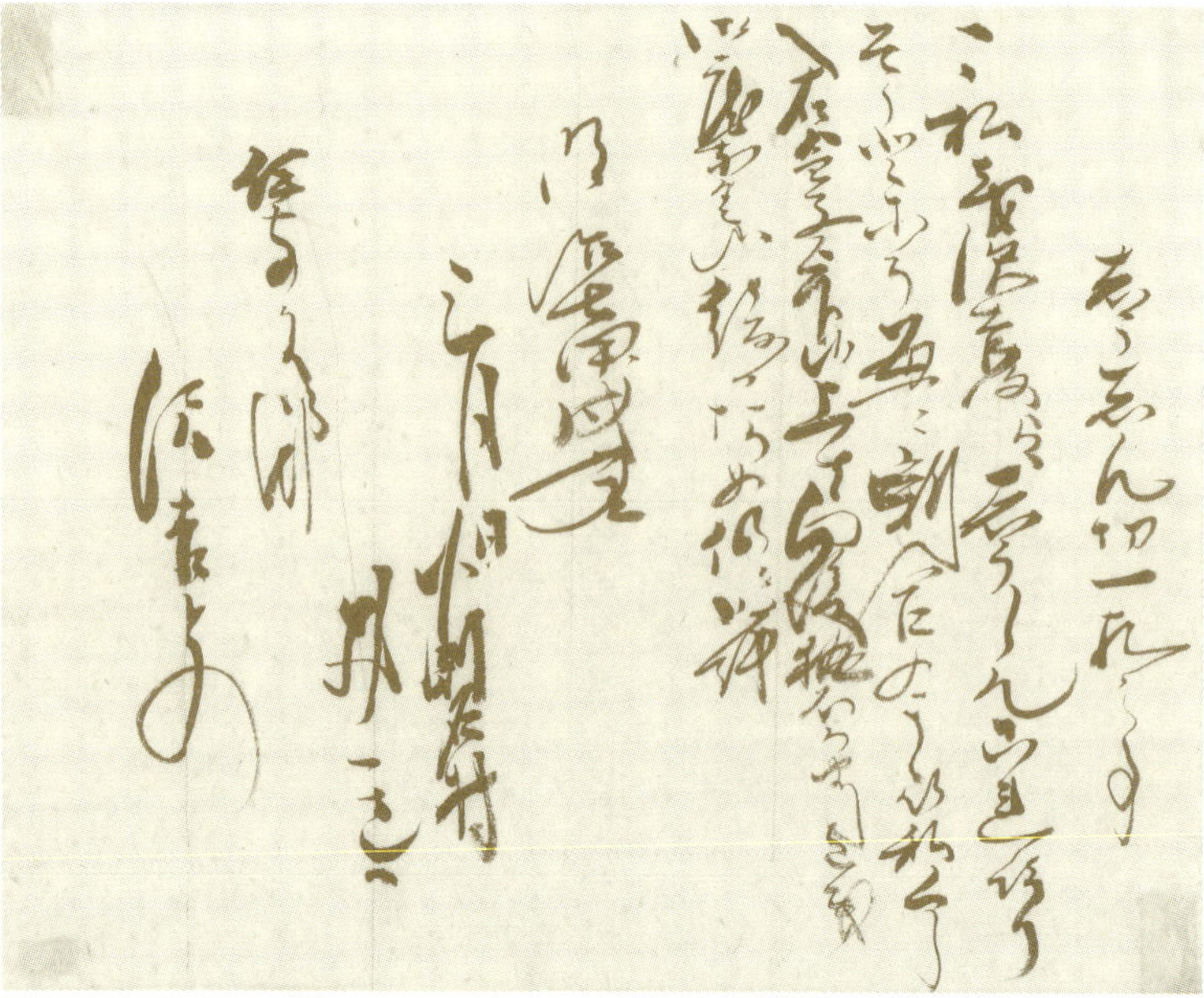

取り交わした執心切れ①

志うしん切一札之事

一私義、沢吉殿与志うしんこれあり
そろ《候》ところ、互ニ噺合のうい《え》私くし
へ右金子被下候上者、向後執心かましき義
御座なく候、後日ため仍而如件

明治七甲戌年
三月日　下淵名村
みき（爪印）

伊与久邨
沢　吉との

〔俳山亭文庫旧蔵〕（二四・五×三一・〇）

私義、沢吉殿と執心これあり候ところ、互いにはなしあいのうえ、私へ右金子くだされ候うえは、こうご執心がましき義ござなく候、後日のためよってくだんのごとし当時、若者仲間は、さまざまなかたちで村内の日常生活、とりわけ男女関係にかかわった。正式な結婚を経た既婚者の場合であっても、婿養子の離縁などは、若者仲間の承認をえてなされた。未婚の男女関係について介入するのは、むしろ当然といえた。しかもここでは他村との関係であるから、若者仲間の名前等はみられないが、若者仲間の了解が得られて、はじめて執心切れが授受されたものであろう。

私所蔵の執心切れには若者仲間が介入した事例は見当たらないが、右「みき－沢吉」同様に男女間で交換した事例がある。差出人には「はる」のほか、立合として親類・世話人・立会人と並んで「若者中」が連署し、また男伊吉からはるに渡された一札には、名宛人はると一緒に「御若衆中様」との記載がみえる。嘉永七（一八五四）年七月の男女で交換した上野国佐位郡内の波志江村と下触村（ともに群馬県伊勢崎市）との間の事例がある。*

*『増補』四二六頁以下。

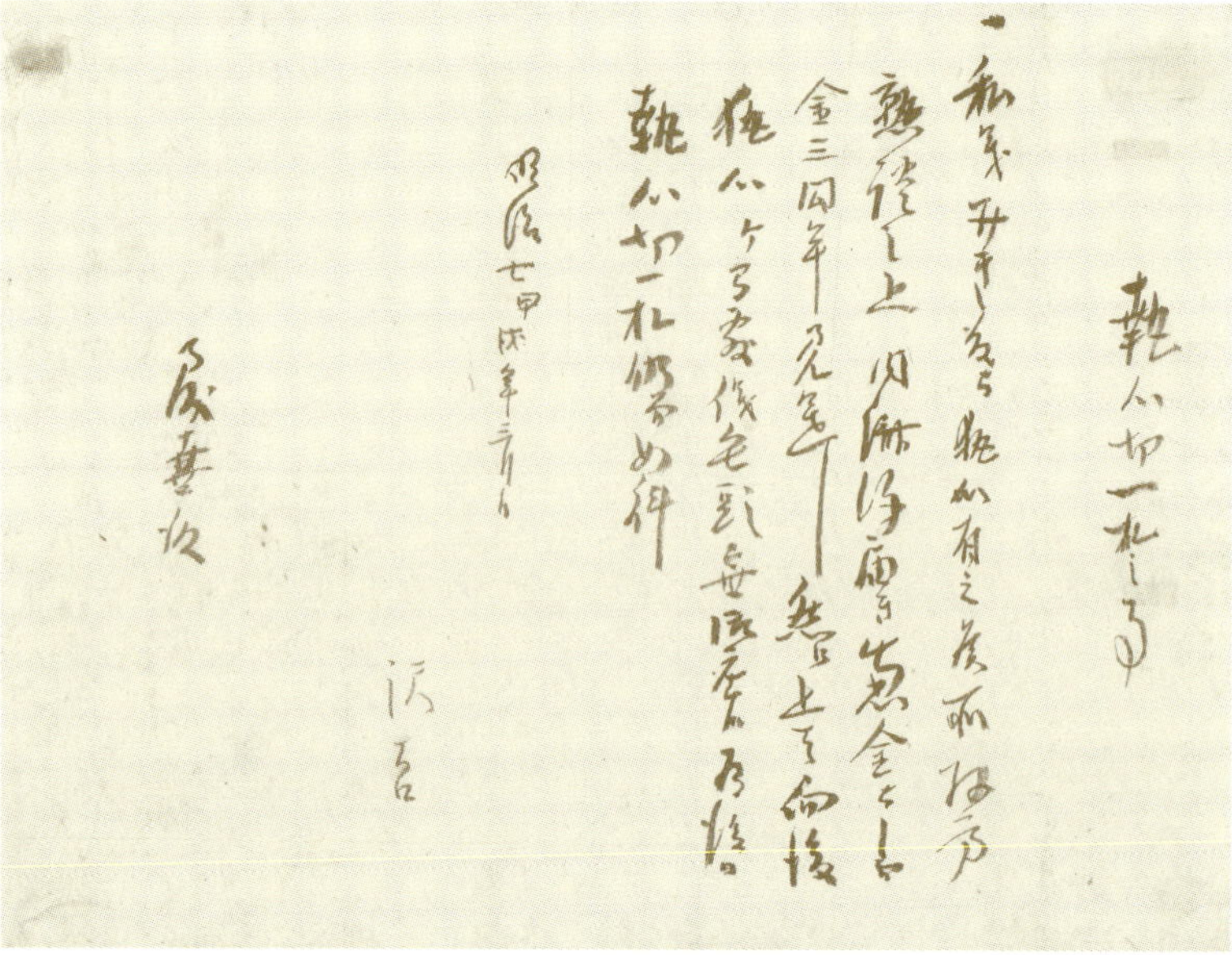

取り交わした執心切れ②

執心切一札之事
一私義、みき殿与執心有之候所、双方熟談之上、内済行届き、恵金とし而金三円半差遣し、然ル上者向後執心ケ間敷儀毛頭無御座候、為後日執心切一札仍而如件
明治七甲戌年三月日
沢　吉
美　喜　殿

〔俳山亭文庫旧蔵〕（二四・三×三一・五）

私義、みき殿と執心これあり候ところ、双方熟談の上、内済行き届き、恵金として金三円半さし遣わし、しかるうえはこうご執心がましき儀毛頭ござなく候、後日のため執心切一札よってくだんのごとし

前項、本項の二通とも表題は、「執心切一札之事」となっている。日付は明治七（一八七四）年三月で、甲戌と干支が加えられている。行数はそれぞれ三行半と四行半である。互いに執心のあった男女が別れることになり、執心切れを当人同士で相互に交換した事例である。

「みき」差し出しの執心切れには、沢吉から金銭が渡され、互いに話し合いのうえで、執心切れになったとある。沢吉差し出しの執心切れには、双方熟談の結果、内済が成立して「恵金」として三円五〇銭を「みき」に差し出したとあるが、むしろ三円五〇銭の執心手切れ金が出されることで、示談が成立したものであろう。今後は互いに「執心ケ間敷儀毛頭無御座候」と約束されている。

ところで、沢吉が「恵金」と称する、実質的な執心手切れ金を差し出したということは、沢吉の方から別れること（執心切れ）を求めたもので、ここでも「離婚請求者支払義務の原則」*があてはまるのである。

下淵名村も伊与久村もともに群馬県伊勢崎市（平成合併前は境町）で、地図上直線距離で一・五キロメートルという至近距離での出来事であった。

「執心無之」「執心無御座候」の文言は、相手方への執着を一切断つことを意味するのであるから、必ずしも未婚の男女関係解消の場合だけに用いられたわけではない。通例の離縁状にも散見される。**

*本書四九頁。

**本書七四・一九四頁。

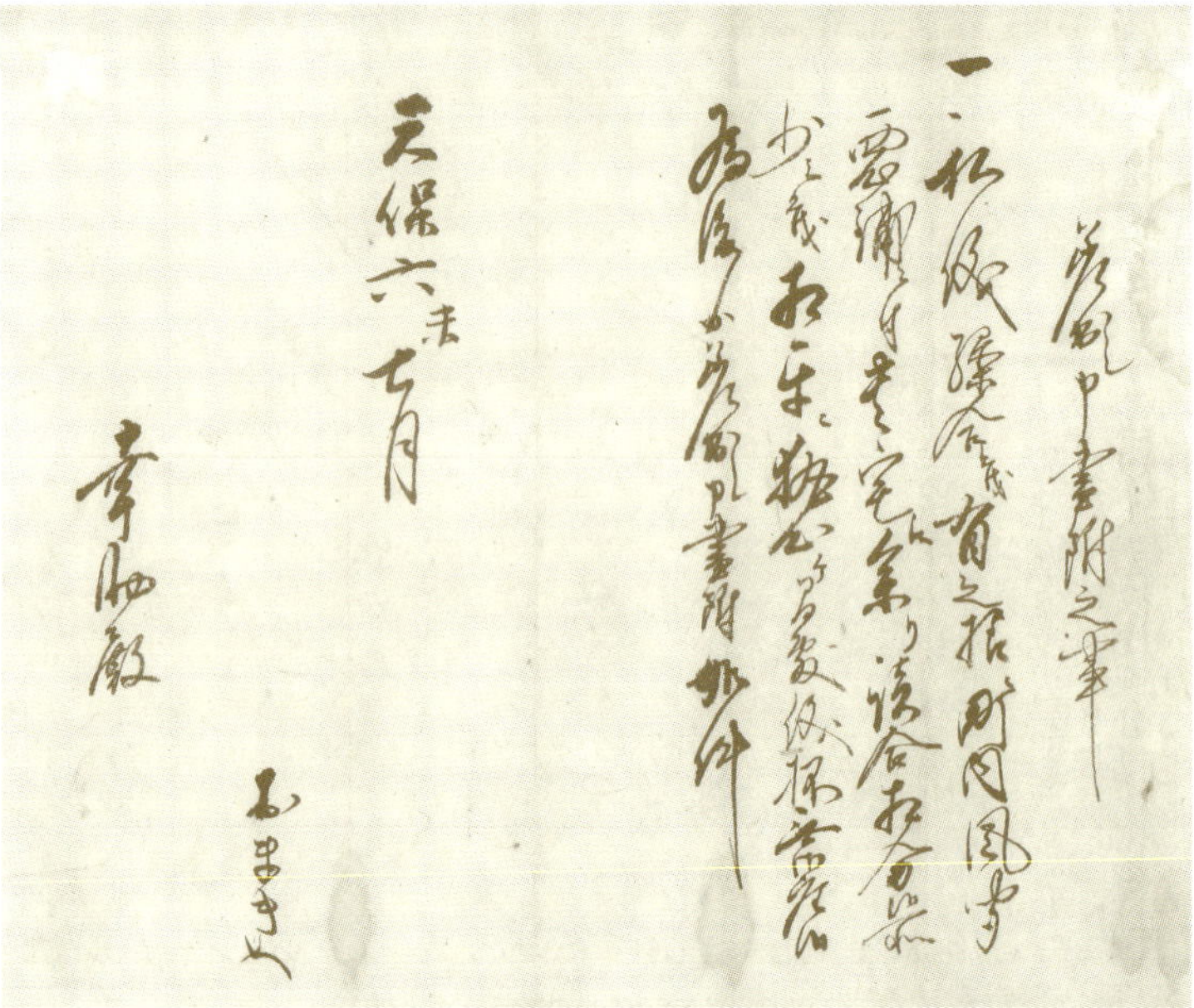

執心切れ一札——おまき一件①

差出し申書付之事

一私儀、繰合茂有之様ニ町内風聞
悪鋪ニ付、貴宅江参り、談合相分候所、
少シ茂相互ニ執心ケ間敷儀抔無御座候、
為後日差出し申書付如件

天保六未七月

おまき（爪印）

幸助殿

〔俳山亭文庫旧蔵〕（二五・五×三二一・〇）

私儀、繰り合いもこれあるように町内風聞悪しきにつき、貴宅へ参り談合あいわかり候ところ、少しも相互ニ執心がましき儀などござなく候、後日のため差し出し申す書付くだんのごとし

先に女子から差し出した執心切れ一札を三通掲げたが、女性が単独で文書をしたためることのほとんどなかった時代、これも同様に女性がしたためた執心切れである。男性と対等な関係をうかがわせるものといえる。

天保六（一八三五）年七月、「まき」と幸助が乳繰り合っている、つまり密通しているとの悪い風聞がまきの町内、上野国山田郡大間々町（群馬県みどり市）に起こった。まきは「貴宅へ参り談合」と、自分から幸助の住む同国佐位郡木嶋村（伊勢崎市、旧境町）へ出かけて行き、話をつけたのである。大間々町から木嶋村までは地図上直線距離で約二〇キロメートルある。そこへひとりで出かけるということは、おそらく幸助とまきは噂になるような事実があったに違いない。しかし、別れることになってまきは、相互に「執心ケ間敷儀抔《など》無御座候」として、右証文を差出したのである。

これには関連文書が二通ある。引用しなかった翌天保七年三月の「済口証文」と同年八月の「難渋懸ケ間敷き詑一札」（次頁）である。これは関連文書のある事例でもある。「済口証文」によれば、この年二月まきは大間々町の六斉市に自分で挽いた太織り糸を売りに出ており、幸助はこれを買い付けに来ていた。二人はかねて「貇意」の間柄であり、その後も関係があったのかもしれない。横合いから二人は「密通馴合」などと悪い噂が立てられた。今度もまきは幸助方へ出かけて、このような噂が立った理由を糺《ただ》している。気の毒に思った周辺の境町・鹿田村・保泉村から七名の扱人が介入した。

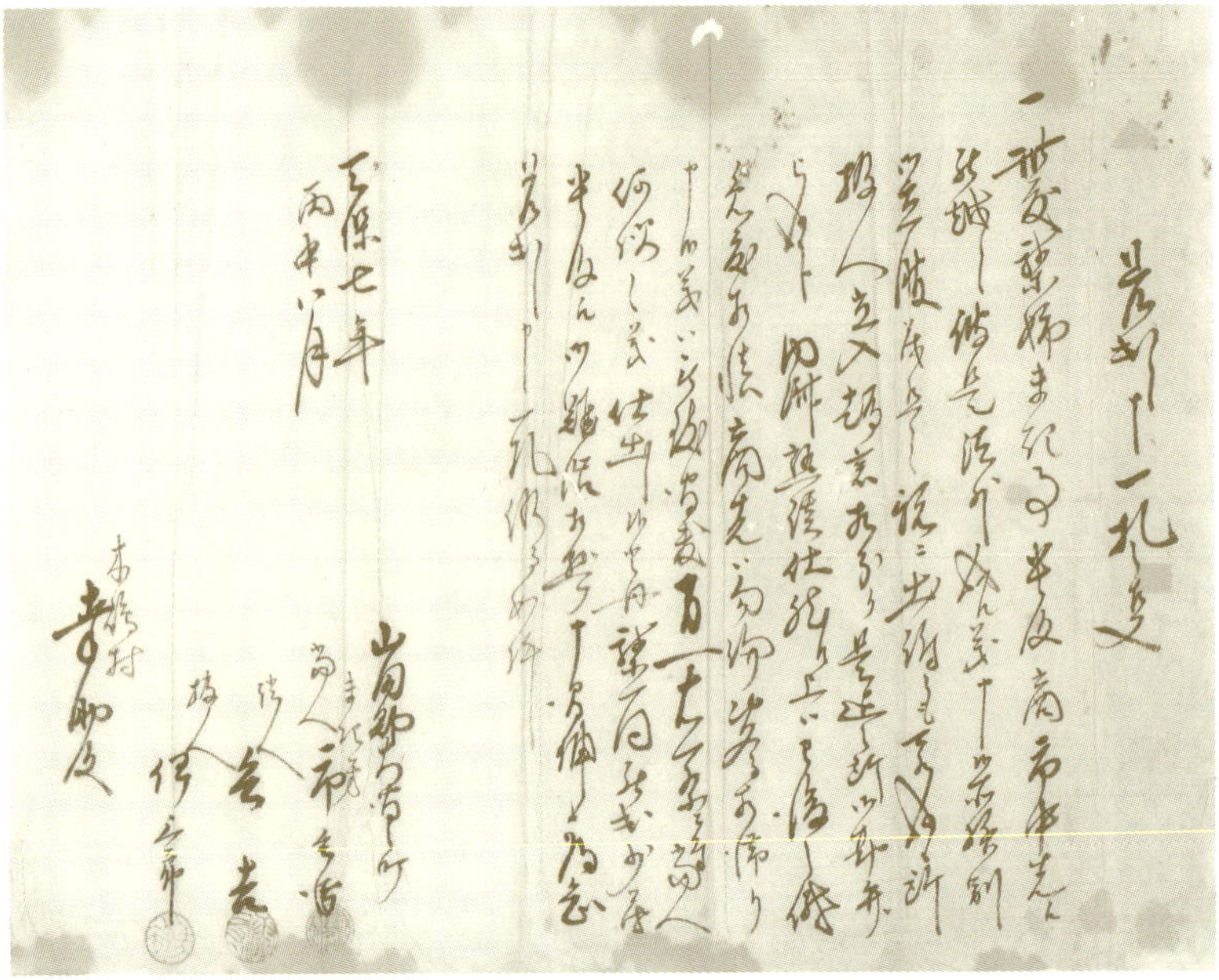

難渋懸ケ間敷詫一札——おまき一件②

差出し申一札之事

一此度我等姉まき事、貴殿商市中先江
罷越し、彼是法外成ル義申候所、格別
御立腹茂有之、既ニ出訴ニも可被成候所、
扱人立入、趣意相分り、是迄之所御勘弁
被成下、内済熟談仕、然ル上ハ已後之儀
急度相慎、商先ハ勿論決而相滞り
申候義ハ（為）被致間敷、万一右一条ニ付、当人
何様之義仕出し候とも、我等一同罷出、少茂
貴殿江御難渋相懸ケ申間鋪候、為念
差出し申一札仍而如件

天保七年
丙申八月
山田郡大間々町
まき弟
当人　市兵衛㊞
証人　兵吉㊞
扱人　伊三郎㊞
木嶋村
幸助殿

〔俳山亭文庫旧蔵〕（読み下し文略）

噂の実態は、両人に悪名をつけ、その仲を不和にして、まきの太織糸を買い取りたいと目論む別の商人たちの私欲から起こったことであった。「まき糸挽方宜敷《いとひきかたよろしく》」とあり、それほどまきの太織糸が上質だったのである。仲介もあり、熟談内済して、以後双方とも「執心決て無之」と約束している。ここまでが「済口証文」の記述である。

さて、右に引用したもう一通の関連文書が、天保七年八月の「難渋懸ケ間敷《なんじゅうかけまじき》詫一札」で、その後の経緯がわかる。

まきは「まき弟市兵衛」とあって独身であったこと、しかも糸挽きの技量がきわめてすぐれていたこと、また挽いた糸を自ら市に出て「年久敷」しく商ったこと、そして問題が起これば自分で出かけて解決したことがわかる。要するに、独身女性のまきはすぐれた技術者で、経済的にも精神的にも自立していた。

とはいえ、詫一札には、まきが幸助の商い先に出かけて、法外なること、つまりまきが幸助との関係継続を求めて、あれやこれや言い立てたものであろう。幸助は支配役所に訴えると立腹したが、また扱人が立ち入り、内済熟談となる。したがって、以後まきは十分に慎み、商い先は勿論、木嶋村へ出かけることもいたさせないと、弟市兵衛が証人・扱人と連署して、幸助に差し出した。先の「済口証文」と同様、一組の男女の解消にこれだけの人間がかかわったのである（まきは独身であったが、幸助が独身であったか否かは不明である）。

すぐれた技術者で、経済的にも精神的にも自立していたまきが、二度も証文を入れて幸助との執着を断ち切ったにもかかわらず、むしろ次第に幸助への想いが傾斜していったものであろうか。自立した女性とはいえ、男性を恋することは思案の外と思われる。女心の哀れさを感じさせる話である。

主な参考文献

主な参考文献は拙著『三くだり半――江戸の離婚と女性たち』（平凡社、一九八七年、増補ライブラリー版、一九九九年）・『泣いて笑って三くだり半』（教育出版、二〇〇一年）・『三くだり半と縁切寺』（講談社。一九九二年、吉川弘文館、二〇一四年復刊）の三冊である。引用にあたっては、それぞれ増補版を用いて『増補』、『泣いて』、補論を付した復刊を用いて『縁切寺』と略した。そのほかの参考文献を参照・引用順に掲げる。したがって、重複して参照・引用する場合があっても初出にとどめた。

井上禅定『東慶寺と駆込女』（有隣新書、一九九五年）
拙著『徳川満徳寺――世界で二つの縁切寺』（みやま文庫204、二〇一二年）
拙著『三くだり半からはじめる古文書入門』（柏書房、二〇一一年）
拙稿「離縁状の地域性」（落合恵美子編著『徳川日本の家族と地域性』ミネルヴァ書房、二〇一五年）
玉村町誌編さん委員会編『玉村町誌』別巻Ⅳ～Ⅷ（一九九四～二〇〇〇年）
拙稿「〈資料〉『三右衛門日記』の離縁状関連史料」（『関東短期大学紀要』第四五集、二〇〇一年）
穂積重遠『離縁状と縁切寺』（日本評論社、一九四二年）
石井良助『江戸の離婚――三行り半と縁切寺』（日経新書、一九六五年）
小丸俊雄『縁切寺松ヶ岡東慶寺史料』（私家版、一九六〇年）
『鬼無里村史』（長野県水内郡鬼無里村、一九六七年）

隈崎渡「近世末婚姻・養子縁組文書考」（『法学新報』第五六巻第九号、一九四九年）
拙稿「〈資料〉徳川時代後期家族法関係史料（十）――縁切寺満徳寺資料館および高木侃所蔵・松本藩「和順願」（『専修法学論集』第107号、二〇〇九年）。
拙稿「〈資料〉徳川時代後期家族法関係史料（四）～（七）――永青文庫所蔵『離婚并義絶帳』（一）～（四）」（『専修法学論集』第97～101号、二〇〇六～二〇〇七年）
堀内節「離婚手続」（『家族法大系Ⅲ　離婚』有斐閣、一九五九年）
拙編著『縁切寺東慶寺史料』（平凡社、一九九七年）
拙稿「私の〈三くだり半〉」（『本』一九九一年八月号、講談社）
拙著『縁切寺満徳寺の研究』（成文堂、一九九〇年）

日本経済評論社のPR誌『評論』に「三くだり半研究余滴」と題して第一八六号（二〇一二年一月）から（二〇〇号記念号を除いて）第二〇八号（二〇一七年七月）まで、二二回連載している。本書にもそのなかから補訂のうえ再録したものがあるが、注記しなかった。

あとがき

本年九月で、私が徳川時代の離婚法、つまり三くだり半と縁切寺の研究を志して、ちょうど五〇年になる。思えば、中央大学大学院一年次（一九六七年）の秋には、修士論文のテーマを決めた。一年次日本法制史の単位論文は「離縁状の一研究」であり、一九六九年に提出した修士論文は「縁切寺満徳寺考」であった。すでに石井良助先生が『江戸の離婚——三行り半と縁切寺』（日経新書、一九六五年）を出版され、三くだり半と縁切寺への関心を呼んだが、三くだり半についてはこれで研究し尽くされたというのが学界の空気であった。しかし、先生の「夫専権離婚説」に漠然とした疑問を抱き、巨象に向かう蟻のごとく挑んだのが、私であった。五五〇通の三くだり半を収集したときに、出版したのが『三くだり半——江戸の離婚と女性たち』（平凡社選書、一九八七年二月、後に増補ライブラリー版、一九九九年）であった。本書は先生の学恩に感謝し、傘寿を祝して献呈したものであったが、本のカバーには、つぎのように書かれてあった。

〈三くだり半〉といえば、妻を自由に離婚できる夫、泣く泣く実家に帰る哀れな妻、というイメージがある。つまり、江戸時代の庶民の離婚は、夫による〈追い出し離婚〉いわゆる〈夫専権離婚〉であったという。しかし、実際には、妻の〈飛び出し離婚〉もかなりあり、双方の協議をともなう〈熟談離婚〉であった。

編集者の手になるものであったが、的確に私の見解をとらえたもので、かつ石井説への全面的批判であった（もっとも、初めて多面的に再検討されたのは鎌田浩博士であり、私は離縁状の授受をめぐって本格的に反論したのである。したがって、学界では鎌田‐高木説という）。すでに先生の門下生の末席にあった私は、早速研究室に持参し、謹呈した。普段穏やかな先生がカバーの文章をみて「このようなことが実証的にいえるのか」とやや気色ばんでいわれたので、そのつもりですと答えてすごすごと退室したのを今でも思い出す。もっともすでに、『江戸の離婚』の前半、つまり三くだり半を述べた部分を「江戸時代の離縁状」として『日本婚姻法史』（創文社、一九七七年）に所収するとき、あえて夫専権離婚を述べた部分（二三頁まで）を削除された。先生は「夫専権離婚説」を事実上放擲したものと推測される。拙著はそれに駄目を押した形になったが、高木説を認めていただいたと信じている。以来、三くだり半の調査・収集・研究を続けて五〇年、まさに本年は「縁切り一筋五〇年」になる。

その後、縁切寺満徳寺がかつて所在した群馬県の短大に職をえた。当初、縁切寺満徳寺の研究に専念し、県重文の満徳寺文書（川越家所蔵）のほかに、おもに群馬県を中心に資料調査を行い、初めての著書、拙編著『縁切寺満徳寺史料集』を成文堂から出版したのは一九七六年のことであった。それ以前から県内で古文書収集家と知られ、上毛文芸研究の第一人者であった俳山亭主人・篠木弘明氏宅に離縁状などの資料の閲覧にお邪魔していた（すでに一九七〇年の短大紀要に引用している）。そこで史料集を謹呈したところ、「自分の持っている文書でほしいものをなんでも一つ出版祝にやる」といわれ、躊躇なく、満徳寺離縁状に酷似の三くだり半をおねだりした。これが私の「三くだり半所蔵第一号」である（その後、離縁状二〇数点と執心切れ一札すべてをいただいた。俳山亭文庫旧蔵とあるのがそれである）。そして、一〇〇〇通収集したとき

『泣いて笑って三くだり半――女と男の縁切り作法』（教育出版、二〇〇一年）を出版した。その後もあきもせず三くだり半。私は「一つのことそれだけをやってきた。自分にできること、自分しかやらない（できない）一つのことだけをやってきた」にすぎない。一枚の紙に墨でしたためられた筆のあと、そこに残された庶民夫婦の声、その哀歓にひたすら耳を傾けてきたのである。

今年の春に私の収集した三くだり半が一三〇〇通になった。収集したものは、写真・コピー・筆写原稿と多岐にわたるが、そのうち私所蔵になる三くだり半も二〇〇通を超えた。二〇〇一年の一〇〇〇通から、三〇〇通収集するのに一七年の歳月を要したことになる。一年で約一八通、一通の収集に約二〇日かかったことになる。年齢からくる行動力の減退がなければ、もっと意欲的に収集できたとの思いはあるが、やむをえない。『三くだり半』のとき、五五〇〇通の分母での実証に、疑問と批判が一部にあったが、一三〇〇通になっても私の見解に大きく変わることところはない。

さて、家永訴訟の争点の一つにもなったことから、歴史教科書から各時代の女性の地位をめぐる記述はあるものの、「江戸時代の女性の地位」は抜け落ちたままであった。しかし、二〇〇三（平成一五）年の改定にあたって、山本博文ほか著『日本史B』（東京書籍、二〇〇六年）は、「江戸時代の離婚と女性」と題するコラムで、「我等勝手に付き」の代表的離縁状の写真を掲げて、つぎのように述べている。

> 江戸時代特有の文書に「三《み》下《くだ》り半」というものがある。夫が妻に離婚を言い渡す文書で、「其方事《そのほうこと》我等勝手ニ付き、此度《このたび》離縁致し候《そうろう》」という離婚の宣言と「向《こう》後《ご》何方《いずかた》へ縁付き候共《そうろうとも》、差し構えこれ無く候」という再婚許可の文言が入っている。おおむね三行半で文章が終わることから「三下り半」と言われる。

かつては夫が自分勝手に妻を離縁できたとして、女性の地位の低さを示すと考えられていたが、最近の研究（傍点引用者）では、妻に落ち度がある場合も同様の文書が書かれていることがわかった。「我等勝手」の語感は、江戸時代では「自分の都合で」というもので、夫が離婚に至った責任は自分にあるとみとめたものと解釈する方が正しい。むしろ重要なのは再婚許可の文言で、女性は離縁状をもらうことによって再婚の自由を得ることができ、事実そうした女性も多かった。

　江戸時代の女性の地位は、従来まで考えられていたほど低いものではなかったのである。

最近の研究とは、おそらく私の研究のことで、全面的な高木説（熟談離婚説）の採用である。『三くだり半』（平凡社選書）出版から一七年、ようやく歴史教科書が変わったのである。

　また、朝日新聞二〇一七年八月一二日朝刊、文化・文芸欄「あなたへ往復書簡」で、「三下り半は妻のため　鮮やかな逆転」と題して、評論家・思想史家の渡辺京二氏が、三くだり半は夫専権離婚を示すものとされていたがこの考えがまったくの誤解であることを明らかにしたのは、私の『三くだり半』であると書いておられる。一般紙でもこのようにとりあげられるようになり、いわば一般常識としても、私の夫専権離婚説批判＝熟談離婚説が受容されてきたといえるであろう。

　ここに引用・紹介した離縁状など九八通はすべて私の所蔵になる。本書は『写真で読む三くだり半』と題した。見開き二頁のうち、右頁に写真と解読文、左頁に解説を付し、一話読み切りの体裁にした。全体としては三くだり半のアラカルト集になっている。興味のあるところから読み、三くだり半のワンダーランドに遊んでいただきたい。したがって、理論的・研究的なことについては、最小限度にとどめ、前著『増補　三くだり半』にゆだねた。とはいえ、私のいう「離婚請求者支払義務の原則」にかなり留意を払い、三行半の成立に自説を補強するなど、若干の新知見も加えた。なお、思わぬ誤読や誤解など、考えのたりないところがあると思う。今後の研究を深めるために、ご教示をいただければ幸いである。

ところで、若いころから私は「勝手」に調査に出かけ、古書店から離縁状が出れば購入するなどしてきた。文字通りの「我等勝手」を許してくれ、さらにここ数年は、その健康管理に支えられて後期高齢者の仲間入りを果たすことができた。これら諸々のことに感謝して本書を妻・恵利子に捧げる。

本書は高校時代の友人で、昨年七月まで社長であった栗原哲也君から、数年前に三くだり半を一書にと慫慂されていたものである。しかし、すでに三くだり半に関する著書を数冊上梓しているなかで、屋上屋を架す想いから、なかなか筆がすすまなかったが、ここに出版でき、ようやくその責めを果たせてほっとしている。彼の友情と辛抱強く待ってくれた柿﨑均社長、編集担当の梶原千恵さんに感謝申し上げる。

二〇一七年九月

高木　侃

備中	2	**四国**	**2**	**九州**	**6**	**出拠不明**	**180**
周防	2	阿波	1	肥前	6		
隠岐	1	土佐	1			計	1,327

＊二国にまたがるものが27通あり、各々該当国名にカウントしたので、総計1,327になる。

●事項索引

〔Ⅰ　嫁入りの三くだり半〕　6–30
離縁状の90％以上嫁入り故、引用なし
〔Ⅱ　婿の三くだり半〕　32–50
婿の事例　100, 130, 132, 146, 150, 162, 190
〔Ⅲ　地域で異なった三くだり半〕　52–76
暇状　104, 168
手間之状　102
明日　188, 194
〔Ⅳ　関連文書のある三くだり半〕　78–100
女房を譲った亭主一件　60–65
妾ふでへ関係解消　108–111
離縁状とその返り一札　132–135, 146–149, 150–153
きく満徳寺駆込み一件　180–185
〔Ⅴ　多様な三くだり半〕　102–136
妾手間状　24
代理の三くだり半
　親分　46
　組合惣代　112
　兄　142
再婚禁止・制限
　往来禁止　60
　風聞之男　94
　親類等立寄無用　132
離婚請求者支払義務の原則　49, 85, 89, 95, 195, 215
趣意金
　婿１両２分受理　46
　夫手切れ金10両包金２両受理　84
　夫（金額不明）受理　88
　婿３両（残金２両１分）受理　94
　婿３両２分受理　190
　夫１両受理　194
子の帰属
　３才女子夫方　28
　子妻方　34
　男子夫方　161
　長女妻方　166
　男子夫方　194
内縁の用語を含む三くだり半　90, 130, 168
〔Ⅵ　先渡し離縁状と返り一札〕　138–156
離縁状返り一札　134
〔Ⅶ　明治の三くだり半〕　158–174
年号索引参照
〔Ⅷ　縁切寺の三くだり半〕　176–198
満徳寺模倣　34, 68, 74

津久井　12
高座　176
三浦　38
武蔵　20
児玉　14
賀美　86
榛沢　146
足立　126
男衾　146
那賀　158
幡羅　100
上総・望陀　150
下総
相馬　120
葛飾　38
江戸（東京）　164

〔中部〕　72, 102

甲斐
八代　6
巨摩　40, 60
山梨　8
信濃
水内　128
伊那　16, 166
小県　130
尾張　82
三河・宝飯　52
遠江・敷知　106
駿河　132
越後
頸城　124
魚沼　28

〔近畿〕　54, 56, 104

山城（京都市下京区）　90
山城（京都市中京区）　160
山城・相楽　114
丹後・中　108, 110
淡路（兵庫県）・津名　172
備中・後月　58

〔東北〕

陸前・宮城（仙台）　162
羽前・村山　22, 32

〔不明〕　18, 24, 26, 30, 36, 44, 168, 174, 190, 192, 198

●1,300通の国別内訳（参考）

東北	**54**	相模	29	三河	9	丹後	4
磐城	13	下総	33	駿河	7	伊勢	3
陸中	12	常陸	32	遠江	4	大和	2
岩代	11	上総	23	飛騨	2	和泉	2
羽前	9	江戸	16	加賀	1	紀伊	2
陸前	6	**中部**	**195**	能登	1	伊賀	1
陸奥	2	甲斐	68	佐渡	1	丹波	1
不明	1	信濃	46	**近畿**	**108**	淡路	1
関東	**772**	越後	19	山城	20	播磨	1
上野	299	美濃	17	近江	19	不明	29
下野	156	越前	15	摂津	15	**中国**	**10**
武蔵	184	尾張	5	河内	8	備後	5

協議ノ上　166
双方相談之上　14
双方合議ノ結果　174
（婿）家出　44
家業仕合悪敷　72
家風ニ合不申　106
（妻）暇之儀申参り候ニ付　32
私無拠儀ニ付　160
無余儀ニ付　40
満徳寺酷似・模倣
　深厚宿縁浅薄之事不有私：満徳寺離縁状　180
　深厚之宿縁薄浅之事不有私後日雖他え嫁一言　186
　深厚之宿縁依薄不私　188
　深厚之宿縁相互薄事にて　192
　深厚之宿縁相互ニ薄て　194
　深厚之宿縁薄　34
　深厚之縁薄ニ付　198
　深厚（之）（宿）縁薄キ故　68, 196
　鴛鴦深厚して　74
了簡ニて　60
様子御座候ニ付　78
愛想尽候ニ付　8
酒宴口論（妻を）打擲　144
親類吟味之上　150
夫死去　112
夫婦約束も親共不承知　56

〔理由２つ以上〕

深厚之宿縁薄き儀不私・相互納得　190
相縁無之・聟家出　46
少々訳合御座候・相談合　24

●行数索引

2行半　78, 174
3行　8, 16
3行半　6, 10, 12, 14, 18, 20, 22, 26, 28, 30, 32, 38, 40, 42, 52, 54, 56, 58, 68, 72, 74, 82, 86, 90, 102, 104, 106, 108, 110, 114, 120, 124, 126, 128, 130, 138, 146, 158, 160, 164, 168, 180, 186, 188, 192, 194, 196, 198
4行　34, 100, 162, 170, 172, 176, 190
4行半　36
5行　60, 112, 166
5行半　24, 132
6行半　150
7行半　44
10行半　144
11行　142
16行半　46

●国別索引

〔関東〕

上野　10
　佐位　42, 78, 142, 144
　碓氷　34
　新田　42, 78
　那波　14
　邑楽　46, 68, 188
　利根　170
　緑野　138
　群馬　186
下野
　都賀　46, 74
　梁田　196
　足利　112, 180, 194
相模

申二月　102

〔月日のみ〕

六月日　8

〔記載なし〕

無（破損）　196

●事書索引

〔離縁に関する語を含まない〕

事書なし　26, 132
一札之事　20, 22, 36, 42, 82, 112
差出し（シ）申一札之事　78, 186
差出申一札之事　24, 44, 158
入置申一札之事　142, 144
口上　28
覚　30
休状　114
后証壱札之事　170

〔離縁に関する語を含む〕

離ゑん状　18
離縁状　90, 162, 172, 174
離縁状之事　6, 8, 120, 126, 128, 194
相渡申離縁状之事　124
離縁一札之事　14, 130, 146, 160, 196
離縁手形事　32
差出し申離縁一札之事　86
離別状　150
離別状之事　12, 38, 74, 192
離別一札之事　10, 34, 40, 68, 138, 176, 180, 190, 198
差出し申離別一札之事　46
差出申離別一札之事　100
離別壱通　108, 110
離別証　164
去り状之事　52
去状之事　16
去状一札之事　72
去状一札　106
暇状之事　56, 58, 104
いとまじょ一さつ　168
手間之状　102
かまい無御座候手間状之事　60
隙状之事　54
離婚状　166
離状之事　188

●離婚理由索引

理由なし　10, 12, 26, 28, 30, 52, 54, 82, 104, 124, 130, 146, 164, 168, 172
勝手ニ付　126
我等勝手ニ付　120, 176
我等勝手を以　86
自分勝手ニ付　158
都合によって　110
都合により　108
不縁ニ付　6, 16, 22, 102
不熟ニ付　162
不和合ニ付　100
（妻）不埒によって　128
（夫）不埒之儀　142
不相応ニ付　20, 42, 138
存寄ニ不相叶　132
我等存意（ニ）不叶　18, 36
不合気候ニ付　38
気あい不申　114
拙者気質ニ不相叶　58
双方示談の（ノ）上　90, 170

離縁状索引

（第Ⅸ章　執心切れ一札は除いた）

●年号索引

1696（元禄九）　60
1721（享保六）　78
1753（宝暦三）　188
1775（安永四）　20
1788（天明八）　22
1789（天明九）　104
1807（文化四）　74
1808（文化五）　42
1811（文化八）　112
1830（文政一三）　114
1832（天保三）　44
1834（天保五）　54
1835（天保六）　46
1838（天保九）　10
1841（天保一二）三月　128
八月　192
一一月　68
1842（天保一三）　144
1844（天保一五）　198
1845（弘化二）四月　32
一二月　130
1846（弘化三）九月　56
（弘化三）一一月　26
1847（弘化四）八月日　180
九月　24
1849（嘉永二）　124, 126
1850（嘉永三）　28
1851（嘉永四）　36
1852（嘉永五）二月　106
一一月　34
1853（嘉永六）　100
1854（嘉永七）　16
1855（安政二）　58
1856（安政三）　176
1857（安政四）　194
1858（安政五）　6
1859（安政六）七月　82
九月　146
一二月　190
1861（文久元）　138
1862（文久二）　186
1863（文久三）　142
1864（文久四）　18
1865（元治二）　14
1866（慶応二）　12
1870（明治三）三月　52
七月　120
1871（明治四）三月　150
一一月　132
1873（明治六）　160
1874（明治七）　158
1879（明治一二）　72
1881（明治一四）　162
1887（明治二〇）　108
1888（明治二一）　110
1905（明治三八）三月　164
一二月　166
1906（明治三九）一月八日　168
一月一七日　170
1925（大正一四）七月　90
一〇月　172
1940（昭和一五）　174

〔干支のみ〕

丑三月　86
辰四月　30
辰六月二三日　40
巳五月　38

著者紹介

高木　侃（たかぎ・ただし）（専修大学史編集主幹）

1942年　生まれ。

1966年　中央大学法学部卒業。

1969年　同大学院法学研究科民事法専攻修士課程修了。

1994年　中央大学より博士（法学）を授与される。

専攻は日本法制史、家族史。

関東短期大学教授、国際日本文化研究センター客員教授、専修大学法学部教授のほか、縁切寺満徳寺資料館館長を歴任。

現在は太田市立縁切寺満徳寺資料館名誉館長。

主な著書に『三くだり半――江戸の離婚と女性たち』（平凡社、1987年、増補ライブラリー版、1999年）、『縁切寺満徳寺の研究』（成文堂、1990年）、編著書『縁切寺東慶寺史料』（平凡社、1997年）など。

写真で読む三くだり半

2017年10月６日　第１刷発行　　　定価（本体3200円＋税）
2017年12月12日　第２刷発行

著　者　高　木　　　侃
発行者　柿　﨑　　　均

発行所　株式会社　日本経済評論社
〒101-0051　東京都千代田区神田駿河台1-7-7
電話　03-5577-7286　FAX　03-5577-2803
URL：http://www.nikkeihyo.co.jp
印刷＊文昇堂／製本＊高地製本所

乱丁・落丁本はお取替えいたします。　Printed in Japan

ISBN978-4-8188-2474-4

三くだり半の世界とその周縁　青木美智男・森謙二編　本体六五〇〇円

善光寺大地震を生き抜く　現代語訳『弘化四年・善光寺地震大変録』　中条唯七郎著・青木美智男校註・中村芙美子現代語訳　本体四八〇〇円

近代日本の国民統合とジェンダー　加藤千香子著　本体二四〇〇円

近代公娼制度の社会史的研究　人見佐知子著　本体四四〇〇円

家と共同性　家族研究の最前線①　比較家族史学会監修　加藤彰彦・戸石七生・林研三編著　本体五二〇〇円